Inhalt

Vorwort	7
Richard Borgman Ein Tropfen Maria reicht schon	9
Magdalena Buczek Kein Schmerz soll verloren gehen	21
Erzbischof Elias Chacour Der mit dem Herzen spricht	32
Alois Eder Baggerfahrer als Missionar	44
Maria und Erwin Fellner Wir fangen immer wieder neu an	56
Louisa und Karlheinz Fleckenstein Brückenbauer im Heiligen Land	68
P. Guy Gilbert Mit der Stola und der Lederjacke	80
Tim Guénard Befreit aus einem Leben voller Gewalt und Hass	92
Torsten Hartung Gottesbegegnung im Gefängnis	104
Heinz Hein Wie eine lebende Fackel	116
Theresia Hirtl Ich habe alles Jesus übergeben	128
Maria Jendruchova Geht – und macht Freude!	140
Robert K. Mission hat Vorrang vor Karriere	152
Sr. Marie-Catherine Kingbo Missionarin unter den Ärmsten	163

Gabriele Kuby
Unterwegs mit Maria nach vielen esoterischen Umwegen — 176

P. Leo Kuchar
Auch Lausbuben können Priester werden — 188

Irmgard Lienhart
Ich war immer sicher: Gott meint es gut mit uns — 200

Msgr. Dr. Leo Maasburg
Ein Abenteurer Gottes — 212

Magnus MacFarlane-Barrow
Ein Essen täglich für die Kinder — 225

Maurizio und Paola
Eltern von 55 Straßenkindern — 237

Birgit und Hannes Minichmayr
Kinder werden Missionare — 249

Sr. Elvira Petrozzi
Unsere Spezialität ist die Liebe — 261

Sr. Marese Ramsl
Ein Privileg, für Gott zu wirken — 273

P. Ubald Rugirangoga
Ein Wunder der Vergebung — 285

Traude Schröttner
Bettlerin vom Dienst — 297

Peter Seewald
Ich bin ein Revolutionär geblieben — 309

Patrick Theillier
Ich erlebe täglich Wunder — 321

P. Joseph-Marie Verlinde
Philosoph und Menschenfischer — 333

Jakob Weitlaner
Ich kann wirklich kaum nein sagen — 345

Veronica Williams
Lass einfach los! — 357

Vorwort

Die 33 vorliegenden „Lichter für die Welt" kommen aus 13 verschiedenen Ländern in vier Kontinenten. Allen gemeinsam ist der Weg mit Christus, dem Mensch gewordenen Gott. Was sie noch auszeichnet: Sie strahlen eine besondere Lebensfreude aus. Daher habe ich mich auch mit jedem von ihnen auf Anhieb gut verstanden. Dabei sind meine Gesprächspartner ganz unterschiedliche Menschen, an denen ich erfahren durfte, wie dynamisch, spannend und interessant Gottes Pläne sind.

Die Porträts in diesem Buch sind ein kleiner Teil der rund 140 Porträts, die ich seit 1988 für die Zeitschrift VISION 2000 verfasst habe. Es sind katholische Christen, die ihren „Glauben auf Fels gebaut" haben, auf das Wirken des Hl. Geistes vertrauen, sich von Gott führen lassen – und so die erstaunlichen Wunder Gottes auch heute erleben. Sie haben „die Worte Gottes ... in das eigene Leben hereinleuchten ... lassen" (Benedikt XVI in „Licht der Welt"). So können sie selbst zu Lichtern für die Welt werden und anderen Menschen Mut machen, diesen Weg zu wagen.

Die Interviews für die folgenden Porträts habe ich in den letzten 10 Jahren in vier verschiedenen Sprachen geführt – und dabei die Erfahrung gemacht, dass nichts von dem, was man einmal gelernt hat umsonst ist. Vieles durfte ich durch die Interviews erfahren: Wie Gott jeden seine besonderen Begabungen entdecken lässt, wie die Liebe von Hass befreit, der Glaube unmenschliche Lebensbedingungen überwinden oder bewältigen hilft, die Wahrheit Christi zur erlösenden Bekehrung trotz aller damit verbundenen Gefahren führt, wie die Liebe zu Jesus Menschen größte Entbehrungen, mit Gelassenheit, ja Freude auf sich nehmen lässt. Ich durfte Menschen kennenlernen, die der Herr aus scheinbar auswegslosen Sackgassen herausgeführt hat und solche, die in unseren Tagen aus der Gottferne zum Vater gefunden haben. Und wie viele unterschiedliche Initiativen sind durch meine Gesprächspartner entstanden!

So möchte ich allen Porträtierten danken für ihre Bereitschaft, Zeugnis dafür zu geben, wie attraktiv ein lebendiger Glaube an Jesus Christus gerade auch heute ist. Danken möchte ich aber auch für die vielen Freundschaften, die zwischen uns in diesen Jahren gewachsen sind. Ein besonderer Dank gilt schließlich noch dem, dem ich dieses Buch widme, meinem Mann Christof.

Richard Borgman
Ein Tropfen Maria reicht schon

*G*uten Morgen. Da ich mich vor so vielen Menschen fürchte, müsst ihr mich jetzt alle anlächeln. Vor allem der Bischof, da vorne rechts", beginnt Richard Borgman seinen Vortrag vor dem Jugendforum in Altötting und gewinnt die Herzen der Zuhörer. Mitreißend, ernst, oft aber auch heiter erzählt er wie Gott aus einem Mann, der 25 Jahre evangelikaler Pastor war, einen missionarischen Katholiken gemacht hat. Wir haben unseren Urlaub unterbrochen, um diesen interessanten Mann zu treffen. An ihm fiel mir – sei es beim Essen und Plaudern mit der Jugend oder auch beim Interview – auf, wie intensiv und interessiert er sich dem jeweiligen Gesprächspartner zuwendet. Sein Humor sorgt für Entspannung bei ernsten Themen. Er ist es gewohnt, Zeugnis zu geben. So antwortet er gern auf meine Fragen.

Sein Eintritt ins Leben im Jahr 1947 scheint recht hoffnungslos: Richard ist ein frühgeborenes, schwächliches Kind, das an einer schweren Krankheit (Pinks disease) leidet. Seine Mutter – Vater unbekannt – will ihn nicht, lässt ihn zum Sterben in der Klinik. Für die Ärzte ist das Baby dem Tod geweiht. Doch da erscheint ein Ehepaar, das ein Kind adoptieren will. Es gibt einige zur Auswahl, doch die Frau zeigt auf Richard. Sinnlos, meint der Arzt, das Kind lebt nicht lange. Doch die Frau beharrt. „Ich war wohl das hässlichste Baby dort und sterbenskrank", sagt Borgman lächelnd, „aber ich habe am stärksten geschrien, was so viel wie: ‚Nimm mich mit' heißen sollte." Zwei Stunden Bedenkzeit und die leibliche Mutter unterschreibt die Adoptionspapiere.

Kaum zu Hause, erbricht der kleine Richard Blut. Also wieder ins Spital und wieder meint der Arzt, die Frau solle sich doch lieber ein anderes Baby aussuchen. Nein, sie will dieses, erklärt die neue Mutter. Mit drei Monaten wird sein Blut ausgetauscht. „Ein Feuerwehrmann hat mir das Leben gerettet", strahlt Richard.

Seine Adoptiveltern, Methodisten, leben in Colorado Springs. Hier verbringt Richard seine Kindheit und Jugendzeit. Er ist ein aufbrausendes, bei jeder Gelegenheit revoltierendes Kind. Klein und kränklich – „Pinks disease" hinterlässt meist lebenslange Nervenschäden – begnügt er sich mit verbalen Attacken. Nach der Schule beginnt er zu studieren: Neurologie. Trotz schwacher Konstitution geht der junge Mann gerne klettern. Eines Tages stürzt er bei einem Ausflug von einer zehn Hausetagen hohen Klippe auf eine Granitplatte. Als er auf dem Boden aufschlägt, springt sein Körper zweimal auf. „Als ich die Augen aufschlug, war ich immer noch am Leben – ohne nennenswerten Schaden. Ab da war ich sicher, dass es einen Gott gibt und dass Er mich gerettet hatte. Einige Zeit davor war ein junger Mann an derselben Stelle tödlich verunglückt." Der Glaube an diesen Gott, der ihn vor dem Tod bewahrt hatte, hat aber noch keine große Bedeutung.

Noch sehr jung lernt Richard Danelle kennen und lieben. Als beide heiraten, ist sie gerade 19, ihr Ehemann 20. Schon sehr bald kriselt es allerdings gewaltig in der jungen Ehe: Danelle ist nicht bereit, Richards Härte und seinen rechthaberischen Charakter hinzunehmen. Sie ist nahe daran, ihn zu verlassen. Nach dem Besuch eines Treffens von Evangelikalen, zu dem die junge Frau eingeladen wird, gewinnt sie ungeahnte Kräfte. „Es war, als gäbe es zwei Danelles: eine, die ich kannte, und eine andere Person. Diese andere war übernatürlich geduldig, voller Liebe, lächelte die ganze Zeit. In ihr war ein Leben, eine Präsenz, die ich nicht kannte", erinnert sich Richard.

Noch etwas Auffallendes geschieht: Vor dieser Erfahrung trug Danelle Brillen. Von da an kam sie ohne aus. „So sah ich, dass Jesus auf wunderbare Weise heilen konnte." Da nun auch Richard zum Gelingen der Ehe beitragen will, geht er ebenfalls zu einer solchen Veranstaltung und bittet Gott, in sein Leben zu kommen. Und auch er fängt Feuer. Lächelnd erzählt er: „Mein Herz hat gesungen. An der Universität begann ich, allen Kollegen von Jesus zu erzählen."

Es folgt ein entscheidender Einschnitt in Richards Leben. Wegen mangelnder Vorbereitung scheitert er bei der Abschlussprüfung. Obwohl sein Professor das zutiefst bedauert, verlässt Richard daraufhin die Universität und den guten Job, den er dort schon hatte, um sich ganz dem Missionsauftrag, den er verspürt, zu widmen: Das Ehepaar Borgman schließt sich einer evangelikalen Gemeinschaft an, wird neu getauft und übersiedelt auf eine große Farm, die im Besitz der Vereinigung ist. Der Erlös von Landwirtschaft und Viehzucht kommt evangelikalen Missionaren zugute. Richard beginnt mit einer Bibelschule.

1975 schickt ihn die Gemeinschaft für eine Woche an die Elfenbeinküste. „Eine schreckliche Woche: heiß, feucht, Schlangen und Moskitos", erinnert er sich noch heute. „Ich war froh, als ich wieder im Flugzeug saß. Und dankte Gott, dass ich nie wieder hinmuss." Ein gewaltiger Irrtum, denn fast im selben Moment vernimmt er einen Ruf des Herrn, Ihm in Afrika zu dienen. Danelle empfängt denselben Auftrag daheim. Und beide sagen ja: „Wenn Gott zu uns spricht, haben wir immer die Wahl zwischen Ja und Nein. Übrigens hat der Heilige Geist stets bei uns gleichzeitig gewirkt", freut sich Richard.

Er übersiedelt also als evangelikaler Pastor mit Frau und Kindern – drei haben sie mittlerweile – für sechs Jahre in ein Armenviertel von Abidjan. Eine beinharte Sache, denke ich, als ich erfahre, dass die Borgmans hier keinerlei Komfort kennen: kein Auto, kein Ventilator. Und Richard kann noch nicht einmal Guten Morgen auf Französisch sagen!

Das Einzige, was das Ehepaar trägt, ist die Überzeugung, dass der Heilige Geist sie nach Afrika gerufen habe. „Wie hören Sie die Stimme des Herrn?", unterbreche ich neugierig seine Erzählung. „Wie ein Haar, das auf die

Suppe unseres Geistes fällt. Das heißt, ich denke gerade an etwas – und plötzlich ist da ein Satz oder eine Frage: wie hineingeworfen", lautet die originelle Antwort.

17 Jahre bleibt die Familie in Afrika. 1978 beginnt Richard mit der Mission unter Strafgefangenen in einem Gefängnis mit 4.500 Insassen. Dort sind die Lebensbedingungen, da nur für 1.500 Häftlinge konzipiert, miserabel. Viele sterben an Lungenentzündung, Aids oder einfach an Unterernährung.

Was die Katholische Kirche anbelangt, teilte Borgman damals die Sichtweise seiner evangelikalen Vereinigung: Sie sei die schädlichste Sekte der Welt. „26 Punkte gegen die katholische Kirche hatte ich einmal für einen Vortrag zusammengetragen", bekennt Richard. Nun lernt er aber im Gefängnis den katholischen Geistlichen der Anstalt kennen, dessen Verhalten ihm imponiert und ihn zwingt, seine Meinung zu revidieren: „Ich konnte zwar gut predigen, aber der Geistliche lebte das, was ich nur predigte. Ich dachte: Hauptsache, die Gefangenen hören von Gott und bekehren sich. Wie es ihnen geht, war mir nicht so wichtig."

Betroffen stellt der Missionar fest: Das Leben des Geistlichen und der ihn begleitenden Nonnen war dem Leben Jesu weit ähnlicher als sein eigenes. „Sie haben die Menschen zwar nicht durch die Kraft des Heiligen Geistes zum Umfallen gebracht, aber sie hatten eine Sanftheit und eine Zärtlichkeit, die mir fehlte", bekennt mein Gegenüber.

Richard freundet sich mit dem katholischen Geistlichen an: „Wir haben gemeinsame Aktionen ins Leben gerufen, Mahlzeiten an die Gefangenen verteilt. Ich habe ihn gebeten, mir zu helfen, ein Diener wie er zu werden. Er hat mich dann gelehrt die Bibel mit einem offenem

Herzen zu lesen. Einmal blieb ich bei Mt 25,31-46 hängen, beim Endgericht: ‚Was ihr für einen meiner geringsten Brüder getan habt, das habt ihr mir getan …' Das hat meine Theologie und meinen Lebensstil verändert", erinnert er sich. „Und plötzlich sind die Gefangenen auch zu mir gekommen. Sie haben gespürt, dass bei mir im Tiefsten etwas zu sprudeln begann: meine Bekehrung."

Gott gibt ihm nun viele Möglichkeiten, auf dem Weg zur katholischen Kirche voranzuschreiten: Einmal hört er in seinem Inneren die Aufforderung, statt den Gefangenen über das Gericht Gottes zu predigen – der Gott der Evangelikalen ist ein sehr strenger Gott –, ihnen doch lieber etwas über die Liebe zu erzählen. Diese Predigt findet jedoch kein Echo. Gott erklärt ihm warum: „Wenn du über die Liebe reden willst, musst du erst Erfahrung mit meinem Erbarmen und meinem Mitleid gemacht haben." Von da an beginnt er zu beten: „Herr öffne mein Herz, durchdringe es mit Deiner Liebe und Deinem Erbarmen. Da ist mein Herz, mach' es neu!"

Da sind weiterhin schreckliche Kopfschmerzen und Migränen, unter denen er seit der Erkrankung als Neugeborenes leidet, „Anfälle, die immer schon mindestens vier Tage anhielten. Ein Schmerz in Kopf und Augen, den man nicht beschreiben kann. Beten war dann unmöglich. Die Schmerzen zwangen mich, in mein Herz zu schauen: Dort habe ich mit Jesus zu leben und den Schmerz quasi zu transzendieren gelernt, obwohl ich nie vom Heiligsten Herz Jesu gehört hatte. Ich habe es im eigenen Herzen entdeckt." Wieder ein Schritt näher zum katholischen Glauben.

Eine wunderbare Entdeckung macht er, als er mit dem neuen „offenen" Herzen Joh 6 liest: „Wer mein Fleisch isst und mein Blut trinkt, hat das ewige Leben

…" Ab da begreift er die eucharistische Präsenz des Herrn in der Heiligen Kommunion so gut, dass er in der Welt herumfährt und den evangelikalen Gemeinden verkündet, dass Jesus in der Eucharistie anwesend ist. Diese fragen sich allerdings, ob er zu viel afrikanische Sonne abbekommen habe, denn bei den Evangelikalen gibt es keine Eucharistie.

Ökumene wird nun sein großes Anliegen. In den fast 10 Jahren, die die Borgmans dann in Frankreich leben, organisiert der Pastor mehr als 6.000 ökumenische Missionstreffen. Er sieht sich als Brücke zwischen den Christen. Jeder soll vom anderen lernen. „Was ich damals nicht verstand: Die wertvollen Elemente der einzelnen Konfessionen sind auch in der katholischen Kirche zu finden." Schmunzelnd fügt er hinzu: „Vielleicht nicht überall."

1997 hat Richard den Eindruck, eigentlich alles getan zu haben, was der Herr von ihm wollte. Er legt daher seine Erfahrungen aus 25 Jahren Dienst für den Herrn schriftlich nieder, meint, nichts mehr lernen zu müssen. Gerade da nähert sich der Moment des „Gnadenstoßes" (*Coup de grâce* ist auch der Titel eines seiner Bücher).

Was geschieht? Wie jedes Jahr bittet er im Dezember 1997 den Herrn, ihm einen Vers für das kommende Jahr zu geben. Das Ergebnis: „So spricht der Herr der Heere: Haltet gerechtes Gericht, jeder zeige seinem Bruder gegenüber Güte und Erbarmen …" (Sach 7,9 f.) Richard weiß sofort: Güte und Erbarmen – das ist für ihn bestimmt. Hat er nicht seit 50 Jahren ein ungelöstes Problem: Es mangelt ihm an Güte, an „sanfter Güte", wie er sagt – vor allem gegenüber denen, die ihm am nächsten stehen: Frau, Kinder, gute Freunde.

Schonungslos erzählt er: „Von der ganzen Welt waren

sie gekommen, meine Worte zu hören, Gottes Barmherzigkeit aus meinem Herzen hervorquellen zu sehen, aber die Menschen, die täglich mit mir zu tun hatten, kannten vor allem einen Mann, der schnell zornig, ungeduldig, grob, hart und cholerisch war." Wie soll er weiter verkünden, was er selbst nicht lebt? So betet er: „Herr, hilf mir. Ich bin grausam und böse. So kann ich nicht weiterleben."

Während er so betet, erlebt er sich plötzlich in Jesu Todesstunde – nicht als Außenstehender, sondern mittendrin, selbst sterbend. „Ich blickte auf Jesus: Er verblutete wegen meiner Sünden.

Neben Jesus hängend hatte ich nur mehr die Zukunft, die Er mir geben würde. Ich war bereit zu hören, wieso ich so hart zu meinen Liebsten war. Und der Gekreuzigte verkündet ihm: ‚Dein Problem ist, dass du deine Mutter, die du nie gekannt hast, die dich nach der Geburt verlassen hat, hasst.'" Das ist wahr, erkennt er schlagartig: Obwohl von den Adoptiveltern geliebt, hatte nichts dieses Loch, das durch dieses Verlassensein entstanden war, in seinem Herzen stopfen können. Im Unterbewusstsein hatte er Angst vor Ablehnung und daher ließ er niemanden näher als 50 cm an sein Herz heran.

Auch Jesu Mutter, Maria, lehne er ab, lässt ihn der Herr wissen (die Gottesmutter ist ja bei den Evangelikalen so gut wie nicht präsent). Und Jesus zeigt ihm: Die Lösung seiner Probleme ist jedoch bei Maria zu finden. „Nun sah ich Maria am Fuße des Kreuzes ausharren, ihre Augen voll sanfter Güte. Sie machte ihrem Sohn Mut, für mich zu leiden und zu sterben." Richard beginnt zu weinen und bittet Gott, ihm die 51 Jahre Hass gegen die eigene und die Mutter des Herrn zu verzeihen. „Mit einem Schlag löste sich die Verbitterung. Ich wurde geheilt, war frei. In einem einzigen Moment hatte mich Jesus am Kreuz befreit. Er hatte sich im Innersten meines Hasses, meiner Verletzungen, der tiefen Wurzeln meiner Verbitterung bemächtigt und alles ausgerissen. Härte und Grausamkeit verließen mich schlagartig." „Siehe Meine Mutter, ich teile sie mit dir", hört er den Herrn sagen. Und Maria wird Richards Mutter.

Jetzt, da er seiner Mutter verzeihen kann, ist er bereit, verletzbar zu werden, Danelle und die anderen in sein Leben einzulassen. So hat Jesu Sein Kreuz in die Wunde seines Herzens hineingestellt und die Bitterkeit in Barmherzigkeit gewandelt. Zu dieser Erfahrung kommt ein paar Tage später ein anderes wunderbares Erlebnis hinzu, bei dem Maria das Ehepaar Borgman in ungeahnter Mächtigkeit und mit einer wunderbaren weiblichen Präsenz umhüllt. „Es ist das sanfteste, liebevollste Da-Sein, stärker und greifbarer als alles, was wir uns hätten vorstellen können", ergänzt Richard, dem nun die „sanfte Güte", nach der er sich gesehnt hatte, zuteil wird. Mein Gegenüber strahlt: „Ich habe mich damals in Maria verliebt und somit in alles rund um die katholische Kirche, deren Mutter sie ist."

Klar, dass die Borgmans nach all den Erfahrungen nicht mehr ohne Eucharistie, ohne Maria leben, sondern katholisch werden wollen. Die Neutralität, wie Richard sie gerne gelebt hätte, als Brücke zwischen den Christen, reicht nicht. So treten Richard und Danelle am 2. Februar 1999 in der Kapelle des Bischofs in die Kirche ein und empfangen das Sakrament der Firmung.

Es folgt eine Reise in die USA, um der evangelikalen Gemeinschaft, die Richards Dienst durch Gebet und finanzielle Mittel unterstützt hatte, Rechenschaft über ihr Wirken zu geben. „Viereinhalb Stunden haben wir unseren Eintritt in die Katholische Kirche zu erklären versucht. Man hat uns zugehört, sich bedankt und uns dann entlassen." Die Türen schließen sich: Borgmans verlieren Anstellung, Alterssicherung, Heim und Freunde. Selbst heute sagt Richard: „Ich habe keine Ahnung, wie ich nächstes Jahr leben werde. Aber meine Erfahrung ist: ‚Ein Tropfen Maria ist besser als 25 Jahre mit der Aura des Pastors.'" Er lacht herzlich und trommelt mit den Händen auf den Tisch.

Zurück in Paris geht jedoch eine Türe auf: Dominique Rey, Pfarrer der Kirche Trinité, der eines der Borgman-Bücher gelesen hatte, lädt Richard zur Mitarbeit in der Pfarre ein. Die Borgmans lassen sich in Pigalle auf 14 Quadratmetern nieder – neben den Prostituierten. „Wir haben unter den Armen der Pfarre gewirkt, die Lehre weitergegeben, ich war schließlich sehr bibelfest und ergriffen von einer großen Liebe zu Maria und zur Kirche," erinnert sich Richard dankbar für diesen Neubeginn.

Als Rey Bischof von Fréjus-Toulon wird, bittet er die Amerikaner mit ihm zu kommen. Sie sollen die Laienmitarbeiter, Priester, Seminaristen in die Evangelisation einführen. „Drei Jahre haben wir mit dem Bischof in Toulon gelebt, sind rasch in die Kirche hineingewachsen. Doch dann wurde es Zeit, in die USA zurückzukehren, um für die Gemeinschaft Emmanuel eine Schule der Evangelisation durch Barmherzigkeit zu gründen. Mittlerweile gibt es zwei in Brasilien und eine entsteht eben in Atlanta."

„Was geschieht da konkret?", erkundige ich mich. „Auf die anderen zuzugehen – und das nicht nur in Massenveranstaltungen, sondern durch Hausbesuche, Begegnungen mit Menschen auf der Straße. Oft habe ich das acht Stunden pro Tag gemacht, ganz allein mit dem Johannes-Evangelium – und dabei vor Angst gezittert", erzählt Richard über die Anfänge. „Jetzt bilde ich Teams aus, die zu zweit Hausbesuche machen. Die Schüler kommen für ein Jahr, sind fünf Stunden pro Tag unterwegs. Klar, dass nur wenige dazu bereit sind. Doch wie wichtig ist das: Wir klopfen an die Türe, sagen, dass wir von einer Evangelisationsschule kommen und bitten die Leute, uns zu helfen: besser zu begreifen, wie man Gottes Barmherzigkeit empfängt! Das haben sie noch nie gehört."

„Ein Trick?", frage ich. „Nein, keine Technik. Wir gehen nicht, um zu geben, sondern um von den Menschen zu empfangen. Wie Bettler. Indem man zu den Armen, den Leidenden, den Prostituierten in den Elendsvierteln geht, wird man selbst bekehrt. Meine Schüler sollen primär nicht bekehren, sondern durch das Leid und das Elend der anderen bekehrt werden. Barmherzigkeit empfängt man von dem, der im Leben gelitten hat."

Nach den Besuchen setzen sich alle zusammen und besprechen, was sie während der Evangelisation bewegt hat: „Unglaublich und ergiebig, was sich da abspielt! Die Schüler erzählen dann, was sich in ihrem Herzen in der Begegnung mit der leidenden Menschheit abgespielt hat. Das ist dann die Gelegenheit, den Katechismus, die Enzykliken zu lehren."

Ich könnte Borgman stundenlang zuhören. Besonders gefällt mir, was er über die Heiligen, die nun sein Leben bevölkern, sagt: „Unsere Gebete nicht mit denen der Heiligen zu verbinden, heißt, nur ein mageres Drittel der Möglichkeiten auszuschöpfen, die uns zur Verfügung stehen."

Ob er einen Tipp für unsere Leser habe, frage ich. Da zitiert er seinen Lieblingsheiligen, Philipp Neri, der von drei Ebenen der Spiritualität spricht. „Die erste ist eine Spiritualität des Gefühlslebens: gefühlsbetont und mit Spektakel. Auf dieser Ebene bewegen sich häufig die Evangelikalen. In stundenlangen Treffen fallen die Menschen wie die Stöcke um. Sich täglich ‚spirituelles Kokain' zu verpassen, reicht nicht für ein spirituelles Leben. Es geht darum, auf einer zweiten Ebene der Sünde zu widersagen und auch ohne wohlige Gefühle aus den Sakramenten leben zu lernen – aus dem Wissen, dass es gut so ist. Und dann das dritte Niveau: Erfolg, Misserfolg, Sonne, Regen, Leiden, Freuden sind nicht mehr entscheidend. Man lebt gottverbunden, in einer Art Paradies im Herzen, jedoch mit beiden Beinen auf dem Boden: Man lebt, arbeitet, lacht, evangelisiert, singt, redet ... Es sind nicht mehr die Ereignisse, die uns verändern – es ist Gott in uns, der die Ereignisse verändert."

Magdalena Buczek
Kein Schmerz soll verloren gehen

$\mathcal{D}$as folgende ist wohl mein ungewöhnlichstes Porträt, nicht nur weil die Porträtierte, Magdalena Buczek, erst 13 Jahre ist, und nicht nur weil ich mich auch beim Interview nicht direkt mit ihr verständigen konnte. Magdalena ist nämlich Polin und ich des Polnischen leider nicht mächtig. Liebe Menschen haben aber beim Dolmetschen geholfen und der Heilige Geist hat ganz sicher auch mitgeholfen.

Gehört habe ich von Magdalena schon vor zwei Jahren. Ein befreundeter polnischer Pater hatte von einem einmalig begnadeten Mädchen erzählt. Wir sollten es unbedingt porträtieren. Bisher war es jedoch noch zu keiner Reise nach Polen gekommen. Umso größer die Freude, als wir zufällig (?) erfuhren, dass Magdalena für ein paar Tage in Wien sei. Vor ihrer Rückreise habe sie ein paar Stunden Zeit.

Als das Mädchen mit ihrer Mutter im Büro in der Elisabethstraße erscheint, bin ich überrascht. Magdalena ist nur ungefähr so groß wie eine Dreijährige! Und sie sitzt in einem Buggy, weil sie nicht gehen kann.

Ihr Gesicht strahlt eine sanfte Weisheit aus. Ihre Stimme ist glockenhell, eine unschuldige zarte Kinderstimme, die mich sofort gefangen nimmt. Später höre ich, dass es vielen Menschen so geht: In Maria Gugging, wo sie vor zwei Tagen zu über 400 in Österreich ansässigen Polen gesprochen hatte, trafen ihre Worte und ihre Stimme direkt in die Herzen der Zuhörer.

„Sie predigt wie ein Bischof", erzählt mir Frau Salamon, bei deren Familie Magdalena in Wien gewohnt hat. „Sie spricht frei, ohne irgendwelche Unterlagen. Auch Fernstehende waren sichtlich erschüttert. Bei mehr als der Hälfte der Zuhörer flossen Tränen." Das sei überall so, wo sie spricht, höre ich. Ich kann das gut verstehen, denn auch mich hat das, was ich von ihr gehört und gesehen habe, der Klang ihrer Stimme und die Art, wie sie mich angesehen hat, ja, einfach ihr liebes Wesen sehr bewegt. Wer aber ist Magdalena?

Gleich nach ihrer Geburt am 6. März 1988 in Oberschlesien geben ihr die Ärzte keine fünf Tage Überlebenschance. Sie wollen der Mutter das Baby, dem Knochen am Hinterhaupt fehlen und dessen Beine ab den Knien ohne Knochen sind, gar nicht mit nach Hause geben.

Die Eltern nehmen ihr Kind jedoch auf eigene Verantwortung am sechsten Tag mit heim. Schon im ersten Lebensmonat bricht dem Baby erstmals ein Knochen. Wie sich später herausstellt, nimmt der kleine Körper bestimmte Mineralien (z.B. Kalzium) nicht auf. Eine unheilbare Krankheit. Aus medizinischer Sicht scheint es völlig unmöglich, dass Madzia, wie man sie liebevoll nennt, die Babyzeit überlebt.

Jeder Tag, so schildert die Mutter, ist ein Kampf ums Überleben, und jede Bewegung, jedes Anheben kann einen Bruch auslösen. Immer wieder brechen die Arme, und der Gips ist viel zu schwer für den zerbrechlichen kleinen Körper. Schließlich werden die Arme in einer extra angefertigten hohlen Kreuzform angebunden. Auch die Oberschenkel brechen, auch manche Wirbel. Transportieren kann man sie nur auf einem Brett.

Vom Anfang ihres Lebens an muss Magdalena also schlimme Schmerzen ertragen – und doch, so die Mutter, war sie schon als Baby stets fröhlich. Mit einem halben Jahr beginnt Magdalena zu sprechen. Mit einem Jahr spricht sie schon fließend.

Auf Grund ihrer Erkrankung und ihrer überaus zarten Konstitution können die Ärzte ihr keine Schmerzmittel geben. Das würde sie nicht überleben. Muss sie wieder wegen eines offenen Bruchs ins Spital, so bittet schon die knapp Einjährige vor dem Eingriff die Ärzte, zu warten. Dann betet sie mehrmals: „Herr Jesus, komm und gib mir Kraft!" Erst wenn sie ihr Gebet beendet hat, dürfen die Ärzte ihr die Kleidungsstücke herunterschneiden und den Bruch einrichten. Sie bewältigt all das allein durch das Gebet. Bei vollem Bewusstsein wird operiert. Dabei passiert es nicht selten, dass im Zuge des Eingriffs ein weiterer Knochen durch das Hantieren bricht.

Wie viele glatte Brüche Magdalena hatte, weiß niemand mehr genau. Offene, schwere Brüche hatte sie jedenfalls 29. Doch auch wenn sie manchmal von Kopf bis Fuß in Gips lag, habe sie nie geklagt, bekräftigt die Mutter immer wieder: „Magdalena beklagt sich nie und ist nie ungeduldig oder unfreundlich." Es ist nicht zu fassen und doch wahr, denn auch andere bestätigen es. Wie komme ich mir da neben diesem Kind vor?!

„Sie hat schon mit einem Jahr gebetet?", frage ich ungläubig nach. Das sei nicht so ungewöhnlich, bekomme ich zur Antwort. Denn die ersten Worte, die viele Kinder in Polen zu sprechen lernen, sind: Mama, Papa, Gottesmutter, Jesus und Engelchen. Sprechen und beten lernen sie also gleichzeitig.

So weit sich Magdalena zurückerinnern kann, hat sie gebetet – aber nicht für sich, sondern stets für andere!! Als die Eltern erstmals mitbekommen, dass Magdalena ihre Gebete und Schmerzen immer für verschiedenste Anliegen aufopfert, sind sie richtig schockiert. Sie, die in kritischen Situationen oft in Panik geraten und mit dem Verarbeiten von Magdalenas Schmerzen selbst große Probleme haben, können nicht begreifen, dass es für ihr Töchterchen von Anfang an selbstverständlich ist, ihr Leben und Leiden Jesus und der Muttergottes zur Verfügung zu stellen.

Einer aus unserem Kreis fragt, warum sie dies tue. „Weil es sehr wichtig ist", antwortet die 13-Jährige mit heller Stimme, „jeden Schmerz auszunützen und nicht zu verlieren. Ich wusste von Anfang an, wie wichtig es ist, jeden Schmerz für andere zu nützen." Kein Schmerz dürfe verlorengehen, sagt Magdalena – und sie weiß, wovon sie spricht. Da verordnet nicht jemand, der von Schmerzen nicht viel Ahnung hat, etwas. Nein, das bezeugt und lebt ein Mädchen, das seit ihrer Geburt mit Schmerzen zu kämpfen hat.

Bekommt da das Leiden nicht gleich einen ganz anderen Sinn, denke ich mir. Wollen wir nicht normalerweise, dass ein Schmerz möglichst schnell und unauffällig „verlorengeht"? Und Magdalena will gerade das nicht! Durch das Aufopfern, fügt sie hinzu, werde das Leiden leichter. Es mache sie auch fröhlicher.

„Siehst du in deinem Leiden also einen Sinn?", wird sie gefragt. „Ja, selbstverständlich", lautet die prompte Antwort: „Ich nehme den Schmerz mit Liebe an, und möchte, dass er nicht verloren geht", wiederholt sie. Dieser Satz ist für mich einer der Schlüsselsätze dieser Begegnung. Er lässt mich seither nicht mehr los.

Die Mutter erzählt weiter: Mit der Zeit werden Magdalenas Knochen so porös, dass sie einfach zerbröseln. Eine Ärztin erklärt der Familie, der einzige Ausweg sei, durch das Knochenmark Drähte zu ziehen, um die Knochen etwas zu stabilisieren. Keine einfache Operation, wie man sich vorstellen kann. In Polen bekommt Magdalena dann eines der Beine – in denen ja keine Knochen sind – mittels Drähten geformt. Das zweite wird in den USA operiert.

Als ihr dort die Ärzte Morphium wegen der schrecklichen Schmerzen des aufgeschnittenen Beines anbieten – sie könne mittels Knopfdruck selbst die Dosis bestimmen –, lehnt sie das ab. Sie brauche das nicht, erklärt sie. Auch die Videokassetten, die sie vor der Operation ablenken sollen, will sie nicht. Das Bild des Barmherzigen Jesus und einen Rosenkranz – das ist alles, was sie als Vorbereitung braucht. Mit der Mutter betet sie. Dann lässt sie sich Rosenkranz und Bild in einem Sackerl um den Hals hängen. So wird sie in den Operationsraum geschoben.

Schon am zweiten Tag nach der Operation kann sie – für alle unverständlich – das Spital verlassen. Seither habe sie viel seltener Brüche, meine ich verstanden zu haben.

Was Magdalenas Beten anbelangt, so seien ihre Gebete von klein auf unglaublich reif und berührend gewesen, berichtet die Mutter. Schon als Dreijährige hält sie den Eltern erstaunliche Katechesen. Der Mutter tut es heute leid, dass sie damals kein Aufnahmegerät hatten. Manchmal sprudelt es nur so aus dem Kind heraus. Es gibt weiter, was ihm innerlich geschenkt wird. Wie schön, dass der Heilige Geist Magdalena von klein auf so viele Gaben schenkt! Wunderbar auch, dass sie das Geschenk angenommen hat. Mir wird wieder einmal klar: Gott hält für jede Situation des Menschen besondere Gaben bereit. Der eine nimmt sie auch an, während sie einem anderen vielleicht gar nicht auffallen.

Sie ist noch keine vier Jahre alt, als eines Tages zu Weihnachten ein Priester zu Besuch kommt. Magdalena fragt ihn, ob sie ihm etwas über die schwere Sünde sagen dürfe. Der Mutter ist das unangenehm, doch der Pater ist einverstanden. Und so spricht das dreijährige (!) Mädchen lange über das Thema. Der Priester ist tief ergriffen: Eigentlich sei ja er der theologisch Gebildete. Aber so berührend hätte er das Thema nicht formulieren können.

„Ist der Heilige Geist deine Quelle?", frage ich spontan. Ihre eindeutige Antwort: „Ich weiß, das kommt nicht von mir. Ich würde auch nicht wollen, dass diese Worte von mir sind. Vor jedem Zusammentreffen mit Kindern oder Erwachsenen bete ich zum Heiligen Geist. Vor jeder Begegnung und jedem Unterricht steht das Gebet zu Ihm an erster Stelle. Jeden Tag bete ich um Sein Licht und Seine Kraft. Ich bekomme inneren

Frieden durch das Gebet und möchte nichts ohne den Heiligen Geist sagen oder machen." Sie nimmt sich also selbst ganz zurück und lässt sich beschenken. Das hat nicht das Fehlen einer eigenen Persönlichkeit zur Folge, sondern beschert ihr eine besonders tiefe Ausstrahlung: Sie ist frei von Ärger, von Unzufriedenheit, von Klage und Selbstmitleid.

Magdalenas Leben ist ein Leben aus dem Heiligen Geist, wie man es sich tiefer kaum vorstellen kann. Und es zeigt: Der Geist macht für Menschen scheinbar Unmögliches möglich. Er stand sicher auch Pate bei ihrem großen Projekt: den Hofrosenkranz-Kreisen der Kinder, von denen man uns erzählt hatte. Wir fragen also nach der Entstehung dieser Gebetskreise.

Während Magdalena bisher, solange es um ihren Lebens- und Leidensweg ging, vor allem die Mutter reden ließ, wird sie nun ganz eifrig. Strahlend erzählt sie: „Es war im Juli 1997, zu Beginn der Ferien: Alle Kinder spielten im Hof unserer Wohnanlage. Immer wieder kommen sie, spielen und beten mit mir. Um zwölf Uhr unterbrechen wir das Spiel, und beten den Engel des Herrn, dann ein Gesätzchen Rosenkranz und um 15 Uhr den Barmherzigkeitsrosenkranz. Eines Tages wollen die Kinder eine Bande gründen. Sie erzählen mir, was es da für Regeln geben wird. Mir gefiel nicht so sehr, was sie da unternehmen wollten."

Magdalena macht einen Gegenvorschlag: „,Wäre es nicht besser, wir würden einen Hof-Rosenkranzkreis bilden?', habe ich die Kinder gefragt. Die Regeln würden ganz einfach sein: Jedes Kind bekommt einen Ausweis, wenn es verspricht, jeden Tag zu beten. Die Ausweise werden unterschrieben, damit jeder weiß, was er versprochen hat."

Und wer aus der Klasse, der sie zugehört – unterrichtet wird sie aber zu Hause – macht mit? Zunächst einmal zwölf Kinder, als sie Freundinnen davon erzählt. Für Magdalena nicht genug: Eine Landschulwoche ihrer Klasse scheint sich als ideale Gelegenheit anzubieten, weitere Kinder – darunter viele Ministranten – für das Gebet zu gewinnen.

Doch ein schwerer Knochenbruch mit Spitalsaufenthalt und eine Lungenentzündung gefährden das Projekt. Magdalena fleht die Muttergottes an, ihr diese Zeit mit der Klasse zu ermöglichen. Und tatsächlich: Noch mit Gips fährt sie mit, die Ausweise im Gepäck. Während der Woche wird nun täglich mindestens ein Gesätzchen Rosenkranz gebetet, oft auch mehr.

Die Intentionen der Gebete waren damals schon mehr oder weniger die gleichen wie heute: für die Gesundheit des Heiligen Vaters, für Polen, für die Mission, für die ungeborenen Kinder, für Radio Maria und dessen Gründer, für die Weiterentwicklung der Kindergebetskreise und vor allem auch für die Bekehrung der Sünder – und für die Kinder am Lager, die zunächst nicht mitbeten wollen.

Auf die Dauer können sich diese jedoch den überzeugenden Worten Magdalenas und der Wirkung des Gebets nicht entziehen: Padre Pio, so erklärt sie nun auch uns, habe doch gesagt: Würden täglich fünf Millionen Kinder beten, wäre die Welt gerettet. Noch ist es nicht so weit. Aber seit diesen Anfängen ist die Zahl der kleinen Beter enorm angewachsen.

Um zu erzählen, wie es dazu kam, muss ich etwas zurückblenden: Mit vier Jahren hat Magdalena das erste Mal bei Radio Maria Polen angerufen. Sie möchte einem Verwandten via Radio alles Gute zum Namenstag wünschen. Als der Direktor von Radio Maria, der die Sendung zu dem Zeitpunkt aus der Kapelle der Sendeanstalt mitverfolgt, diese zarte, helle Stimme hört, eilt er aus der Kapelle ins Studio. Er möchte selbst mit dem Mädchen reden.

Von da an wird Magdalena immer wieder bei Radio Maria anrufen. Bald wundern sich alle, dass die Kleine immer wieder durchkommt bei mehr als 12 Millionen Hörern. Magdalena lächelnd: „Ich habe immer zuerst gebetet und dann gewählt – und bin gleich durchgekommen."

Im Anschluss an das Lager sei nun Folgendes passiert, erzählt sie weiter: „Am 14. September 97 war ich bei Radio Maria eingeladen. Der Pater Direktor hat mich gefragt, was ich in den Ferien gemacht habe. Gebetskreise gegründet, erzähle ich unter anderem. Er ist sehr davon angetan und lädt mich ein, doch einmal in einer Sendung auch die anderen Kinder Polens dazu zu motivieren."

Am 4. Februar 1998 ist es dann so weit: Magdalenas erste Radiosendung wird live ausgestrahlt. „Und so ist dank Radio Maria und dem Pater Direktor der Rosenkranzkreis weit über meinen Hof hinausgewachsen", strahlt Magdalena. Seinen Namen behält die Initiative: Hof-Rosenkranzkreis der Kinder, auch wenn sie jetzt schon in mehr als 27 Ländern (2008) auf allen Kontinenten beheimatet ist.

Wie konnte das so schnell gehen? Dank der Satellitenübertragung kann man Magdalenas halbstündige Sendung jeden Samstagabend um 19 Uhr 30 fast auf der ganzen Welt hören. Zuerst spricht Magdalena über die Rosenkranzkreise, über Probleme, die entstehen können, und wie man mit ihnen zurechtkommen kann. Dann betet sie mit den Kindern und beantwortet ihre Anrufe aus vielen Ländern.

Von überall her kommt die Nachricht von neugegründeten Rosenkranzkreisen. 50.000 Ausweise – mit Bildern der Muttergottes, der kleinen Therese und Worten des Papstes – hat Magdalenas große Schwester, die die Herstellung der Ausweise übernommen hat, schon ausgestellt. 116.000 haben sich schon angemeldet. Neuerdings ist Magdalena auch über Internet zu erreichen. In sechs Sprachen erklärt sie auf ihrer Homepage, was die Hof-Rosenkranzkreise der Kinder sind.

Ab welchem Alter ein Kind denn Mitglied eines Kreises werden kann, wird sie gefragt. Sie lächelt: „Sobald es beten kann. Aber auch Erwachsene können mitmachen", fügt sie hinzu. „Es geschehen wunderbare Dinge", erzählt sie weiter. „In einer Familie war der Vater Alkoholiker. Als seine Kinder zu Hause auch für die Befreiung des Vaters von der Sucht zu beten beginnen, tobt er im Nebenzimmer und beschimpft die Kinder. Den Raum, in dem die Kinder kniend beten, betritt er aber nicht. Nach einer Woche hört das Schreien auf. Und nach einigen Wochen kommt der Vater plötzlich zur Gebetszeit in das Zimmer, kniet sich zu den Kindern und betet mit ihnen. Mit dem Alkohol hat er Schluss gemacht."

Seit März 99 findet jährlich ein Treffen aller Kinder-Rosenkranzkreise in Tschenstochau statt. Hunderte Kinder aus allen Teilen Polens und aus anderen Ländern kommen da zusammen. Beim ersten dieser Treffen meinte der für Kinder zuständige Bischof Polens, Magdalena öffne uns die Augen für die Bedürfnisse der heutigen Zeit. Sie sei eine Jacinta unserer Tage.

Was ist nun das Besondere an diesem Mädchen? Zunächst straft sie all die Menschen Lügen, die behaupten,

Behinderung sei stets gleichbedeutend mit Verzweiflung und Lebensunlust. Denn Magdalena ist ein auffallend fröhliches, zufriedenes Mädchen mit einer innerlich unerhört gefestigten Persönlichkeit! Ja, sie überträgt ihre Freude und ihren Lebensmut auf jene, die ihr begegnen. Mitleid ist bei ihr nicht angebracht denn sie wirkt viel freier als die meisten Menschen, die ich kenne.

Aber da ist natürlich noch viel mehr: Sie lebt und spricht aus dem Heiligen Geist. Man merkt es am besten an Folgendem: Sobald sie über das Gebet, die Gottesmutter oder den Heiligen Geist spricht, stehen einem plötzlich all die eigenen Unzulänglichkeiten klar und deutlich vor Augen, obwohl sie kein Wort von Fehlern oder Sünden gesagt und keine Vorhaltungen gemacht hat. Und gleichzeitig erlebt der Zuhörer die Freude, wieder neu anzufangen – eben mit dem Heiligen Geist.

Daher war auch mein erster Gedanke nach der Begegnung mit dieser 13-Jährigen: „Ein paar Stunden mit Magdalena sind wie eine Woche Exerzitien."

P.S.: Übrigens würde sich Magdalena sehr über Neugründungen von Kinder-Rosenkranzkreisen in Österreich freuen. Die fünf Millionen Beter sind noch nicht erreicht. Die Welt bedarf des Gebetssturms der Kinder.

Erzbischof Elias Chacour
Der mit dem Herzen spricht

Schauplatz Wien, Vortragssaal der Uniqa: Erzbischof Elias Chacour hält einen Vortrag. Eindringlich seine Schlussworte: „Was wir brauchen, ist ein Überdenken Ihres Verhaltens den Juden und Palästinensern gegenüber. Zu sagen: Juden sind schlecht, oder: Palästinenser sind Terroristen, ist ein Verbrechen. Machen Sie Schluss mit Pauschalurteilen. Wenn Sie jüdische Freunde haben – wunderbar. Aber bitte: Das heißt nicht automatisch Feindschaft mit den Palästinensern! Und wenn Sie für uns Partei ergreifen, weil sie die Flüchtlingslager gesehen haben, so sind wir dafür dankbar. Wenn Sie uns aber ermutigen wollten, uns gegen unsere jüdischen Brüder zu wenden, dann brauchen wir Ihre Freundschaft nicht. Wir brauchen Brückenbauer." Keine Frage: Abuna (=Väterchen) Elias ist so ein Brückenbauer.

Schauplatzwechsel. Shefaram im Jahr 2005, ein Ort in Galiläa in der Nähe von Ibillin, wo Elias Chacour 40 Jahre als Pfarrer tätig war: Ein Jude hat in einem Bus zwei Musliminnen und einen Christen erschossen, weitere 12 Businsassen schwer verletzt. Der Attentäter wird überwältigt und gelyncht. Dennoch kocht die Volksseele: Die aufgestaute Wut gegen die Juden schreit nach weiterer Vergeltung. Ein Polizeigroßeinsatz wird notwendig. Einer der israelischen Kommissare ruft Abuna Elias um Hilfe. Wenn jemand die rasende Menge aufhalten kann, dann er.

Tatsächlich: Mit freundlichen Worten und Gesten bahnt sich Abuna Elias einen Weg zum Bus. Über eine Stunde spricht er ruhig zu den aufgebrachten Menschen. So wird es möglich, die Leiche des Attentäters wegzutragen. Betroffen gehen die Leute nach Hause. Am nächsten Tag geschieht das Wunder: Zehntausende Christen, Muslime, Drusen, aber auch Juden folgen Chacours Aufruf, sich an einem Schweigemarsch gegen Hass und Gewalt, für Frieden und Versöhnung zu beteiligen.

Als Botschafter für den Frieden in seinem Land reist Erzbischof Chacour zu Vorträgen um die halbe Welt. Und so war er unlängst auch in Wien. Die Präsentation des Buches *Elias Chacour – Israeli, Palästinenser, Christ* bildete den Rahmen für sein Auftreten. Seine im persönlichen Gespräch sanfte Stimme steigert sich zu einem leidenschaftlichen, kraftvollen Plädoyer, sobald er über sein Land und dessen erschütternde Geschichte spricht, über seine Liebe zu dessen Bewohnern, über die Hoffnung, die er trotz aller Enttäuschung nicht aufgibt. „Dass ich israelischer Staatsbürger, Palästinenser und Christ bin, ist kein Widerspruch, sondern eine einmalige Chance, echte Harmonie innerhalb der Verschiedenartigkeit zu schaffen", erklärt der Erzbischof dezidiert.

Ich verstehe sehr gut, wenn es von ihm heißt, er spreche mit dem Herzen. Es ist seine Wärme, Überzeugung und Eindringlichkeit, die auf den Gesprächspartner überspringt, ihn mitreißt. Mein Herz hat er jedenfalls gewonnen – nicht nur weil ich vieles von der erschütternden Geschichte seiner Heimat nicht kannte.

Beeindruckend auch die Geschichte von Abuna Elias: 1939 wird er in eine melkitische Familie geboren. Die melkitisch-katholische Kirche wird auch als unierte (mit Rom vereinte) Kirche bezeichnet. Sie hat allerdings den gleichen Kanon, die gleiche byzantinische Liturgie und die gleichen Traditionen wie die griechisch-orthodoxe Kirche.

Seine Kindheit hat Abuna Elias in wunderschöner Erinnerung – jedenfalls bis zu seinem 9. Lebensjahr. Er ist der jüngste Bub von sechs Geschwistern eines tiefgläubigen Ehepaars aus Biram, einem christlich-palästinensischen Dorf in Galiläa. Schon als Kleinkind erfährt er an den Eltern, wie wichtig die Vergebung für den Frieden und das Heil der Seele ist. Jeden Samstag nach der Abendandacht bitten die Eltern ihre Kinder um Vergebung, sollten sie diese in der letzten Woche irgendwie verletzt haben. In seiner Erinnerung sei dies „das schönste Bild" von seiner Familie, meint der Erzbischof.

Obwohl seine Mutter weder lesen noch schreiben konnte, verfügte sie dank ihrer Phantasie und eines guten Gedächtnisses über einen großen Schatz an Geschichten.

Mit dem kleines Elias am Schoß lässt sie immer wieder Geschichten aus der Bibel für die Kinder lebendig werden. Nachts schlafen diese auf dem Boden, rechts und links von einem Elternteil behütet.

Die Menschen in Biram leben auf fruchtbarem Land. Es gibt viele Obst- und Olivenbäume. Elias hält sich besonders gern im Obstgarten auf. Während die Eltern auf dem Feld arbeiten, spielt er am Rand des Ackers. Später kümmert er sich um das Wasser für die Eltern und hütet das Essen, das sie gemeinsam auf dem Feld verzehren.

Als Bub ahnt Elias nicht, dass sich schon seit langem die Lage im Land zuspitzt: Seit 1920 steigt die Zahl der jüdischen Einwanderer in Palästina drastisch an. Palästinensische Bauern verlieren durch ausländische Ankäufe immer mehr Land. 1935 und 1936 gibt es wegen der Einwanderer große Demonstrationen und Streiks, die mit Gewalt und Blutvergießen enden. Die Situation spitzt sich von Jahr zu Jahr zu.

Jedenfalls findet Elias' schöne Kindheit im Jahr 1948 ein jähes Ende: Eines Tages im Frühling erzählt Vater Chacour den Kindern, dass viele Juden in Europa umgebracht oder aus ihrer Heimat vertrieben worden seien. Sie kämen nun in ihre uralte Heimat zurück, um ein neues Zuhause zu suchen. Einige jüdische Soldaten würden daher auch nach Biram kommen und für kurze Zeit hier wohnen, bevor sie weiterzögen. Die Kinder sollten freundlich zu ihnen sein. Mit einem geschlachteten Lamm wird ein besonderes Willkommensfest vorbereitet.

Die jüdischen Soldaten kommen allerdings mit Waffen und verbreiten Schrecken bei den Dorfbewohnern. „Wir haben ihnen unsere Häuser, unsere Betten überlassen und auf den Flachdächern geschlafen. Nach zehn

Tagen hieß es, wir sollten vorübergehend die Häuser verlassen, weil wir möglicherweise von Feinden angegriffen würden, und die Schlüssel übergeben. Die Soldaten würden aufpassen. So sind wir gegangen. Zwei Wochen lang haben wir zwei Kilometer entfernt unter Olivenbäumen gehaust. Dann sind die Männer zurückgegangen, um entsetzt festzustellen, dass die Soldaten, die ihnen den Eintritt ins Dorf verweigerten, alles geplündert und verwüstet hatten", erinnert sich der Erzbischof an die Wende in seiner Kindheit. Alle Männer – der Vater und drei Brüder – werden als angebliche Terroristen auf Lastwagen verladen und weit außerhalb der neuen Grenzen Israels ausgesetzt. „Sie dürften nie wieder zurückkommen, hieß es. Kämen sie zurück, würde man sie töten. Der Vater und die Brüder haben es dennoch gewagt. Als Flüchtlinge durchquerten sie mehrere arabische Staaten und sind fast verhungert, da sie nirgends willkommen waren", fährt Abuna Elias fort. Die Mutter und die drei kleineren Kinder hatten sich unterdessen in Gish, einem nahegelegenen, scheinbar verlassenen Dorf in einem Einzimmerhaus niedergelassen. Eines Tages entdeckt Elias allerdings eine verscharrte Leiche, eine von über zwei Dutzend. Die Soldaten würden die Gegend nach palästinensischen Dorfbewohnern durchkämmen, erfahren sie.

Ab nun lebt die kleine Familie in Angst davor, entdeckt zu werden. Eines Nachts klopfen vier ausgemergelte Männer mit zerfetzten Schuhen an die Tür: der Vater und die Brüder, die – wie nur wenige – überlebt hatten.

Am 14. Mai 1948 proklamiert David Ben Gurion die Errichtung des Staates Israel. Von da an werden über 500 palästinensische Dörfer in Israel zerstört oder ethnisch gesäubert. Es gibt schreckliche Massaker. 750.000

Palästinenser flüchten oder werden vertrieben. Was bleibt, sind weniger als 100 palästinensische, voneinander isolierte Dörfer, vor allem in Galiläa. Viele Juden sind damals mit der Behandlung ihrer Landsleute nicht einverstanden und leiden mit ihnen, sind aber machtlos. 1949 hört die Vertreibung langsam auf.

Der junge Elias findet Trost in langen Spaziergängen in der Umgebung von Gish mit Jesus, seinem unsichtbaren Weggefährten, mit dem er über alles reden kann. Eine sehr tiefe Beziehung entwickelt sich. 1950 willigt Vater Chacour ein, auf seinen beschlagnahmten Feldern für die neuen jüdischen Besitzer zu arbeiten. Dadurch möchte er verhindern, dass seinen geliebten – manchmal über 1.000 Jahre – alten Bäumen Schaden zugefügt wird. Drei Jahre halten er uns seine Söhne diese demütigende Arbeit durch.

Elias hat seinen Vater auch in der schwersten Zeit nie verbittert erlebt, stets bereit zu vergeben. „Juden und Palästinenser sind Blutsbrüder", hat er seinem ältesten Sohn zugerufen, als dieser ein Gewehr zur Verteidigung der Familie geholt hatte. „Unser Vater wollte nie, dass wir Gewalt anwenden, um unser Land zurückzubekommen. Aber er wollte auch nicht, dass wir vergessen, dass dieser Ort das Land unserer Vorfahren ist", erinnert sich der Sohn in bewegenden Worten. Kein Wunder, dass das Vorbild dieses großen Mannes einen tiefen Eindruck hinterlassen hat.

Zweimal entscheidet der Oberste Gerichtshof, dass die Leute von Biram das Recht zur Rückkehr hätten. Doch die Militärbehörden erklären das Gebiet zur militärischen Zone. 1953 werden die Häuser gesprengt. Entsetzt müssen die Bewohner zuschauen, wie Planierraupen die Zerstörung vollenden. Der junge Elias ist zu diesem Zeitpunkt bereits in der bischöflichen Schule in Haifa, wohin ihn der Bischof als 12-Jährigen mitgenommen hatte. Ab 1954 besucht er in Nazareth das kleine Seminar für angehende Priester. Er tritt gern in den Dienst der Kirche, hatte er doch schon bei seinen Wanderungen in der Kindheit Jesus seine Hände und Füße angeboten, sollte Gott sie zur Wiederherstellung des Friedens gebrauchen können.

Nach dem Seminar schickt der Bischof Elias und seinen Studienfreund Faraj nach Paris. Sechs Jahre lang sollten nun die hochbegabten Studenten in Saint-Sulpice die bestmögliche Priesterausbildung erhalten, sechs Jahre, in denen Elias sich auch eingehend mit der Geschichte Palästinas beschäftigt. Es drängt ihn ja, seinem Land zum Frieden zu verhelfen.

Beim Studium wird ihm klar: Die Juden, die unter den furchtbaren Verfolgungen gelitten hatten, brauchten einen Zufluchtsort: Palästina war für sie, auch nach 2000 Jahren Diaspora, die ihnen von Gott zugesagte Heimat, die – so hatte Theodor Herzl behauptet – „ein Land ohne Volk", also ein unbewohntes Land sei, „das auf ein Volk ohne Land warte".

Heute erklärt Abuna Elias das so: „Der Konflikt zwischen Juden und Palästinensern ist ein Konflikt von identischen Ansprüchen auf das gleiche Land. Die Juden sagen: Wir waren hier vor 2000 Jahren und kommen zurück. Das Land hat uns Gott versprochen. Die Palästinenser sagen: Das ist seit 2000 Jahren das Land unserer Vorfahren. Wir können unser Land nicht hergeben, nur weil ihr zurückkommt. Ihr könnt hierbleiben – aber mit uns. Jede der zwei Parteien muss die Bereitschaft haben zu sagen: Das ist auch mein Land. Was so viel heißt wie: Es ist auch dein Land. Ich habe recht, aber auch du bist im Recht. Nur das könnte den Menschen ihre zerstörte Würde zurückgeben." Trifft diese Feststellung nicht auf viele Situationen, auch in unserem täglichen Leben, zu? Es tut gut, diesem besonnen, klar denkenden, friedfertigen Mann zuzuhören.

Zurück zu Chacours Lebensweg: Am 24. Juli 1965 wird er in Nazareth zum Priester geweiht und im August vom Bischof nach Ibillin geschickt, einem Dorf in Galiläa mit einigen tausend Einwohnern, das durch die selige Miriam bekanntgeworden ist. Dort trifft er schwierige Verhältnisse an. Die Beziehungen zwischen Orthodoxen und Melkiten, Christen und Moslems sind gespannt und alles armselig und verkommen. Typisch sein baufälliges Pfarrhaus: Dreck und Chaos pur, kein Gas, keine Elektrizität, kein Klo. Abuna Elias lässt sich nicht entmutigen. Ibillin wird zur Feuerprobe für seine Bemühungen als Friedensstifter.

Er erkennt: Vorrang hat hier die Versöhnung innerhalb der Familien, die Heilung der Würde dieser Menschen und ihrer seelischen Verletzungen im Gefolge der Kriegswirren. Um Versöhnung zu stiften, muss er zunächst das Gute aus den Menschen hervorholen. So greift er zu einem drastischen Mittel: Nach der Liturgie am Palmsonntag sperrt er die Kirchentüre ab und erklärt, er werde sie erst öffnen, wenn sich die Familien versöhnt hätten.

Er erzählt den Anwesenden, wie wichtig Vergebung sei, dass Jesus, der hier gegenwärtig sei, in ihnen Vergebung bewirken und ihnen Liebe schenken will. Tatsächlich steht nach einiger Zeit ein Mann auf und bittet seine Familie um Vergebung. Nach und nach tun das auch die anderen. Der Tag endet mit einem Versöhnungsfest. Ein großer Schritt ist getan.

Als Nächstes eröffnet er zusammen mit drei Ordensschwestern aus Nazareth einen Kindergarten für die Kinder, die mehr oder weniger unversorgt ihre Zeit auf der Straße verbringen. Gemeinsam mit den Schwestern beginnt der Pfarrer auch mit regelmäßigen Hausbesuchen. Langsam lösen sich die Spannungen im Dorf. Die Zahl der Messbesucher steigt. Sie bringen Kuchen mit für ein anschließendes gemütliches Plaudern im Pfarrhaus, dessen Tür allen offensteht.

Schon zeichnet sich ein nächstes Projekt ab: den Kindern und Jugendlichen Ausbildung zu vermitteln. Es fehlen nämlich Schulen und Zugangsmöglichkeiten für Palästinenser in höhere Schulen. Die Folge: Verbitterung und Frustration bei den Jugendlichen, die keine Chance auf gute Jobs haben. Die Eröffnung einer Bücherei ist ein Schritt in diese Richtung. Den Grundstock bilden geschenkte Bücher und eigene aus seiner Studienzeit. Die Lesefreudigkeit im Ort ist erstaunlich. Bald gehört es zum guten Ton, mit einem Buch unterm Arm gesehen zu werden. Bibel-Erzählstunden für Kinder am Sonntag werden eingeführt und Bibelunterricht für die Frauen, mit denen er verschiedene heilige Stätten besucht.

Auch die tief eingeprägte Feindschaft zwischen Christen und Moslems gelingt es, nach und nach aufzulösen: Abuna Elias lädt nämlich die muslimische Gemeinde ein, in seiner Kirche zu beten, bis die durch einen Brand zerstörte Moschee wiederaufgebaut ist. Auch mit dem orthodoxen Priester und dessen Gemeinde verbindet er sich in Freundschaft. Bald wird auch miteinander gebetet. Die Sommercamps für mittlerweile 5000 Kinder sind ein Segen für die Jugend.

Mittlerweile ist er durch sein Engagement landesweit bekannt. Immer ist er zur Stelle, wenn es darum geht,

Menschen und ihr Eigentum vor der israelischen Polizei zu verteidigen – nicht mit Gewalt, sondern mit Worten und Aktionen. Ein Beispiel: sein Einsatz für die ehemaligen Bewohner von Biram und Ikrit, die auf ihr Land zurückkehren wollen. Chacour besucht in dieser Sache Premierministerin Golda Meir, die das Anliegen jedoch aus Staatsräson ablehnt. Also wird im August 1972 ein Protestmarsch in Jerusalem organisiert, den Elias Chacour anführt. Wegen dessen Bekanntheit schließen sich Tausende Teilnehmer – Muslime, Christen, Juden und Drusen, unter anderem auch 70 Professoren der Hebräischen Universität – dem Marsch an und bekunden ihre Solidarität mit den Palästinensern. Die Weltpresse berichtet über das Ereignis – aber die israelische Regierung bleibt hart.

Für den Frieden einzutreten ist nicht ungefährlich: Als er einmal in einem Flüchtlingslager eine Messe feiern will, wird er entführt, weil man ihn für einen Attentäter gehalten hatte.

All diese Rückschläge können Abuna Elias jedoch nicht stoppen. „Vergib ihnen, Herr, denn sie wissen nicht was sie tun", dieser Satz scheint das Leitmotiv seines Lebens zu sein. Ihn hatte er seinen Vater sagen hören, als der Heimatort der Chacours zerstört wurde.

Daher auch sein beharrliches Verfolgen von Friedensprojekten. Zu den spektakulärsten Initiativen des Pfarrers gehört wohl der Bau des Prophet-Elias-Gymnasium, einer christlichen Schule, die auch Moslems und Juden ihre Tore öffnet. Als er 1982 die Pläne für den Schulbau einreicht, werden diese abgelehnt. „Sollte ich deswegen mein Projekt vergessen? Das entspricht nicht meinem Charakter", erzählt der Erzbischof humorvoll. „So haben wir zu bauen begonnen. Die Polizei kam und fragte nach der Baugenehmigung. Meine Antwort: ‚Ich baue nicht mit Genehmigungen, sondern mit Ziegeln.' Darauf der Polizist: ‚Sie können nicht ohne Genehmigung in einem zivilisierten Land bauen.', ‚In einem zivilisierten Land hätte ich längst eine Genehmigung,' erwiderte ich. Er wurde böse – und ich noch böser."

Trotz Polizeibesuchen baut der Pfarrer weiter. Vor Gericht geladen, erklärt er dem jüdischen Richter, er werde im Falle der Zerstörung der Schule Fotos davon in alle Welt versenden. Schließlich meint der Richter, der Pfarrer solle sich einen Anwalt besorgen. Fünf Wochen habe er Zeit. Die Schule dürfe bis dahin nicht zerstört werden. Mit Hilfe des jüdischen Richters gelingt es Chacour, den Termin mehrmals um Monate zu verschieben, bis er durch besondere Umstände eine Baugenehmigung kaufen kann.

Mittlerweile ist nicht nur die Schule, sondern auch die christlich-israelisch-arabische Universität in Betrieb: 4.500 Schüler und Studenten, Christen, Moslems und Juden, besuchen diese Einrichtung, die als Zweigstelle der Universität von Indianapolis anerkannt ist. „Nur durch gemeinsame Bildung können wir die Verschiedenartigkeit und Mannigfaltigkeit unter uns akzeptieren und schätzen lernen. Dann können wir auch eine Einheit bilden," erklärt uns Abuna Chacour.

Dass mit Bildung auch die Herzensbildung gemeint ist, hört man aus seinen nächsten Worten heraus: „Meine Schule ist eine christliche Schule, aber nicht nur für Christen offen. Es ist eine Schule, wo wir unsere jüdischen und moslemischen Kinder umarmen." Und: „Ich bin kein Missionar für Mohammed oder für die Juden. Ich verkünde Jesus Christus in der Schule für alle christlichen Kinder, aber ohne Andersgläubige zu verletzen."

Wie sehr das Miteinanderleben und -lernen der jungen Leute schon Früchte getragen hat, zeigt das tragische Selbstmordattentat eines Palästinensers in Tel Aviv: 15 Juden verlieren ihr Leben, weitere 86 werden zum Teil schwer verletzt. Auf die Bitte der Studenten von Chacours Universität kommen 15 Krankenschwestern nach Ibillin, um 300 meist palästinensischen Studenten Blut für die verletzten Juden abzunehmen. Ein Hoffnungsstrahl für Juden und Palästinenser die vielleicht doch einmal ihre Zukunft gemeinsam gestalten könnten.

Am 2. April 2005, dem Todestag von Papst Johannes Paul II., wird Chacours neue melkitische Bergpredigt-Kirche eingeweiht, nachdem schon 2004 hier ein großes Friedenskonzert mit den Botschaftern mehrerer europäischer Länder und Mitgliedern der israelischen Regierung, einem jüdischen Chor und einem palästinensischen Orchester stattgefunden hatte. Bei seiner Ansprache erinnert Abuna Chacour die Anwesenden daran, dass sie alle als nackte Babys auf die Welt gekommen seien, alle gleich.

Im Februar 2006 wird er von Papst Benedikt XVI. zum Erzbischof von Galiläa ernannt. Nun gibt es viele neue Aufgaben, aber das zentrale Anliegen bleibt dasselbe: Den Menschen die Würde zurückzugeben und Feindschaft und Hass in Verständnis und Liebe zu wandeln. Kein Wunder, dass dieser Mann Gottes, „für den der beste Weg jener ist, den Jesus mir gezeigt hat", schon dreimal für den Friedensnobelpreis nominiert wurde.

Als ich ihn nach der Pressekonferenz um seinen Segen bitte, korrigiert er mich: „Nur Gott segnet." Er lächelt – und erteilt mir diesen Segen.

Alois Eder
Baggerfahrer als Missionar

$\mathcal{A}$ls ich Alois Eder in Grein auf seinem Motorrad heranbrausen sehe, bin ich beeindruckt und freue mich auf das Gespräch mit dem blonden, braungebrannten jungen Mann, der fröhlich auf uns zukommt. Ein gemeinsamer Freund hatte uns auf ihn aufmerksam gemacht:

Als Baggerfahrer komme er mit Leuten ins Gespräch, die sonst nie etwas vom Glauben hören. Ihnen erzähle er unkompliziert und begeistert von Jesus. So sei z. B. kürzlich sein Arbeitseinsatz in Tirol fast eine kleine Volksmission gewesen.

Meinen ersten Kontakt mit ihm hatte ich per Telefon: humorvoll, auf Anhieb sympathisch, locker, so mein erster Eindruck. In seiner Wohnung mit Blick auf einen tiefergelegenen Bach und den Eisenbahnviadukt, der ihn überbrückt, setzen wir uns dann zusammen.

Geboren ist Alois 1972 als das zweitjüngste von 6 Geschwistern in Mitterkirchen. „Das liegt zwischen Perg und Grein", erklärt er mir. Die Eltern sind Landwirte. In dieser wunderschönen Gegend mit der Donau vor der Haustür verbringt er seine Jugend: Volks- und Landwirschaftsschule, Lehre als Maurer und Zimmerer. Bis zu seinem zwölften Lebensjahr ist der Sohn sehr gläubiger Eltern eifriger Ministrant. Fast täglich in der Messe vor der Schule ministriert er, geht bei Versehgängen mit, ist bei Begräbnissen eingeteilt.

War das gut so? „Ja, das ist eine große Gnade, wenn man Ministrant war. Denn die fast tägliche Kommunion, die ich bekam, bleibt – auf Dauer gesehen – ja nicht ohne Wirkung," erkennt er im Rückblick. Zunächst aber verliert er mit 15, 16 den Kontakt zur Kirche. Im ersten Lehrjahr übersiedelt er nämlich auf eine Baustelle nach Wien. Durch den neuen Umgang am Bau wird der Glaube für ihn immer bedeutungsloser: „Die Arbeitskollegen – so nett manche auch sind – und die ganze Atmosphäre am Bau sind schon eine harte Bandage. Da gibt es kaum jemand, der vom lieben Gott begeistert ist", fasst er seine Erfahrungen zusammen.

Die neuen Freunde zeigen dem Burschen, wie man das Leben genießt: „Da ging es locker und bunt zu: Alkohol, Partys, natürlich Mädchen, nächtliche Gelage und Zeltfeste. Für die Älteren war es sicher auch lustig, wenn der Lehrbub so richtig eingetunkt wurde und einen Rausch hatte."

Alles ist neu, aufregend und lustig. „Da war es schnell so weit, dass ich nicht mehr in die Kirche gegangen bin. Für mich war jetzt das Neue das richtige, das interessante Leben." Und nach kurzer Überlegung: „Wenn man viel auswärts arbeitet, verliert man die Gemeinschaft und den Halt durch heimische Vereine, die doch auch auffangen."

Bald stellt sich jedoch heraus, dass er den Beruf am Bau nicht ausüben kann: Starke Schmerzen machen sich bemerkbar, zunächst in der Wirbelsäule. Der Grund: Ein Unfall, den er als Dreijähriger hatte. Sein Fuß war dabei – nachdem er vom Traktor gefallen war – von diesem überrollt worden. Eine Wachstumsfuge wurde damals verletzt. Nun ist sein rechtes Bein kürzer. Eine Verkrümmung der Wirbelsäule, eine Knorpelabnützung im Knie, ein Problem mit dem Becken sind die Folgen.

Eine Umschulung und ein Baugerätekurs werden ihm angeboten. Und so wird Alois Baggerfahrer. Sein munteres Leben führt er auch in diesem Job fort. Nicht nur die Wirtshäuser werden ihm immer vertrauter, auch die Mädchenwelt lockt: Die Beziehungen zum weiblichen Geschlecht halten allerdings höchstens jeweils ein Jahr. Alois erinnert sich: „Da gab es eine, die war a recht a Brave, etwas häuslicher. Da war ich nicht so viel unterwegs. Aber vom Glaub'n hat's auch nicht viel g'wusst." Und so geht auch diese Beziehung mit der „recht Braven" bald in die Brüche.

Seine letzte Freundin: eine Frau, die gerade in Scheidung vom alkoholkranken Ehemann lebt und zwei Buben – 4 und 7 Jahre – hat. Alois, der nichts von Erziehung versteht, fühlt sich überfordert, die Probleme nehmen mit der Zeit zu, werden für den jungen Mann zu ernst. Bei einem Gottesdienst, an dem er seiner Mutter zuliebe mit der Freundin und den Kindern in Mauthausen – wo sie niemand kennt – teilnimmt, spürt er zum ersten Mal deutlich, dass in seinem Leben gar nichts mehr stimmt. Ja, dass es ihm eigentlich recht schlecht geht.

Zieht er nun die richtige Konsequenz aus der Erkenntnis? Nicht unbedingt: „Ich könnte doch ein viel einfacheres, schöneres Leben führen ohne Verantwortung für eine Frau mit zwei Kindern", geht es ihm durch den Kopf. „Mit Krach und sehr harten Worten habe ich nach einem gemeinsamen Urlaub die Trennung durchgeführt und bin in mein altes Leben zurückgeflüchtet", erinnert er sich mit Bedauern. Dass die Trennung nicht unbedingt die große Erleichterung bringt, merkt er bald: Die Kinder waren ihm doch schon ans Herz gewachsen und gehen ihm nun ab. Soll er es noch einmal versuchen? Diesen Vorschlag lehnt die junge Frau aber ab.

So geht es Alois die ersten Wochen nach der selbst gewollten Trennung sehr schlecht. Auch der Kontakt zu gemeinsamen Freunden reißt ab. „Eine Zeit der tiefen Not. Ich fühlte mich plötzlich in allen Belangen als Versager. Als ich ganz am Boden war, bin ich – wie der verlorene Sohn – zu meiner Mutter, um mich auszuweinen." Ein Büchlein von Dr. Madinger, „Hauskirche", das er von ihr mitnimmt, macht ihm bewusst, welch schwere Fehler er in der Beziehung gemacht hat. Bei einem weiteren Besuch daheim sieht er einen Rundbrief der Kalasantiner herumliegen: die Einladung zu einer Fahrt nach Medjugorje. „Da fahr' ich mit', habe ich gesagt.

Meine Mutter ist bis zur Decke gesprungen und hat gemeint, sie zahlt mir die Reise", erinnert er sich.

29 ist Alois, als sein Leben sich total zu wenden beginnt. Die Reise tritt er noch mit Flinserln im Ohr, den obligaten Zigaretten in der Brusttasche und „total am Sand" an, aber dann: „Vor der Fahrt bekam jeder im Autobus einen Zettel mit Worten der Gospa. Diese sollten wir nicht nur lesen, sondern sie sollten uns in diesen Tagen besonders begleiten. Auf meinem stand: ‚Liebe Kinder! Gott lässt jeden Menschen das Gute und das Böse erkennen. Ich fordere euch auf, das Licht zu tragen für die Menschen, die sich in der Dunkelheit befinden'!" Für Alois, denke ich, sind diese Worte zum Lebensmotto geworden.

Über seinen Aufenthalt in Medjugorje – wo er mittlerweile schon siebenmal war – erzählt er weiter: „Es war unbeschreiblich. Die Beichte hat mich besonders getroffen. Ich sehe den Priester heute noch, wie er nachher meine Hand genommen, geschüttelt und gesagt hat: ‚Endlich hat wieder einer zu Gott zurückgefunden.' Die Freude in seinem Gesicht war unbeschreiblich – und meine auch." Die Anbetung und die Zeugnisse der Burschen vom Cenacolo, die durch Gebet und Gemeinschaft „aus der Gefangenschaft des Bösen befreit worden waren und von ihrer Auferstehung mit einer unglaublichen Ausstrahlung erzählten", haben ihn ungemein berührt.

„Was ich in jenen Tagen in Medjugorje erlebt habe, war der Durchbruch zum wirklichen Licht", fasst er zusammen. In den 15 Jahren davor war er höchstens ein- bis zweimal im Jahr in der Kirche gewesen. Jede Stunde eine lästige Qual. „In Medjugorje aber wollte ich sogar nach drei Stunden nicht hinaus, erlebte unbeschreibliche

Gefühle." „Welche?", frage ich. "Ich habe mich von Jesus und Seiner Mutter geliebt gefühlt."

Nach seiner Rückkehr beginnt sich sein Leben radikal zu verändern. Zunächst, gesteht er, „habe ich zwei Monate viel geweint, alle Worte der Muttergottes aufgenommen. War total betroffen, immer wieder." Sehr bald stellt er fest: Seine Süchte werden ihm sanft und mütterlich eine nach der anderen genommen." Er stellt das Rauchen ein, meidet Wirtshausorgien, schränkt Fernsehen stark ein ... Dafür lernt er Gitarrespielen, hofft, bald anderen mit Musik eine Freude machen zu können. „Ich wollte alle Botschaften umsetzen und hatte eine große Sehnsucht nach der Wahrheit. Ich wusste, was die Muttergottes sagt, ist wahr. Man lebt ja vorher – durch all die Süchte, die man hat – nicht in der Wahrheit." Er fängt also sofort mit Rosenkranzbeten, Fasten, regelmäßiger Beichte, Heiliger Messe, Bibellesen an. „Und ich habe alles, was mit Kirche und Glaube zu tun hat, gestürmt."

Dass er auf dem richtigen Weg ist, merkt er daran, „dass ich alles bekommen habe, was ein Mensch zum Glücklichsein braucht", und dass Gott ihm sein früheres, oberflächliches Lotterleben vergeben hat. „Ich durfte neu anfangen und alles mit Mut, Zuversicht, Freude und Selbstvertrauen angehen." Und nach kurzem Überlegen: „Ich glaub', ich hab' einen Raketenstart gemacht."

Um nicht ebenso rasch wieder abzustürzen, nimmt er an einer Gebetsgruppe teil. „Die Jüngergemeinschaft der Kalasantiner war mir von Anfang an eine große Stütze. Durch sie bin ich tiefer in den lebendigen Glauben hineingekommen und sie hat mir auch geholfen, dem neu eingeschlagenen Weg treu zu bleiben." Er weiht sich der Muttergottes und schenkt sich „bedingungslos dem

Himmelvater. D'rum rennt alles so glatt", erklärt er mit einem Lausbubenlächeln.

Nicht so glatt waren die ersten Bekehrungsversuche bei Freunden. Dabei rennt er sich gehörig die Nase an, erntet Gelächter und Spott. Bald wird ihm klar, dass er viel Geduld brauchen wird. Aber mit der Zeit stellen sich auch missionarische Erfolge ein, zum Beispiel, als er 2002 auf Kur geschickt wird.

Im Kurhotel trifft er mit viel religiösem Material und der Wandermuttergottes bewaffnet ein. Gleich am ersten Tag erkundigt er sich nach einem ruhigen Raum, wo er mit anderen Rosenkranz beten könnte. Dem Kurmanager kann man es gar nicht verübeln, dass er dieses Ansinnen zunächst entschieden – wahrscheinlich erschrocken – ablehnt. Einem Vortrag über Medjugorje stimmt er dann jedoch zu. („Aha! Die Schockmethode", denke ich.) Der Vortrag wird sogar in den Kurnachrichten angekündigt. Alois ist sehr nervös. Betet viel, fastet, geht vor dem Vortrag noch in die Kirche.

Er rechnet mit wenigen Zuhörern. Tatsächlich kommen über 40 Kurgäste. Er beginnt damit, von seiner Bekehrung in Medjugorje zu erzählen, dass er nun überzeugter Christ sei. Dann spielt er einen Film über die Erscheinungen vor, singt auf der Gitarre. Die Zuhörer, stellt er erstaunt fest, sind interessiert, ja bewegt. Sie bewundern – ebenso wie ich jetzt – seinen Mut, sich vor fremde Menschen hinzustellen, sichtlich ohne im Reden geübt zu sein. Auf Wunsch wird der Vortrag wiederholt. Die Wandermuttergottes findet in den Wochen seines Aufenthaltes immer wieder neue Abnehmer.

Außerdem bekommt er doch noch sein Zimmer zum Rosenkranzbeten. Beim zweiten Treffen versammeln sich schon 12 Mitbeter. Julia, eine Mitbeterin, gibt bei einer späteren Gelegenheit ein sehr bewegendes Zeugnis. Sie, eine gebürtige Chilenin habe einen langen Leidensweg hinter sich: ein Martyrium in der Kindheit, eine Ehe mit Misshandlungen. Nun ist sie mit drei Kindern allein in Österreich. Als sie zur Kur kommt, hat sie schwere Depressionen, keinen Bezug zum Glauben, kein Vertrauen. Alois sei ihr gleich aufgefallen, wegen seiner besonders vertrauenserweckenden Ausstrahlung. Vielleicht kann er helfen ihre Last zu tragen? Alois tut es gern, hört ihr zu, singt ihr auf der Gitarre vor, lädt sie ein, mit ihm in die Messe zu gehen. Sie möge Gott bitten, ihre schweren seelischen Wunden zu heilen.

Schließlich rafft sie sich auf, mit einem Priester zu sprechen. Er spendet ihr auf Alois' Anraten die Krankensalbung und sie geht zum ersten Mal nach 20 Jahren wieder zur Heiligen Kommunion. Darüber hat sie Folgendes geschrieben: „Ich spürte, dass Jesus mich mit Seiner ganzen Liebe überflutete. Es war, als würde die ganze Kapelle beben. Als würden Felsen von meinem Herzen abgesprengt werden. Mein Dynamit waren: die Beichte, die Krankensalbung und die Eucharistie. So eine Freude und Erleichterung werde ich wohl nie wieder erleben können."

Im selben Jahr macht Alois eine Umschulung als Bürokaufmann – die Schmerzen waren wieder aufgetreten. Da er den Beruf aber nie ausgeübt hat, meine ich: „Du hast das wohl nur als Missionsterrain gebraucht." „Da könntest du recht haben", lacht er, „die ganze Schule war mit Medjugorje-Botschaften vollgehängt. Der Direktor hat schmunzelnd gemeint: ‚So einen Schüler haben wir noch nie da gehabt.'"

Alois lässt tatsächlich kaum eine Gelegenheit aus, um anderen von seiner Freude, Christ zu sein, zu erzählen:

Weihnachten 2003 fragt er beispielsweise im Obdachlosenheim an, ob er mit der Wandermuttergottes kommen und für die Menschen dort religiöse und Weihnachtslieder singen dürfe. Er darf. Allerdings: „Vor der Tür des Heims hat mich der Mut verlassen. Das ganze Lokal war voll, zum Teil mit stark alkoholisierten Männern. Ich war sicher: Die werden mich rauswerfen. Also habe ich schnell einen Freund angerufen: ob er mitkommen würde? Er war von der Idee begeistert."

Die Heiminsassen haben die beiden dann natürlich nicht hinausgeworfen, sondern zum Teil mitgesungen. Einige waren sehr bewegt. „Die Leute haben sich nachher herzlich bedankt und uns sehr lieb eingeladen, bald wiederzukommen, um wieder zu spielen."

In vielerlei Hinsicht ändert Alois auch einst verfestigte Ansichten, z. B. über voreheliche Beziehungen. Wie es dazu kam? Ausgangspunkt war eine Reise nach Banja Luka zu einem Papsttreffen. Große Begeisterung, als er Papst Johannes Paul II. zum ersten Mal aus der Nähe sieht: „Einfach gewaltig. Bei der Privataudienz, bei der mein Freund und ich dabei sein konnten, ist der Papst zwei Meter neben mir mit dem Rollstuhl vorbeigefahren. Auch einen Rosenkranz des Papstes haben wir bekommen." (Kein Wunder, dass er nach dessen Tod einen ganzen Rosenkranz an seinem Grab in Rom gebetet hat.) Bei diesem Treffen lernt Alois ein sehr liebes Mädchen kennen.

Sie kommen ins Gespräch, reden über Gott und die Welt und er ist von ihr und ihren Einsichten tief beeindruckt: Mit 14 hatte sie P. Daniel Ange, einen französischen Missionar, kennengelernt. Seit Jahrzehnten versteht dieser es, jungen Leuten glaubhaft den gegenseitigen Respekt und die Keuschheit als Weg zu tieferer

Liebe verständlich zu machen, einer Liebe in Schönheit, Wahrheit – und völliger Freiheit. Und dem Mädchen, das nun Alois' Interesse erweckt hatte, gelingt es, auch ihm diese Sicht der Sexualität begreiflich zu machen: „Für mich war das ganz wichtig. Zum ersten Mal habe ich eine Beziehung gelebt, die ganz auf Reinheit und Freundschaft ausgerichtet war, eine starke Erfahrung, auch eine Erfahrung der Freiheit. Heute wissen leider die wenigsten jungen Leute, wie wichtig und schön Keuschheit sein kann. Leicht ist das natürlich nicht, aber die Standfestigkeit zu leben, ist super."

Diese Erfahrung war wohl auch der Grund dafür, dass er sich für die Verbreitung des Teen-Star Programms, das Jugendlichen einen verantwortungsvollen Umgang mit ihrer Sexualität vermitteln will, zur Verfügung stellt (VISION 1/07).

Alois spricht unumwunden davon, dass er gerne heiraten und eine Familie gründen möchte – „doch nur, wenn es dem Herrn recht ist", wie er mit seinem sympathischen Lächeln erklärt: „Okay, ich versteife mich jetzt nicht auf's Heiraten. Wenn Er mich ins Kloster schickt, dann werd' ich einfach marschieren. Aber ich lass mich überraschen. Die Berufung ist immer wieder meine große Frage." Einstweilen jedenfalls bleibt er offen für Gottes Überraschungen und hat eine Ausbildung an der Religionspädagogischen Akademie begonnen. Vielleicht wird er eines Tages Religionslehrer, um Kindern den Glauben näherzubringen. Ich bin sicher, dass ihm da sein Humor, seine lebhafte, offene Art und seine überzeugende Sprache sehr helfen werden.

Noch eine nette Episode bekomme ich zu hören: Beim Weltjugendtreffen in Köln kann Alois bei der Ansprache des Papstes auf dem Schiff nicht direkt dabei sein. Er und seine Freunde wollen aber die Worte des Papstes im Fernsehen hören. „Ich kenn' mich mit Wirtshäusern aus, da gibt es doch überall einen Fernseher," sagt er. Nicht so in Köln. Das einzige Lokal weit und breit, das einen Fernseher besitzt, ist ausgerechnet eine Spielhölle. Also wird vor dem Eingang gebetet und dann hinein. Alois' fröhlicher missionarischer Eifer lässt ihn auch hier nicht im Stich. Gemeinsam mit den Freunden verwickeln sie die Anwesenden in lockere, aber doch tiefgehende Gespräche. Und so werden sie nach einigen Stunden – gut bewirtet – von der sichtlich bewegten Bardame nur ungern entlassen.

Ähnliches Erlebnis in einem Tipidorf am Attersee, wo Alois auf dem Weg nach Italien (Schio und Padua) mit seinem Motorrad übernachtet hat: Eine Gruppe junger Leute, die an einem Lagerfeuer sitzt, interessiert sich für seine Reisepläne. Bereitwillig erzählt er von den religiösen Zielen seiner Reise. Dann zieht er den MP3-Player, der ihn immer begleitet, mit den Boxen heraus und spielt der Versammlung christliche Lieder vor. Bis zwei Uhr Früh erzählt und diskutiert er, beantwortet Fragen oder hört einfach zu. Das Interesse wächst und manche erzählen aus ihrem eigenen Leben. Diese Gruppe schließt er immer wieder in seine Gebete ein.

Diese einsame Italienreise hätte eigentlich eine größere Motorradwallfahrt werden sollen. Die Idee kam ihm bei einer Frühmesse in Grein. Motorradlärm während der Wandlung – bei zwei Messen davor war es genauso gewesen – geben ihm den Gedanken einer Wallfahrt mit Motorrädern ein. Heuer versucht er es wieder mit einem motorradbegeisterten Priester. Fünf Anmeldungen gibt es derzeit. Alois hofft, dass es noch mehr werden. Wer hat Lust?

Humor hat er auch in folgender Geschichte bewiesen.

Nach Exerzitien bei Father James Manjakal, die ihn sehr begeistert haben, möchte er dem indischen Priester Dank sagen: „Um neun Uhr bin ich zu P. James gegangen, um mich zu bedanken. Ich wollte ihm auch etwas schenken. Am Tag davor hatte ich mir Boxershorts gekauft, ohne allerdings auf die Größe zu achten: XXL stand dann drauf. Da ich nichts anderes hatte, bin ich auf ihn zugegangen und habe gesagt: ‚I have a gift for you', und habe ihm die bunten, übergroßen Boxershorts hingehalten. Ich glaub', er hat noch nie so dumm dreing'schaut," erzählt er lachend. Jedenfalls nimmt P. James das Geschenk mit einem Schmunzeln an.

„Was ist denn das Besondere an Alois?", fragt mich mein Mann. Dass er sich ohne großes Bedenken verschenken kann; dass er die Menschen einfach mag, nicht nur heute oder morgen; dass er tolle Dinge organisiert: etwa Motorrad- oder Taxiwallfahrten für Rollstuhlfahrer mit Multipler Sklerose; dass er bemüht ist, seinen Glauben lebendig zu erhalten und ihn konsequent vertieft.

Vor allem aber die fröhliche, natürliche, selbstverständliche Art, über seinen Glauben zu sprechen. Man nimmt ihm das ab, weil es nicht aufgesetzt wirkt. So macht er den Glauben an Jesus für andere attraktiv und nachahmenswert.

P. S.: Seit Ostermontag 2008 ist Alois übrigens mit der bildhübschen Gabriele verheiratet.

Maria und Erwin Fellner
Wir fangen immer wieder neu an

Es war ein Überfall am helllichten Tag: Pfarrer Tropper, meine Mutter und ich waren die Täter, das Opfer die Familie Fellner in Vogau in der Südsteiermark. Der Pfarrer von St. Veit im Vogau – ich hatte ihm die bestellten Exemplare von VISION 2000 während eines Kurzurlaubs gebracht – hatte gemeint, diese Familie müsse ich unbedingt vor meiner Abreise kennenlernen. Ohne jede Vorwarnung fuhren wir also zu dem schönen Haus der Familie Fellner: großer Garten, ein Wäldchen, viele Tiere. Zunächst war nur der Hausherr zugegen. Gott sei Dank ist er nicht leicht zu erschüttern. Etwas später kam auch seine, doch etwas erschrockene, Frau dazu.

Es wurde ein sehr gemütlicher Nachmittag, bei dem wir auch vier ihrer sechs Kinder kennenlernten. Beim Abschied frage ich dann, ob ich am nächsten Vormittag zu einem Interview vorbeikommen könnte. Und obwohl sie – wahrscheinlich immer noch – überzeugt sind, dass es lohnendere Interviewpartner gibt, erlauben sie es mir netterweise doch.

Da erfahre ich ihre Geschichte: Erwin Fellner stammt aus der Weststeiermark, aus Köflach. Er ist der zweite Sohn eines Bergmanns. Mit 19 rückt er in die Kaserne Leibnitz ein – und bleibt bis heute dort, mittlerweile als Zugskommandant in einer Pionierkompanie. Er ist das, was ich als einen „g'standenen Mann" bezeichnen würde: groß, kräftig, mit einer guten Portion Humor, jederzeit imstande, seine zarte Frau und seine Kinder zu beschützen.

1977, als er 23 ist, macht er sich auf die Suche nach der „Perle" seines Lebens und findet sie in der Tochter des Bürgermeisters von Vogau, einer jungen Krankenschwester. Als sich die Beziehung vertieft, erklärt ihm das Mädchen, dass sie „damit" aber bis nach der Hochzeit warten möchte.

Heute lacht der Ehemann, wenn er an seine erste verständnislose Reaktion zurückdenkt: „Was ist denn das für ein Mädchen?" Schließlich setzt er sich aber mit dem Gedanken auseinander und kommt zur Einsicht, dass es eigentlich toll ist, wenn eine 20-Jährige solche Ansichten vertritt.

Zart, lieb und auf ersten Blick schüchtern wirkt Maria Fellner auf mich. Doch wie diese Geschichte zeigt, verstand sie schon sehr früh für ihre Überzeugung einzustehen. Im Laufe des Gesprächs bestätigt sich dieser Eindruck immer mehr. Maria Fellner beginnt ihre Erzählung damit, dass sie als Mädchen eigentlich nie einen Soldaten heiraten wollte. Ihr Vater war nämlich als Wrack aus dem Krieg heimgekehrt: Lungendurchschuss, überall Spuren von Splittern. „So war ich als Mädchen friedensbeseelt. Was ich aber komplett außer Acht gelassen hatte, war, dass der Frieden auch gesichert werden muss", erinnert sie sich lächelnd.

„Erst eine Begegnung mit einem Pater aus dem Libanon hat das geändert. Er erzählte, wie dieses Land, das seine Militärausgaben immer mehr reduziert und in soziale Einrichtungen investiert hatte, von den Nachbarn überrollt wurde. Da ist mir bewusst geworden, dass man es nicht den anderen Ländern überlassen kann, das eigene Land zu schützen."

So heiratet sie doch ihren Soldaten am 19. Mai 1979 und das „Warten" hat ein Ende. Zunächst wohnen beide bei Marias Eltern und renovieren ihr jetziges Haus, das sich ganz in der Nähe von Marias Elternhaus befindet. Mit seinen Schwiegereltern hat der junge Ehemann offenbar keine großen Probleme. Denn nicht nur aus Marias Worten hört man große Hochachtung und Liebe vor ihren Eltern heraus, ein Ehepaar, das offensichtlich nach wie vor eine vorbildliche Ehe führt: „Die beiden haben immer schon etwas zu reden gewusst: gemeinsam am Acker oder bei der Arbeit im Wald. Auch jetzt, wenn sie am Abend miteinander sitzen und Bohnen putzen und wir hereinschauen, unterhalten sie sich und lachen miteinander", erzählt Maria. „Ja", ergänzt ihr Mann, „die Kommunikation hat bei den beiden immer hingehaut."

Im Jänner 1981 kommt Anna Maria auf die Welt. „Mit großer Freude haben wir sie erwartet", erinnert sich Maria und Erwin ergänzt: „Ersehnt haben wir sie." Es ist wirklich erfrischend, diesem liebevollen Duett der Eheleute zuzuhören. Im März 82 wird Monika geboren. Da beide Kinder mittels Kaiserschnitt zur Welt kommen, empfiehlt der Arzt eine Babypause. Auf der Suche nach einer Lösung für dieses Problem stößt Maria auf das Buch „Natürliche Empfängnisregelung" von Josef Rötzer. „Das ist etwas für uns, das passt gut für uns beide", meint sie zu ihrem Mann. Sie studieren es beide so intensiv, dass sie es auf diesem Gebiet – nach dem Besuch zweier Kurse – später zu Beratern schaffen.

Vier Jahre danach kommt dann Georg auf die Welt. Die Geburt verläuft recht dramatisch und von einer weiteren Schwangerschaft wird dringend abgeraten. Da jedoch die beiden Mädchen ein Team bilden, überlegen die Eltern mit der Zeit, ob nicht noch ein Geschwisterl für den Buben etwas Gutes wäre. In einer Zeitung liest Erwin von einem rumänischen Buben, der eine Familie sucht. Er ruft die angegebene Fürsorgestelle an und erfährt, dass der Bub schon eine Heimat gefunden habe, es aber genügend österreichische Kinder gäbe, die auf einen Pflegeplatz warten.

Nach einem Gespräch mit den Kindern erklärt die kleine Monika: Ein 13 Monate altes Baby wäre super. Und tatsächlich kommt bald ein Anruf von der Fürsorge: Der kleine Mario – 13 Monate alt – brauche einen Pflegeplatz. Viel Zärtlichkeit schwingt in Marias Stimme mit, als sie vom Tag seiner Ankunft erzählt: „Es war ein sonniger Frühlingstag 1991, die Schneeglöckerl haben geblüht, als Mario mit seinem Vater gekommen ist. Dann ist der Kleine da auf dem Boden gesessen und hat uns angestrahlt ..."

Ähnlich liebevoll klingen die Worte des Pflegevaters: „Mario ist ein wunderbarer Bursche – er ist nicht nur mein Sohn, sondern auch einer meiner besten Freunde. Wir haben ein sehr gutes Verhältnis, das hoffentlich auch über die Pubertät hinaus anhält." Da der Bub unter Asthma leidet und drei Wochen ans Meer sollte, fährt die ganze Familie nach Griechenland. Das Fotoalbum bekomme ich zu sehen: Bilder eines strahlenden kleinen Bubens, umringt von einer fröhlichen Familie.

Die spürbar gute Beziehung zwischen den Ehepartnern war nicht immer so harmonisch. Bald nach der Hochzeit stellten die beiden nämlich fest, wie verschieden sie sind: Was der eine gut meint, versteht der andere oft falsch. Es ist, als sprächen sie manchmal nicht dieselbe Sprache. Doch die Sehnsucht nach Einklang ist bei beiden groß. Ihre Kinder sollen doch in einer harmonischen Ehe aufwachsen.

Ein Gedicht von Phil Bosmans, in dem es um Versöhnlichkeit, Liebe und Mut geht, bestärkt sie in der Suche nach einem gemeinsamen Weg. Seit vielen Jahren ist das Vaterunser beim Sonntagsgottesdienst für sie besonders wichtig. Maria erklärt es mir: „Die Woche über kann es bei jedem von uns zu schuldhaftem Versagen kommen. Wenn wir uns dann beim Vaterunser die Hand geben, so ist es das Zeichen, dass wir das Versagen loslassen können und wieder neu anfangen."

Ein wichtiger Meilenstein auf dem Weg ihrer Ehe ist die Begegnung mit der Schönstatt-Bewegung 1991. Schon bei der ersten Familienwoche der Bewegung, an der sie mit den Kindern teilnehmen, stellt Erwin fest: „Es war da z. B. von der Frauen- und der Männersprache die Rede. Genau dieses Problem der verschiedenen Ausdrucksweise hatten wir ja bei uns festgestellt. Wenn Maria etwas für mich scheinbar Belangloses sagt, kann das für sie aber einen tiefen Wunsch ausgedrückt haben.

Ich musste die Reife und Einsicht entwickeln, das auch so zu verstehen."

Auch das wöchentliche Ehegespräch, das vorgeschlagen wird, greifen sie gerne auf. „Allzu leicht verlieren wir uns in der Hektik des Alltags. Viel zu selten reden wir darüber, warum wir einander lieben, was wir am anderen besonders schätzen, was wirklich wichtig in unserem Leben ist", gesteht Erwin und fügt hinzu: „Bei diesen Ehegesprächen stellen wir immer wieder fest, dass unsere Ehe neuen Auftrieb erhält." Die Kinder merken offenbar, wie gut das den Eltern tut. Wenn die beiden nämlich längere Zeit einen solchen Austausch vergessen, erinnert sie ihr Nachwuchs an den guten Vorsatz, erzählt die Mutter lachend.

Während sie das erzählt, holt sie ein großes Buch – ihr Ehetagebuch. Was sie da hineinschreiben, frage ich neugierig, und Maria erklärt: „Von Anfang an gab es Sachen, bei denen wir uns mündlich nur in die Haare gerieten. Dann begannen wir das aufzuschreiben. Der andere konnte es in aller Ruhe nachlesen, seine Sichtweise dazuschreiben und dem anderen wieder hinlegen. So konnten wir über vieles, was wir nicht aussprechen konnten, miteinander kommunizieren. Wir schreiben aber auch die besonders schönen Ereignisse hinein, damit wir sie nicht vergessen." Nachahmenswert, denke ich mir im Stillen.

Hand in Hand mit ihren Bemühungen um Harmonie entwickelt sich auch der gemeinsame Glaube. Auf diesem Gebiet hätten sie viel voneinander gelernt, bekräftigen beide, obwohl sie ganz andere Ausgangspunkte hatten. Anfangs stellte Erwin nämlich alles in Frage, was für Maria selbstverständlich war: Warum glaubst du das? Warum machst du das so und nicht anders?

„In der Auseinandersetzung lernte ich für das, was

mir wirklich wichtig ist, geradezustehen," erklärt Maria. „Ich musste dauernd für meine Überzeugung eintreten. Und so habe ich immer mehr die Freude an meinem Glauben entdeckt." Und Erwin fügt hinzu: „In meinem Elternhaus war von Glaube nicht viel die Rede. Ohne es recht zu wissen, war ich aber ein Suchender. Als ich dann die Freude am Glauben entdeckt habe, bin ich immer mehr vom Dunklen ins Licht gekommen."

Auf diesem Weg hilft ihm auch Marias Vater. Mit ihm verbringt er in den ersten Jahren viele Stunden bei der Arbeit im Wald. Da gibt es oft Gelegenheit zum Gespräch, und der Ältere gibt dem Jüngeren viele Lebensweisheiten mit, die dieser dankbar annimmt. Wie schön! Immer wieder ist da die Rede von Jesus und seiner Mutter Maria. „Das hat mich beeindruckt: Wenn dieser Mann, vor dem ich die größte Hochachtung habe, so einen Glauben hat, muss etwas dran sein."

Es tut mir gut, dem Erwin Fellner zuzuhören, weil er so selbstverständlich und unkompliziert über die schönen, aber auch die schwierigen Schritte in seinem Leben erzählen kann – etwa über ein Beichterlebnis vor etlichen Jahren. Er erzählt das so plastisch, dass ich es gerne wiedergebe, als Zeugnis für viele, die sich mit der Beichte schwertun: Pfarrer Tropper hatte Missionare in die Pfarre geholt. Eine Woche sind die Fellners täglich bei Vorträgen und Gottesdienst. „Dann war das Beichten angesetzt. Ganz schön schwer, dachte ich. Doch ich bin halt gegangen. Wie ein Bauer mit einem Dreischeibenpflug hat der Pater in meiner Seele herumgewuchert. Da hat er Narben aufgerissen und die Eitergeschwulst, die noch gewuchert hat, herausgeholt. Das war dann ein unglaubliches Gefühl der Befreiung. Nach der Lossprechung der totale Lichtschein." Seine Beichte habe der ganzen Familie gutgetan, meint er. Sie ist daher auch im Ehetagebuch festgehalten und Fellners meinen überhaupt, dass Beichte das beste Mittel bei jeder Art von Ehekrise ist.

Die Bemühungen der Fellners um Glauben und Harmonie in der Ehe haben sie noch offener für andere Menschen und deren Probleme gemacht: So nehmen sie ein Mädchen, 18 Jahre alt, das große familiäre Probleme hat, für ca. ein Jahr bei sich auf. Mit einigen Schwierigkeiten können sie ihr helfen, ihren Schulabschluss zu machen.

Als die leibliche Mutter ihr anbietet, zu ihr zu ziehen, wird das Mädchen gerade schwanger. Die Mutter verlangt, sie müsse abtreiben. Maria Fellner erzählt: „Das war ein Schock für das Mädchen und sie hat sich gefragt, ob ihre Mutter sie nicht auch lieber abgetrieben hätte. Daraufhin haben viele für sie gebetet. Mittlerweile hat sie einen sehr herzigen neunjährigen Buben."

Sichtlich bewegt erzählt Maria noch eine Geschichte: An einem Weihnachtstag ruft eine Freundin an, kann sie aber nicht erreichen. Maria spürt sofort, da ist etwas los. Ein Rückruf bleibt ohne Antwort. Die Fellners beschließen hinzufahren. Auf Klopfen keine Reaktion. Erwin schlägt eine Scheibe ein. Im Schlafzimmer finden sie die Freundin. Sie hatte Schlaftabletten genommen. Rettung in letzter Sekunde, bestätigt der herbeigerufene Arzt. Später stellt sich heraus, dass die junge Frau auf Anraten ihres Arztes ihr zweites Kind abgetrieben, diese „Lösung" aber offensichtlich nicht verkraftet hatte.

Im Dezember 1995 bekommt Marias Freundin Christa ihr drittes Kind. Die beiden Erstgeborenen der ledigen Mutter nehmen die Fellners für die Dauer des Krankenhaus-Aufenthaltes bei sich auf. Fünf Tage nach der Geburt stirbt die Freundin an Kindbettfieber. Was geschieht nun mit den Kindern? Die Großeltern fühlen sich überfordert, vor allem weil Wolfgang – damals noch nicht ganz drei – weder gehen noch sprechen kann.

Familienrat bei Fellners: Man beschließt, die beiden Kinder zu behalten. Allerdings muss der zuständige Richter in einem solchen Fall die leiblichen Kinder befragen. Erwin geht mit Georg zum Bezirksgericht. Der Richter fragt den Neunjährigen: „Wer bist denn du?" „Ich bin der Wichtigste", entgegnet der Bub. „Und was meinst du?", fragt der Richter, „werdet ihr das schaffen?" „Ja", antwortet Georg, „wir haben das besprochen und wir werden das schaffen."

Darauf bekommt der Akt einen Stempel – und Nr. 5 und Nr. 6 der Fellner-Kinder können offiziell zu Hause einziehen.

Der kleine Wolfgang bekommt eine besondere Frühförderung. Zum Teil kommt die Therapeutin ins Haus, aber dreimal in der Woche müssen die Fellners zur Ergo- und Logotherapie. Erwin schaut bei den Übungen gut zu und macht sie zu Hause mit dem Buben nach. So macht Wolfgang wunderbare Fortschritte. Mittlerweile geht er in die dritte Klasse Volksschule. Sichtbarer Stolz, auf alles, was er nun kann, erfüllt die Eltern – auch wenn nicht alle Probleme beseitigt sind, wie Maria andeutet: „Der Bub braucht nicht nur Hilfe und Zärtlichkeit, sondern auch sehr die Autorität des Vaters, der ihm zeigt, wo es langgeht."

Für Maria ist klar: Sie und ihr Mann wurden in ihrem gemeinsamen Leben stets von Gott geführt und in manches „weiter- oder hineingestoßen". Sie lächelt verschmitzt und fährt fort: „Manchmal braucht man einen Schubser, um ins Glück zu fallen."

Mir fällt auf, wie viel Freude und Zuversicht diese

Frau ausstrahlt, egal worüber sie gerade erzählt. Das ist wohl die Frucht eines reichen Gebetslebens. Die Anbetung ist für sie ganz wichtig – und wohl auch die Quelle, aus der sie die Kraft für ihr Engagement, etwa als ehrenamtliche Mitarbeiterin bei der Caritas, als Einsatzleiterin für den Bezirk Leibnitz, schöpft. Bei dieser Tätigkeit ist ihr das Gespräch mit den Frauen besonders wichtig: „Es gibt oft Belastungen oder Probleme in den Familien, wo es für die Frauen einfach wichtig ist, wenn sie mit jemanden reden können. Es gibt aber auch Väter, die mit Kindern allein dastehen, weil die Mütter die Familie verlassen haben, um selbständig und finanziell unabhängig sein zu können." In diesen Fällen versucht sie dann, mit der Frau Kontakt aufzunehmen in der Hoffnung, ihr zur Rückkehr verhelfen zu können.

Gemeinsam mit ihrem Mann hat sie Vorträge über Natürliche Familienplanung in der Pfarre gehalten. Sie scheut sich aber auch nicht, über dieses Thema vor Soldaten im Lebenskunde-Unterricht in der Kaserne zu sprechen. Dieses Thema ist ihr auch deswegen so wichtig, weil es in ihrem Umfeld so viele Probleme diesbezüglich gab: Abtreibungen, ein Pillen-, ein Kondom- und ein Spiralenkind!

Ihr Mann vertritt das Anliegen bei seinen Soldaten eher in Einzelgesprächen: „Unsere Burschen sind echt gut", erzählt er stolz. „Wenn ich z. B. mit einem Fahrer im Fahrzeug unterwegs bin, mache ich bei jedem Wegkreuz ein Kreuzzeichen. Ich beruhige dann den Fahrer immer, dass ich das nicht mache, weil er so schlecht fährt, sondern weil da ein Kreuz steht. Dann erkläre ich, warum es da steht – und meist wird daraus ein sehr persönliches Gespräch. Die Burschen sprechen dann mit mir über Familie und Freundin oder Abtreibung." Und ergänzt:

„Natürlich muss ich mich selbst sehr in meinem Lebenswandel bemühen. Sonst nimmt man mir nichts ab."

Den Fellners scheint das recht gut – sogar zu Hause, wo Schummeln schwer ist – zu gelingen. Das bestätigt das Verhalten der Kinder: Sie haben ihren Eltern anscheinend den vorgelebten Glauben abgenommen und auch den Einsatz dafür – bemerkenswert in unserer Zeit. War es etwa nicht ganz schön mutig von Anna Maria, dass sie im Biologieunterricht dem Lehrer erklärte, er könne doch nicht einfach nur über Kondom oder Pille sprechen, ohne das Thema Beziehung und Liebe anzuschneiden? Außerdem gäbe es ja auch das Warten vor der Ehe und die natürliche Familienplanung in der Ehe. Interessant, dass sich daraufhin die Klasse hinter sie gestellt hat – ein Erfolg nicht nur für das Mädchen sondern auch für die Eltern.

Toll finde ich auch, dass Georg sich geweigert hat, in der vierten Klasse Volksschule bei Kontaktspielen im Rahmen des Sexualkunde-Unterrichts mitzumachen. Und wie sehr Monika hinter den Ansichten der Eltern steht, bewies sie, als sie vor ihrem Schulabschluss stehend die Mutter bat, in ihrer Klasse über natürliche Familienplanung zu sprechen. Und wie schön muss es für den Vater sein, wenn er in der Pfarre als Messner aushilft und ihm seine Söhne, die dort ministrieren, zur Seite stehen. Unlängst hat die 11-Jährige Verena die Goldmedaille bei einem Bezirks-Crosslauf gewonnen und sie dann zu Hause der Muttergottes umgehängt mit den Worten: „Ich bin ja schließlich für dich gelaufen"!

Zum Schluss gebe ich allen geplagten Eltern, deren Kinder während der Messe nicht mucksmäuschenstill sein können, eine Anregung von Maria Fellner weiter: Hat sich ein Erwachsener über das Benehmen eines ihrer Kinder – sie sind übrigens im Allgemeinen gern in die Kirche gegangen und fühlen sich dort zu Hause – beklagt, so geht sie nach der Messe auf den solcherart Gestörten zu. Und dann bittet sie ihn, doch für ihr Kind zu beten, damit es sich zukünftig ruhiger verhalte – ein Wundermittel zur Herstellung des Friedens.

Louisa und Karlheinz Fleckenstein
Brückenbauer im Heiligen Land

*W*ir wollen Brücken bauen, nicht Mauern. Helft uns dabei mit Eurem Gebet. Ergreift nicht einseitig Partei für die Palästinenser oder die Juden. Jeder hat auf seine Weise recht." Eindringlich trägt Karl-Heinz Fleckenstein gleich am ersten Tag unserer Heiligen-Land-Reise die Bitte aller palästinensischen Christen vor: „Betet mit uns um Frieden im Hl. Land."

Louisa und Karl-Heinz Fleckenstein haben jedenfalls bewiesen, dass sie Brückenbauer sind. Durch ihre Ehe – sie ist Palästinenserin, er Deutscher – haben sie bereits eine Brücke zwischen Orient und Okzident geschlagen.

Sie hält schon bald drei Jahrzehnte den Stürmen des Lebens stand.

Wie es dazu kam? Der junge Karl-Heinz, der in Krombach bei Aschaffenburg geboren ist und auf Wunsch des früh verstorbenen Vaters im Nachkriegsdeutschland eine Gesellenprüfung als Herrenschneider absolviert, ahnt wohl nicht, dass es ihn Jahre später nach Israel verschlagen wird. Nach der Schneiderei studiert er Theologie und landet schließlich beim Journalismus.

Mit großer Begeisterung wird er Chefredakteur der Zeitschrift Neue Stadt mit Sitz in München. Zu dieser Zeit lebt er in einem ökumenischen Lebenszentrum mit Christen verschiedener Konfessionen zusammen. Sein Glaube wird schon von den Eltern, vor allem durch das Vorbild der Mutter, sehr gefördert. „Dass ich zu Hause so gut katholisch erzogen worden bin, ist ein Erbe, das nicht bezahlt werden kann", betont er dankbar. So weit er sich erinnern kann, zeigt jedoch seine „innere Kompassnadel" in Richtung Israel.

Eine Schnupperreise dorthin mit dem Ziel, eine Leserreise für die Zeitung zu organisieren, bringt ihn auch zur – über dem Haus Marias errichteten – Kirche in Nazareth. In der Verkündigungsgrotte spürt er deutlich: Hierher komme ich zurück. Für die Pilgerreise braucht er einen Guide. Wer könnte das sein? Man erzählt ihm von einer jungen Frau, die vor kurzem als einzige palästinensische Christin unter lauter Juden ein Studium als Reiseleiterin erfolgreich absolviert habe, sich derzeit aber in Spanien aufhalte. Also schickt er ihr, heimgekehrt, einen Brief, in dem er ihr sein Anliegen darlegt.

Da sind wir also bei Louisa angelangt. Sie wird in Bethlehem in einer traditionell katholischen Familie als fünftes von sieben Kindern geboren, eine Familie, die, wie fast alle Christen dort, Nachfahre der ersten, von Christus selbst gegründeten, Urgemeinde ist. Louisa erinnert sich lächelnd, dass man ihre Mutter, suchte man sie, meist in der Kirche antreffen konnte. Auch über ihren Vater weiß Louisa nur das Beste zu berichten: ein guter Vater voll Liebe für die Menschheit.

Als Mädchen zieht es sie nach Europa, wo sie fast sechs Jahre verbringt, um Sprachen zu studieren: Italienisch, Englisch und Französisch. Die Irrtümer, Unwahrheiten und falschen Erzählungen, denen sie dort bezüglich der ersten Christen, der heiligen Familie oder der biblischen Geschichte des Hl. Landes oft begegnet, erhärten ihren Wunsch, in ihrem Land eine gute Reiseleiterin für Pilger zu werden. Als sie 1973 nach Israel zurückkehrt, wird sie mit der Tatsache konfrontiert, dass sie, die zu Hause ja nur arabisch gesprochen hat, zuerst Hebräisch lernen muss, um in Jerusalem studieren zu können.

Als sie sich anschließend um einen Studienplatz als Guide bemüht, wird sie abgelehnt. „Weil du eine christliche Araberin bist?", frage ich. „Ja, ich denke schon. Aber ich bin zu dem Verantwortlichen gegangen und habe ihn gefragt: ‚Jetzt habe ich sechs Jahre im Ausland Sprachen studiert, und nur weil ich ein kleines christliches Mädchen bin, lassen Sie mich nicht studieren?'" Louisa fühlt sich im Herzen zu dieser Aufgabe berufen, und so lässt sie nicht locker. Sie möchte christlichen Pilgern, die sich auf die Spuren Jesu begeben, die Schönheiten dieses Landes, vor allem aber die Schönheit und Wahrheit ihres Glaubens, nahebringen und die Pilger dadurch näher zu Jesus führen. „Und plötzlich war doch ein Platz frei. Ich war in diesem Kurs unter 50 Juden die einzige Araberin und Christin", lächelt Louisa.

„War das nicht recht schwierig?", unterbreche ich

sie. „Anfangs war es schon schwer", bestätigt sie, „denn kaum ist politisch etwas passiert, haben alle auf mich geschaut. Doch ich bin immer ruhig geblieben. Du musst nur lieben, habe ich mir immer gesagt. Du hast keine Feinde. Nur kein Selbstmitleid! Die Liebe besiegt alles. Das war meine Rüstung." Ihre Taktik erweist sich als erfolgreich und verhilft ihr zu wunderbaren Erfahrungen mit den Kommilitonen. Bis zum heutigen Tag hat sie sehr gute Freunde unter den Kollegen. „Sie wird nicht nur geachtet, sondern von den Kollegen geliebt, die kleine Araberin", ergänzt ihr Mann lächelnd, sichtlich stolz auf sie.

Für Louisa bleibt es ein kleines Wunder, dass sie die Lizenz als Guide machen kann. Nach diesem Studium möchte sie die Spuren Jesu noch besser kennenlernen. „Dazu wollte ich tiefer in die Geschichte und in die Archäologie eindringen." Und so wird sie die erste Frau, die im Jerusalemer Bibelinstitut der Franziskaner christliche Archäologie, Altes und Neues Testament studiert. Sie ist hingerissen von den neuen archäologischen Erkenntnissen: „Das Wissen der Professoren über die Ausgrabungen der Hl. Stätten musste ich einfach ausnützen." Ausgestattet mit dem vielen Wissen, beginnt sie ihre Tätigkeit als Guide: So führt sie z. B. 50 Priester der Gregoriana Universität, ist 40 Tage mit Priestern der amerikanischen Gonzaga-Universität unterwegs.

Eines Tages im März 1981 – sie hat gerade eine wunderschöne Ikone der Verkündigungsszene erstanden – holt sie einen Brief aus Deutschland von der Post ab: eine Anfrage, ob sie die Pilgergruppe einer deutschen Zeitung durchs Hl. Land führen könnte. Ein kurzer Blick in den Terminkalender bestätigt ihre Befürchtung: Da ist sie schon verplant. Aber die Ikone in ihrer Hand ist anderer Ansicht, nickt ihr zu: „Sag Ja!" Louisa staunt heute noch: „Da war so eine Macht in der Ikone, dass ich ja gesagt habe. Das Problem mit der anderen Gruppe hat sich als leicht lösbar herausgestellt. Aber mein Deutsch war nicht sehr gut. Und das habe ich dem jungen Mann, der mir den Brief geschrieben hatte, dann telefonisch mitgeteilt." Kein Problem, meint dieser, er würde sich um einen Deutschkurs an der Uni für sie bemühen. Ein verlockendes Angebot für die sprachbegeisterte junge Reiseleiterin. Sie stimmt zu.

2. Mai 1981: Karl-Heinz holt Louisa am Flughafen ab. Ohne sich je vorher gesehen zu haben, erkennen sie einander sofort, als sie aus dem Terminal kommt. „Weißt du noch dein erstes Wort?", fragt dieser junge Mann von damals nun, 28 Jahre später, lachend seine Frau und fügt gleich hinzu: „Wir haben nämlich beide fast genau das Gleiche gesagt: ‚Wir kennen uns doch. Ich kenne dich doch.'" Karl-Heinz lacht: „Wir haben vom ersten Augenblick an sofort gewusst: Wir gehören zusammen." Liebe auf den ersten Blick? Louisa zögert nicht eine Sekunde: „Ja das kann man sagen." Ihre Augen hätten ihn sofort fasziniert, gesteht er uns. In seinem Buch mit autobiographischen Touch, „Expedition Emmaus" beschreibt er diese sehr romantisch: „Wie zwei leuchtende Kristalle in einem unergründlichen, tiefen Bergsee. Noch nie bin ich solchen Augensternen begegnet."

Und wie ging die Liebesgeschichte weiter? „In der Zeit, als Louisa den Deutschkurs machte, haben wir einander die Ehe versprochen", erzählt der Buchautor. Im Herbst 81 bringt Karl-Heinz die Pilgergruppe ins Hl. Land. Louisa führt sie. Auch diese Zeit festigt die Beziehung der beiden. Am 14. November 81, nachdem Karl-Heinz in der festen Überzeugung, keinen Irrtum zu begehen, in Deutschland alle Brücken abgebrochen hat, übersiedelt er nach Jerusalem. „Für mich ein ‚Abraham-Erlebnis': Zieh weg aus deiner gesicherten Heimat, mit Krankenversicherung, Altersversorgung, Job ..."

Wenn Karl-Heinz Fleckenstein in seinem Buch „Komm und sieh – Begegnung mit dem Land der Bibel" schreibt: „Es war Liebe auf den ersten Blick! Und dieser Blick hält weiter an", so meint er wohl einerseits die Liebe zu seiner Frau, andererseits wohl auch zu diesem faszinierenden Land, der Heimat Jesu, die sehr schnell auch seine wahre Heimat geworden ist.

Da sich Karl-Heinz und Louisa so einig und sicher sind, heiraten sie bereits am 8. Dezember, Fest der Unbefleckten Empfängnis Mariens. Und wo? Beinahe wundert es mich nicht, als ich höre: In der Verkündigungskirche von Nazareth, in der Grotte der Verkündigung. Getraut werden sie von Louisas Bruder, Louis, der Priester ist. Die Hochzeitsreise geht an die Hl. Stätten, rund um den See Genesareth. Sie legen ihre Ehe in die Hände Jesu und Seiner Mutter.

Beide finden kurz darauf Arbeit bei der Agentur „Biblische Reisen". Er ist der Theologe für die Pilgergruppen, sie der Guide. Dankbar erzählt Karl-Heinz: „Der Himmel hat uns mit einer unglaublichen Fülle beschenkt." Neben seiner Tätigkeit macht er ein Master Degree für biblische Archäologie und studiert Theologie am Jerusalemer Bibelinstitut, wie vor ihm Louisa. Sein Doktorat in Biblischer Theologie erwirbt er an der Lateranuniversität Rom.

Nicht nur als Fremdenführer, auch als Archäologen betätigen sich die Fleckensteins. Dabei gehen sie einem Hinweis der seligen Myriam von Abellin – der Gründerin des Karmels von Betlehem – nach. Durch göttliche

Eingabe hatte sie einen Ort (Emmaus Nikopolis) zwischen Jerusalem und Jericho als jenes Emmaus bezeichnet, an dem Jesus nach Seiner Auferstehung mit zwei Jüngern das Brot gebrochen hat. Karl-Heinz und Louisa beginnen dort mit Ausgrabungsarbeiten. Tatsächlich werden sie fündig. Dank eines Auftrags machen sie den Ort für Pilger zugänglich. Eine großartige Aufgabe, die auch wir bewundern durften. Leider fehlt das Geld, um die vielen Zeugen der Vergangenheit, die wunderbaren Mosaike aus dem 5. bis 6. Jahrhundert zu bewahren. Daher musste wieder vieles, nachdem es dokumentiert worden war, zugeschüttet werden, um es vor Beschädigung zu schützen.

Hier wie an all den anderen biblischen Orten des Landes gelang es dem Ehepaar, für uns Pilger die toten Steine, Zeugen der Geschichte des Neuen Testaments, zum Leben zu erwecken. So wurden Mosaiken, Graffiti, Säulen und Kirchen für uns zu sprechenden Zeichen des Wirkens und der Auferstehung Christi. Dank der kompetenten und lebendigen Darstellung erwacht die Vergangenheit anschaulich und ergreifend zum Leben. Etwa im Haus des Kajaphas, wo Karl-Heinz uns die Szenen aus der Bibel gewissermaßen vorspielt, uns eintauchen lässt, in den Moment, wo Petrus Jesus verleugnet oder wo der Herr, an einem Strick um die Arme gebunden hängend, ins Gefängnis, eine Zisterne, geworfen wird.

Das Engagement der beiden Fleckensteins geht weit über das von Reiseleitern hinaus. Es ist Mission. Louisa erklärt: „Das Wichtigste für uns ist, möglichst viele Seelen zu Gott zu führen. Wenn wir eine Gruppe übernehmen, so nehmen wir sie auch in unser Gebet. Das ist keine Arbeit. Wenn wir unsere Pilger zu Jesus führen wollen, müssen wir auch viel für sie beten – auch nach der Reise. Wir bleiben mit ihnen im Gebet verbunden." Karl-Heinz fügt hinzu: „Das ist für uns kein Job. Es ist ein innerer Auftrag." Das spürt man auch. Obwohl sie schon hunderte Pilgergruppen geführt haben, hat man den Eindruck – wie es eine aus der Gruppe formulierte –: dass sie zum ersten Mal von den Wundern des Hl. Landes berichten: Mit ungebrochener Begeisterung geben sie ihr Wissen, ihre Überzeugung, ihren Glauben, ihre Liebe zu diesem Land und seinen Menschen weiter. Und so lernen wir, dieses Land auch als unsere Ur-Heimat zu entdecken mitsamt den Menschen, die heute dort leben, und vor allem entdecken wir Jesus selbst und Seine Botschaft neu. So sind auch wir nun von dem „Bazillus Jerusalemitis" angesteckt, geprägt von dem Wunsch, wieder an den heiligsten Ort unseres Glaubens zurückzukehren.

Dass sich Louisa um jede Kleinigkeit, um jedes Problem der Teilnehmer in liebevoller Weise kümmert, war für uns bald eine Selbstverständlichkeit. Diesmal hatte sie unter anderem die Herausforderung, einen irrtümlich am Flughafen vertauschten Koffer wieder aufzuspüren. Unter lautem Applaus wurde dann die Rückkehr des „verlorenen Sohnes" von der Gruppe gefeiert. Und als Louisa in der einen oder anderen Kirche uns auf Arabisch christliche Lieder vorsang – etwa am Hirtenfeld Stille Nacht –, waren unsere Herzen über alle Sprachgrenzen hinweg tief berührt.

3 Kinder haben Fleckensteins bekommen: 1983 Mirjam, 1984 Emmanuel und 1985 Elisabeth. Die bildhübsche Elisabeth durften wir kennenlernen. Sie war es auch, die ihren Eltern während des Golfkrieges unbewusst einen Wink des Himmels zukommen ließ. Damals musste man stets Gasmasken bei sich tragen, um

sie im Fall eines Alarms sofort aufzusetzen: die Kinder in der Schule, die Erwachsenen am Arbeitsplatz ...

Fleckensteins erzählen: „War abends oder nachts Alarm, mussten sich alle mit aufgesetzter Gasmaske in einem Zimmer versammeln, dessen Fenster versiegelt und dessen Türe von innen verklebt wurden. Doch einmal mitten in der Nacht ist die siebenjährige Elisabeth, als der Alarm losging, mit Kissen und im Pyjama aus dem Zimmer gelaufen. Sie holte ihr Marienwasser aus Lourdes, wo wir im Jahr davor gewesen waren. Sie war überzeugt: Mit dem Wasser kann uns nichts passieren. Für uns war das ein Wink des Himmels, als würde Maria uns sagen: Fürchtet euch nicht, ich bin bei Euch. Wir haben dann bei Alarm die Gasmasken nicht mehr aufgesetzt, sondern Louisa hat den Kindern Geschichten erzählt, so dass sich die Kinder dann schon auf den Alarm freuten, weil es dann Geschichten von Mama gab." Mittlerweile gibt es schon ein einjähriges Enkelkind von ihrer ältesten Tochter Mirjam!

Viel lieber als von Kriegsereignissen erzählt mir das Ehepaar von der Vertiefung ihres Glaubens durch ihre Arbeit – abwechselnd im Duett: „Es ist eine Gnade, hier leben zu dürfen, weil es das Land Jesu ist, das 5. Evangelium. Durch die Ausgrabungen haben wir neu entdeckt, dass wir nicht einem Mythos nachlaufen, sondern dass Gott wirklich zu einer bestimmten Zeit hier auf Erden Mensch geworden ist, in diesem Land. Die Ausgrabungen, unsere, aber auch der anderer, diese nahtlose Kette von Zeugen, bestätigen die Ereignisse, von denen in der Bibel berichtet wird. In Kapharnaum z. B. hat man ohne jeden Zweifel das Haus des Petrus gefunden. Die verschiedenen Orte der Bibel sind nicht Ideen von Kaiser Konstantin oder seiner Mutter Hellena, die hier aus einer Laune heraus etwa die Grabeskirche bauen ließen. Nein, die Urchristen hatten schon diese Stätten bewahrt und die Archäologie bestätigt die Stätten erneut. In Emmaus bei den Gräbern der ersten Christen fanden wir z. B. eine Lampe mit dem Monogramm Jesu, aus der Neutestamentlichen Zeit."

„Das stärkt und bestätigt unseren Glauben, der an dieses Land gebunden ist. Wir heutigen Christen sind nicht benachteiligt. Was die Apostel mit Jesus erlebt haben, dürfen auch wir auf den Spuren Jesu mit Ihm wieder neu erleben. Jede neue Pilgergruppe, die wir führen dürfen, ist eine neue Glaubenserfahrung, auch für uns eine neue Pilgerfahrt. Manchmal fragt man uns: Ist das nicht langweilig, immer an dieselben Orte zu fahren. Für uns ist das wie eine Symphonie: Nur auf totem Papier geschrieben, ist die Symphonie kein Erlebnis. Aber wenn sie erklingt, ist sie auch immer wieder neu. So kommen die Symphonien der Hl. Stätten stets neu in uns zum Erklingen."

Bei diesen Worten denke ich an den Vergleich, den Karl-Heinz in seinem Buch zieht: Wie die Facetten eines Diamanten immer wieder neu erstrahlen je nachdem, wie man den Diamanten betrachtet, so ist es auch mit dem Hl. Land. Man kann immer wieder neue Seiten entdecken. Kein Wunder bei drei Religionen, zwei Völkern und den vielen heiligen Stätten.

Ich könnte mir vorstellen, dass so mancher Leser sich fragt, ob die ständige Nähe mit dem Ehepartner ein Paar nicht auseinanderbringen kann. Dieser Gedanke entlockt Karl-Heinz spontan ein herzliches Lachen: „Dazu nur ein Wort: Was Gott verbunden hat, kann kein Reisebüro trennen." Und fügt doch hinzu: „Wir sehen das so: Wo zwei oder drei in meinem Namen beisamen sind, bin ich mitten unter ihnen." Wenn wir gemeinsam führen, miteinander eine Gruppe bewusst in unsere Mitte hineinnehmen, so glauben wir, dass Er dann auch mitten unter uns ist. Das merken die Menschen dann auch. In unserer Ehe erfahren wir diese Realität auch so: „Er ist mitten unter uns. Wie wunderbar in Seinem Land Seine Gegenwart besonders tief zu erfahren." Ja, das überzeugt mich. Und ich kann sie nur bestätigen: Wir haben Jesus in unserer Mitte erfahren dürfen. Wird das nicht immer notwendiger: Den zu erfahren, nach dem wir unser Leben, unsere Prioritäten, unseren Alltag ausrichten sollten. Er ist der Kompass, der uns den Weg weist.

„Und der kulturelle Unterschied zwischen euch? War das eine Schwierigkeit?", frage ich. Nach kurzer Überlegung spricht Karl-Heinz für sie beide: „In uns sind sich zwei Kulturen begegnet: der Orient und der Okzident. Was uns verbunden hat, war die gemeinsame Liebe zu Jesus und sie schlägt Brücken zu allen Kulturen. Der tiefste Grund unserer Ehe war, dass wir Hand in Hand Jesus entgegengehen wollten. Das tun wir seit über 28 Jahren. Heute entdeckt man neu, wie wichtig es ist, seine Ehe immer wieder neu aus dem Sakrament zu gestalten. Auch unsere wissenschaftliche Arbeit, die Dissertation über das Ehesakrament, war eine Herausforderung: Liebe ich meine Frau wie Christus Seine Kirche? Bin ich bereit, mein Leben für sie zu geben, in ihrer anderen Denkart und anderen Kultur? Umgekehrt galt das Gleiche für Louisa. Die Schwierigkeit mit der Mentalität ist sicher da. Aber wo die Liebe in der Mitte ist, tritt alles andere zurück."

Und Louisa erzählt aus der Anfangszeit ihrer Ehe: „Karl-Heinz war im ersten Ehejahr monatelang schwer krank. Alle Knochen, Hände, Füße haben sehr geschmerzt. Er konnte sich kaum bewegen. Im Spital in Jerusalem konnten sie die Ursache seiner Beschwerden nicht feststellen." Eine harte Zeit nicht nur für den Patienten, der in allem auf die Hilfe seiner Frau angewiesen war, sondern auch für die junge Ehefrau, die plötzlich einen hilflosen, kranken Mann hatte, ohne Aussicht auf Heilung. Louisa fährt fort: „Die Liebe ist in dieser Zeit gewachsen. Ich habe dann erst bemerkt, wie sehr ich ihn liebe, obwohl er nichts mehr tun konnte. Das Leid wurde zum Zement, der unsere Liebe wachsen ließ."

Karl-Heinz ergänzt: „Für mich war es stark zu erleben, wie liebevoll sie mich gepflegt hat, obwohl sie alles tun musste." Gott sei Dank entdeckt Louisas alter Hausarzt in Bethlehem die Ursache: das sogenannte Malta-Fieber, das durch Schafe übertragen wird. Als die Diagnose feststand, war auch die Therapie klar und erfolgreich.

„Habt Ihr eine Botschaft für unsere Leser?" „Ja, vergesst die Christen im Hl. Land nicht. Macht Euch bewusst, der Friede hier ist nicht machbar, wie wir seit Jahrzehnten sehen, er wird ein Geschenk Gottes sein. Wir bitten Euch, dafür zu beten, dass Gott dem Hl. Land Frieden schenkt, dem Land, in dem Gott sich durch die Jahrhunderte hindurch geoffenbart hat. Und kommt uns besuchen! Das Hl. Land verfügt über eine besondere Gnade: Es ist das fünfte Evangelium, das man betasten, schmecken, sehen, riechen kann. Wer einmal hier war, wird das Evangelium mit ganz neuen Augen lesen. Es wird ein Stück persönlicher Erfahrung sein: Das ist die Gnade des Hl. Landes."

Erlebt nicht jeder der mit offenem Herzen hierher kommt sein persönliches Wunder?

P. Guy Gilbert
Mit der Stola und der Lederjacke

𝒥edesmal, wenn ich Père Guy Gilbert, den „Rocker Priester" von Paris, auf dem Podium sehe, reißt er die Zuhörer mit Schwung und einer gehörigen Prise Provokation mit. Heiterkeitsausbrüche des Publikums bleiben nie aus. Langweilig wird da keinem, denn Guy Gilbert kennt eine Unmenge an „gros mots" (Sammelbegriff für ordinäre Ausdrücke und Schimpfworte), mit denen er seine Ausführungen – unlängst im Keller eines Wiener Szenelokals – spickt.

Unwillkürlich fragte ich mich, ob sein Repertoire damit erschöpft sei. Keineswegs, bestätigt er mit einer Anekdote, die er mir nach seinem Auftritt erzählt: Im Anschluss an einen Vortrag sei eine ältere Dame zu ihm gekommen, um ihm spitz mitzuteilen, er habe heute 67 Schimpfwörter verwendet. „Das tut mir aber leid", habe er geantwortet, „hätte ich gewusst, dass Sie extra wegen dieser Worte gekommen sind, hätte ich weit mehr verwendet."

Kein Wunder, dieses Repertoire. P. Gilbert hat ja die besten Lehrmeister: die Straßenkinder von Paris und die härtesten jugendlichen Gewaltverbrecher. Wenn er nun über sein Leben mit ihnen erzählt, hautnah, ohne zu beschönigen, so ist es nicht verwunderlich – wohl auch beabsichtigt –, dass etwas mitschwingt von der Atmosphäre, in der er sich täglich bewegt. Und da passiert es schon auch, dass er etwas übers Ziel schießt. Denn Provokation gehört zu seinem Alltag: Immer wieder wird er selbst, sein Glaube, seine Kirche in übler Art und Weise angegriffen.

Bei seinen Vorträgen, seinen Auftritten in Rundfunk und Fernsehen geht es ihm allerdings in erster Linie natürlich weder um Provokation noch um Heiterkeit. Gros mots sind dann die Verpackung für den Inhalt, der seine Zuhörer aufrütteln, zum Überdenken ihres Lebens anregen oder tief bewegen soll.

Und tief bewegend ist es schon, wenn der Père über seine Kindheit spricht. Selten hört man einen Mann mit solcher Liebe, Dankbarkeit und Hochachtung von seinen Eltern sprechen: Guy – am 12. September 1935 in Rochefort sur Mer geboren – ist als drittes von 15 Kindern in einer Arbeiterfamilie groß geworden. „Die erste Liebe meines Lebens ist der Blick, den ich in der

Wiege als Baby, dann als Kind und als Jugendlicher erhalten habe, der Blick eines Mannes und einer Frau, die mich unendlich geliebt haben. Meine Mutter ist jetzt 90 und ich bade noch immer in ihrem Blick voll Liebe und Zärtlichkeit. Meine Eltern haben alles, was sie hatten, uns 15 kleinen Vogerln gegeben. Wir waren arm, aber unglaublich reich an Liebe. Bevor man mir noch von einem Gott der Liebe erzählt hatte, wusste ich schon: Gott existiert. Ich sah Ihn jeden Tag im Gesicht meiner Eltern, in jeder Geste voll Liebe und Zärtlichkeit für meine 14 Geschwister und für mich."

Diese Zärtlichkeit, diese Liebe, aber auch diese Armut haben sich bei ihm in Stärke gewandelt, davon ist der Père überzeugt. Und stark muss er wohl sein bei der Aufgabe, die er übernommen hat: möglichst viele Kinder und Jugendliche in Paris von der Straße wegzubringen und jugendlichen Gewalttätern in einer wiederaufgebauten Ruine in der Provence – der Bergerie von Faucon – ein wenig Heimat, Hoffnung, Vertrauen und Liebe zu schenken. Ein großes Programm.

Wer diesen Mann zum ersten Mal sieht und nichts über ihn weiß, kommt nie auf die Idee, einen Priester vor sich zu haben. Père Guy tritt seit Jahrzehnten in einem schwarzen Lederrocker-Look auf. Jeder Mann seines Alters – Guy Gilbert ist mittlerweile 67 – würde damit auffallen, aber erst recht, wenn dieser Mann ein Priester ist: Auf seiner Lederweste prangen jede Menge Anstecker – wenn ich mich nicht irre, sogar ein Kreuz. Auch seine ungebändigte Frisur trägt nicht unbedingt dazu bei, ihn als Priester zu identifizieren.

Wie kam es zu diesem originellen bis provokanten Outfit? Begonnen hat alles, als ihn seine Mutter erwartete. Damals bittet sie nämlich Gott, doch einen ihrer Söhne Priester werden zu lassen. Wohl als Zeichen, dass sie an die Erfüllung der Bitte glaubt, stickt sie aus einem Stück ihres Hochzeitskleides ein Korporale. Sie wird es Guy viele Jahre später zur Feier seiner ersten Heiligen Messe geben und ihm die Geschichte des Tuches erzählen.

Schon als kleiner Bub kümmert sich Guy besonders um Kranke. Schon damals sei er auf leidende Menschen zugegangen, um sie zu trösten, habe er viel Freizeit verbracht bei Menschen, die Hilfe brauchten, erzählt ihm die Mutter später. „Noch ohne besonders an Christus zu denken – der Katechismus interessierte mich nicht sehr – dachte ich, dass es ein Heilmittel gegen das Leid geben müsse. Ein wenig verschwommen war es wohl schon damals Christus. Nur wusste ich das nicht", erinnert er sich.

Diese, ihm wohl schon in die Wiege gelegte Gabe, wollte er schon bald ausbauen: Mit 13 Jahren erklärt er seinen Eltern, er wolle Priester werden. Und der Wunsch vergeht nicht, wie sein Vater zunächst meinte. „54 Jahre später bin ich mir bewusst, dass ich nichts anderes hätte werden können. Ich habe nie einen Zweifel gehabt. Es war ein unbesiegbarer Wunsch", erklärt er dezidiert. Allerdings hätte er Landpfarrer werden wollen.

In La Rochelle-Saintes beginnt er mit dem Priesterseminar, wird aber bald zum Algerienkrieg eingezogen. Er weigert sich Araber zu töten und wird Krankenpfleger. „Man tötet doch keinen, den man nicht einmal kennt. Bevor man einander umbringt, sollte man doch wenigstens miteinander auf ein Bier gehen und über die beste Art, sich gegenseitig umzubringen, diskutieren", stellt er ironisch fest.

Guy übersteht den Krieg, trotz Sonderkommandos, dem er zugeteilt wird, weil er gegen das Foltern ist. Nach einer Wallfahrt nach Lourdes – 500 Kilometer zu Fuß als Dank und um weitere Weisungen zu erhalten – kehrt er nach Algerien zurück. Er lernt Arabisch, um dem Volk möglichst nahe zu sein, und wird 1965 dort zum Priester geweiht. Fünf Jahre ist er Kaplan in Blida. Er, der eigentlich irgendwo in Frankreich Landpfarrer werden wollte, findet sich in einer arabischen Welt wieder, die ihn zwar fasziniert, in der es aber kaum noch Katholiken gibt.

Eines Nachts – es ist zwei Uhr Früh – kehrt P. Guy von einer Veranstaltung heim und sieht einen Buben am Straßenrand sitzen. Was er denn so spät allein auf der Straße mache? „Geh doch lieber heim", sagt der Priester. „Nein, dorthin kehre ich nicht mehr zurück", antwortet der Bub. Niemand wolle ihn dort haben, er dürfe immer erst nach dem Hund aus dem Fressnapf essen.

Guy, der das nicht glauben kann, nimmt ihn für diese Nacht zu sich – und behält ihn sieben Jahre! Alain, so heißt der 12-Jährige, spricht in der ersten Zeit fast nichts. Guy meint schon, einen Fehler gemacht zu haben. Endlich eines Abends, etwas lockerer, weil er sich allein ein Bier genehmigt hat, spricht sich der Bub zum ersten Mal aus: „Guy, wenn du meine Hand loslässt, gibt es absolut nichts mehr, was ich auf dieser Welt habe."

„Alain hat mir alle seine Freunde, die wie er im Dreck der Straße lebten, gebracht", erzählt der Priester weiter. „Er hat mich die Armut der Welt erst richtig gelehrt. So bin ich Straßenerzieher geworden." Endlich hat er seine eigentliche Berufung gefunden.

1970 schickt ihn sein Bischof nach Frankreich zurück. In Algerien ist das Leben für einen Priester mittlerweile zu gefährlich geworden. In Paris setzt P. Guy nun dort fort, wo er in Algerien begonnen hatte: bei den Straßenkindern.

Es sind vor allem die 13- bis 16-Jährigen, derer er sich annimmt. Kinder, die niemand haben will, junge Prostitutierte, Drogenabhängige oder Kinder, die wegen Misshandlung von zu Hause weggelaufen sind. „15 Jahre war ich in den Straßen von Paris auf einem großen Motorrad unterwegs, das die Jugendlichen fasziniert hat. So konnte ich mit ihnen in Kontakt kommen." Einige Priester schließen sich ihm an.

Nachdem er nun die Soutane – „die ich sieben Jahre gerne getragen habe" – gegen einen Anzug mit römischem Kollar eingetauscht hat, kommt der Tag, an dem er sein Outfit total verändern wird. Anschaulich erzählt er: „Oft in der Nacht, wenn ich mit Jugendlichen unterwegs war und wir von der Polizei aufgehalten wurden, war man zu mir als Priester höflich, behandelte die Jugendlichen aber wie den letzten Dreck. Eines Tages habe ich mich im Gespräch mit den Jugendlichen darüber aufgeregt: ‚Ich bin doch kein Diamant inmitten von Dreck. Ich sehe das nicht ein: Ihr macht keinen Blödsinn, wenn wir zusammen sind, und trotzdem werde ich viel besser als ihr behandelt.' ‚Kein Problem', sagt einer der Jungs, ‚kleide dich wie wir. Du wirst schon sehen ...' So habe ich mir den Look der Rocker, wie sie damals halt angezogen waren, zugelegt. Eines Nachts werden wir von einem dicken Polizisten angehalten. Der sagt zu mir: ‚Du da, du alter Zuchthäusler komm her.' Ich darauf: ‚Ich habe mit dir doch nicht gemeinsam Schweine gehütet.'" (Guy tut sich übrigens nicht schwer, jemanden zu duzen. Im Laufe des Abends stelle ich fest, dass er alle unter 90 duzt.)

„Ein Wort gibt das andere: Der Polizist findet, ich habe eine Diebesvisage, sei ein alter Trottel, ich sage ihm, er sehe aus wie ein Kohlkopf. Als er dann auf dem

Kommissariat meine Papiere sieht, entschuldigt er sich. ‚Zu spät', habe ich geantwortet: ‚Mein Bruder, wenn du Menschen nur nach dem Äußeren beurteilst, wie soll das dann weitergehen?'" Und für die Zuhörer fügt er hinzu: „Eigentlich sollten wir die Menschen nur mit einen bestimmten Blick betrachten, dem Blick, den uns nur Christus geben kann und mit dem wir jeden als unersetzliches, liebenswertes Wesen erkennen können."

Solange die Kirche ihm erlaubt, mit den Jugendlichen zu leben, werde er aus Achtung und Respekt vor ihnen diese Lederjacke anbehalten – obwohl sie schon längst aus der Mode ist.

Wie aber gelingt es diesem Priester, den Jungen, gewalttätig geworden durch eine Umgebung, hart wie der Beton der Pariser Straßen, von Gott, von der Liebe zu erzählen? Er erinnert sich, dass er es einmal offensichtlich zu früh bei einem Burschen versucht hat. „Deinen Gott kannst du dir sonstwo hinstecken", hat ihn dieser unterbrochen. Später erfährt P. Guy, dass der Vater den Buben vor dem Schlafengehen immer mit einem Ochsenriemen geschlagen hat. Auch wenn dieser sich zu verstecken versuchte, habe der Vater keine Ruhe gegeben, bevor nicht Blut gespritzt sei. „Wie soll so ein Kind, das nie Liebe erfahren hat, verstehen, was Liebe ist? Da wusste ich, dass ich den Mund halten muss und den jungen Menschen zuerst zeigen soll, was Liebe ist, bevor ich ihnen von Gott erzählen kann." P. Guy hatte verstanden.

Auch Jean-Claude wollte zunächst nichts von Gott wissen: „An die Liebe glaube ich nicht", hat er gesagt, „denn als ich klein war, wurde ich egal ob Tag oder Nacht, Sommer oder Winter aus dem Haus geworfen, musste in der Scheune schlafen. Dort haben mich zwei Hunde gewärmt. Hunde mag ich, die Menschen nicht."

„Sechs Monate lang", so erzählt P. Guy, „hat der dann bei uns auf der ‚Bergerie' gelebt. Wegen einer alten Sache musste er dann ins Gefängnis. Als er da herauskam, hat er mich sofort besucht und mich folgendermaßen begrüßt: ‚Guten Morgen, Guy. Der Herr sei mit Dir!' ‚Na das sind aber ganz neue Töne', habe ich erstaunt geantwortet. ‚Was ist Dir denn zugestoßen?' ‚Ja', war Jean-Claudes Antwort, ‚im Gefängnis hab ich die Bibel gelesen. Da war die Rede vom Teilen, vom Vergeben, dass der Kleinste beschützt werden muss ... All das, so ist mir aufgefallen, habe ich bei Euch erlebt. Ihr habt mir so oft vergeben, wenn ich Blödsinn gemacht habe, habt mit mir geteilt, und die Schwächsten sind stets besonders beschützt worden. Gab es etwas zu sagen, hat man es gesagt, wie es ist: Euer Ja war ein Ja, Euer Nein ein Nein. Weil ich all das bei Euch erlebt habe, habe ich jetzt verstanden. Jetzt glaube ich daran, dass Christus der Sohn Gottes ist.'"

Die „Bergerie", einst eine Ruine, hat Guy Gilbert auf Drängen der Straßenjugend vor 28 Jahren gekauft. Gern kam er diesem Wunsch nach, sah er doch, dass es sehr schwer war, Jugendliche in der Großstadt aus eingefahrenen Bahnen herauszuholen – trotz des guten Kontakts zu ihnen. Raus aus Paris, war die einzig mögliche Lösung. Die Jugendlichen selbst wollten das Haus mit ihren eigenen Händen renovieren.

Und so geschah es dann auch: Zehn Jahre lang wurde gearbeitet. Ein wunderschönes Haus ist daraus geworden. Eines Tages überraschen die Jugendlichen P. Guy bei seiner Ankunft: Auf ihren Händen tragen sie den Priester zu seinem mit Girlanden geschmückten und festlich beleuchteten Zimmer ...

Was ist das Besondere an dem Haus in Faucon? Außer

den Jugendlichen und ihren Betreuern – jeder Jugendliche hat einen eigenen – leben hier die unterschiedlichsten Tiere: Neben Kühen, Hendeln und Hunden gibt es Wildschweine, Kängurus, Strauße, Büffel, Lamas und andere exotische Tiere. „Damit sie die Liebe in den Herzen der Menschen kennenlernen, muss man bei diesen Jungen den Umweg über die Tiere nehmen", erklärt P. Guy. „Das wirft eine wesentliche Frage auf: Wie schlecht mussten diese Jugendlichen behandelt oder misshandelt worden sein, dass sie Liebe eher im Herz eines Tieres vermuten als in dem eines Menschen?" Ein Bub habe einmal festgestellt: „Ein Tier nimmt sich nie zurück, was es einem einmal gegeben hat."

Durch den Kontakt mit den Tieren – jeder darf sich selbst ein Tier zum Pflegen aussuchen – sollen die Jugendlichen ihre Gewaltbereitschaft ablegen lernen. Das ist Teil der Therapie. Übrigens hat P. Guy eine dreijährige Ausbildung als Pädagoge absolviert.

Diese Jugendlichen ab 13 – sie sollten eigentlich noch Kinder sein – bekommt er vom Gericht zugewiesen. Anstatt in eine Haftanstalt zu kommen, verbringen sie eine gewisse Zeit in Faucon. Einmal hatte ein Richter Bedenken: Die Burschen würden dort sicher alle Brief- und Handtaschen stehlen. „Keine Angst", war P. Guys Antwort: „Ich habe die Hendln bei uns noch nie mit Hand-, die Wildschweine nie mit Brieftaschen herumlaufen gesehen."

Guy Gilbert nimmt die Allerhärtesten, jene, die niemand mehr haben will: Burschen, die Mordversuche hinter sich haben, 13-Jährige Vergewaltiger. Denn jeder von ihnen sei im Grunde genommen ein Wesen des Lichts, so die Überzeugung des Priesters, jeder habe seine liebenswerten Seiten, sei einzigartig, auch wenn das

Gute erst wie mit einem Hammer aus ihnen herausgemeißelt werden muss.

Faucon – das ist eine neue Zukunft für junge Gewaltverbrecher. Viele der Burschen müssen erst lernen, sich an Regeln zu halten: „Ich habe hier gelernt, mich zu entschuldigen, zu arbeiten, andere zu respektieren, weniger Dummheiten zu machen", erzählt einer von ihnen in einem Film, der in Faucon gedreht wurde. Hier könnten sie erfahren, dass man sie mag, dass sie gebraucht werden.

Mit gesunder Autorität – „wenn es sein muss und Gewalt ausbricht, muss ich auch so antworten: erst die Faust, dann der Segen. Doch Gott sei Dank ist das nur sehr selten der Fall" – und geistigem Unterscheidungsvermögen, mit viel Demut und Liebe leitet P. Guy die „Bergerie" in Faucon. Wie sehr er geschätzt wird, hat einmal ein „Ehemaliger" so formuliert: „Weißt du Guy, wenn du eines Tages im Rollstuhl sitzen musst, dann werde ich mich um dich kümmern. Das Wichtigste ist einfach, dass du da bist."

Wenn Guy in Faucon ist, gibt es täglich eine Heilige Messe, meist unter freiem Himmel. Für die Jugendlichen ist sie zum – freiwilligen – Fixpunkt geworden. Und für manche mehr: Eines Tages gibt es einen Tumult beim Abendessen. Christophe tut kund, er wolle getauft werden. Jetzt glaube er, dass Jesus Gottes Sohn ist – und dass Gott die Liebe ist, das sei phantastisch! Erst als er das hört, fällt dem Père ein: Der Bursche hat schon seit längerem alle Arbeiten, meist still und unbedankt, übernommen, wenn die anderen schon zu hungrig oder müde dazu waren.

Guy beschließt, ihn möglichst bald zu taufen. „Es war gut, dass ich diesmal die Zeit bis zur Taufe verkürzt hatte", fügt er hinzu, „denn kurz darauf wurde Christophe wegen einer alten Sache für 5 Jahre eingesperrt!"

Wie aber wird all das finanziert? Spenden, Guys eigenes Gehalt und der Erlös seiner 19 Bücher werden in Gehälter für Faucon und für den Empfangsdienst in Paris umgewandelt. Guy selbst ist äußerst bescheiden: Seine Möbel stammen von einer Entrümpelungsaktion.

Bei seinen Burschen hält sich Père Gilbert zwar mit Glaubensgesprächen zunächst zurück, bei seinen Vorträgen spricht er aber engagiert über Gott und die Kirche. Beim Weltjungendtreffen mit dem Papst in Paris habe ich das erlebt, als er zu den Österreichern gesprochen hat. Kardinal Schönborn hat damals übersetzt und die jungen Leute waren von Guys direkter, lebendigen, aber auch sehr zu Herzen gehenden Art begeistert: „Ihr entdeckt hier das weltweite, wunderbare Gesicht der Kirche. Die Berufungen und Charismen sind verschieden – und auch die Looks: „Seht her! Da der große Erzbischof und hier der kleine Priester."

Sie sollten sich mit Papst und Bischof gemeinsam auf den Weg der Kirche machen, ruft er den Jugendlichen zu. „Wir sollten aufeinander zugehen, einander achten, und endlich damit aufhören, uns gegenseitig innerhalb der Kirche zu beschimpfen." Dem Applaus nach zu schließen, sprach er der Jugend damit offensichtlich aus dem Herzen.

Ein wichtiges Anliegen ist ihm auch diesmal das Gebet: „Ich lebe täglich mit der Gewalt, dem Hass und der Verzweiflung. Würde ich mich nicht alle 10 Tage für 48 Stunden zurückziehen, meine Gosch'n halten und auf Jesus Christus hören, ich wäre längst nicht mehr Priester." Und weiter: „Nehmt euch Zeit für's Gebet, nehmt euch Zeit für's Maulhalten, für die Stille! Der Mensch braucht das Gebet so notwendig wie das Atmen."

Die Stunde, die er sich jeden Morgen für Gott nimmt, sei sein Sauerstoff, den er zum Leben braucht, sagt P. Guy bei jeder Gelegenheit. „Und mein ‚Zaubertrank' ist ein Satz aus dem Evangelium, aufgeschrieben und immer wieder während des Tages gelesen. Und der Rosenkranz, den ich manchmal erst im Auto beende, ist die liebende Gegenwart Marias, die den ganzen Tag über bei mir bleibt."

Wie gerne höre ich ihm zu, wenn er erklärt: „Es ist der schönste Moment in meinem Leben, an jedem Tag, wenn bei der Heiligen Messe durch meine Hände aus Ton die Liebe herabkommt. Das geschieht aber nur", fügt er hinzu, „damit ich als Priester die Liebe überall hinbringe, wo immer ich hingehe." Die Zeit die Guy sich für Gott nimmt, gewinnt er als unschätzbare Zeit für andere Menschen, in denen er nun Christus begegnen kann, dazu.

Guy Gilbert, so wie ich ihn bei Vorträgen und dem kurzen Interview erlebt habe, zeigt eine raue äußere Schale, die er aber immer wieder öffnet, um Zeugnis für seine Liebe zu Gott, zur Kirche und nicht zuletzt für die im Herzen verletzten Kinder und Jugendlichen zu geben. Ich glaube ihm, wenn er sagt, dass er im Alltag so zu leben versucht, „dass allein durch die Art, wie ich lebe, man denken muss, dass es unmöglich ist, dass Gott nicht existiert."

Tim Guénard
Befreit aus einem Leben voller Gewalt und Hass

„Mein Leben weist ebenso viele Beulen auf wie mein Gesicht", schreibt Tim Guénard in seinem Buch „Stärker als der Hass". Seine Nase ist übrigens 27 Mal gebrochen, 23 Brüche stammen aus seiner Zeit als Boxer, vier gehen auf das Konto seines Vaters. Und doch hat dieses zerschlagene Gesicht einen sanften Ausdruck, ist vertrauenerweckend, liebenswert und offen für sein Gegenüber.

Davon konnte ich mich unlängst überzeugen, als Tim Guénard auf Einladung der Stadtmission zur Wiener Jugend über sein Leben sprach und wir uns nachher unterhielten. Für mich war er eigentlich kein Unbekannter, besitze ich doch lange schon eine Kassette mit seinem Zeugnis. Es ist erschütternd: Wie kann ein Mensch nach einer solchen Kindheit auf die Beine finden?

Schon seine erste Erinnerung ist schlimm genug: Er ist drei Jahre alt und sieht, wie sich die weißen Stiefel seiner Mutter entfernen. Sie selbst dreht sich nicht um, sagt ihm nicht auf Wiedersehen, sondern bindet ihn nur wie einen Hund an einen Mast und geht weg! Seine Eltern – die Mutter Französin, der Vater Irokese – lebten damals getrennt, und die Mutter hatte einen neuen Lebensgefährten gefunden. Da war das Kind im Weg …

Die ganze Nacht bleibt es frierend und von Angst gelähmt angebunden. Dann findet es die Polizei und bringt es zum Vater, der mittlerweile mit einer anderen Frau zusammenlebt und dem Alkohol sehr zugetan ist. Für die Stiefmutter, die fünf eigene Kinder hat, ist der Bub ein unerwünschter Parasit. Den Vater erinnert Tim unangenehm an die gescheiterte Ehe, und er glaubt nur allzu gerne den falschen Beschuldigungen der Stiefmutter. So bekommt der kleine Tim statt erhoffter Umarmung täglich nur Prügel. Fährt die Familie am Wochenende fort, wird der Vierjährige in den Keller gesperrt – nur der Hund schleckt an seinen Fingern, die er durch das winzige Kellerfenster streckt.

Tim ist fünf, als ihn sein Vater mit einem Holzprügel fast erschlägt. Eine Fürsorgerin war da gewesen und hatte mit dem Buben gesprochen. Nun vermutet der Vater, Tim habe von den Misshandlungen erzählt. Bald bricht der vor Angst erstarrte Kleine zusammen. Der Vater prügelt weiter und stößt ihn schließlich die Kellertreppe hinunter. Als Tim wieder zu sich kommt, zerrt ihn die Stiefmutter – Tim kann nicht gehen – die Treppe hinauf und oben bricht der Orkan neuerlich los: Ein wuchtiger Schlag zerreißt ein Augenlid, ein zweiter sein Trommelfell und zerfetzt sein Ohr. Dann ist schwarze Nacht um ihn.

Nach drei Tagen im Koma erwacht Tim im Spital, wohin ihn die Fürsorgerin gebracht hatte. Dem Vater wird die elterliche Gewalt entzogen. Tims Beine sind zermalmt. Man muss sie wie ein Puzzle wieder zusammensetzen. Viele qualvolle Operationen muss er erdulden.

Fast drei Jahre bleibt er im Spital. Alpträume bestimmen die Nächte. In all der Zeit kein einziger Besuch. Ein Geschenkpapier, achtlos von einem anderen Buben weggeworfen, ist sein größter Schatz, den er in den Nächten, heimlich auf die Toilette kriechend, bewundert.

Mit siebeneinhalb verlässt er die Klinik. Nach Aufenthalten in Rehabilitationszentren landet er in einem Fürsorgeheim. Jede Woche kommen Paare, die sich ein Kind zur Adoption oder zur Pflege aussuchen. Tim mit dem zerschlagenen Körper will keiner. Wegen seiner schrecklichen Alpträume wird er schließlich in ein Irrenhaus eingeliefert. Hier erwartet ihn ein neuer Horror: Neun Monate Spritzen und andere gewaltsame „Heilverfahren". Erst ein neuer Klinikchef erkennt den schrecklichen Irrtum, und der Bub wird entlassen.

Bricht jetzt endlich eine schöne Zeit an? Nein. Von einem ersten Pflegeplatz wird er weggeholt, nachdem er zwei Selbstmordversuche hinter sich hat. Vom zweiten läuft er weg, nachdem man ihm zu Unrecht die Schuld an einem Scheunenbrand in die Schuhe schiebt. Gendarmen fangen ihn, und ein Richter weist den „bösen Buben" in ein Erziehungsheim ein.

Dort wird er als Jüngster so lange gequält, bis endlich Tims Hass größer ist als seine Angst: Er durchstößt mit der Gabel die Hand jenes Buben, der ihm wie auch sonst sein Essen wegnehmen will. Erst als die Betreuer über Tim herfallen, zieht er die Gabel zurück. Von nun an bestimmen Hass und Rachegefühle das Leben des Buben. Bald fürchten ihn auch die Größeren.

Nachdem er einige Mitinsassen in der Nacht, als diese schlafen, blutig geprügelt hat, beschließt er zu fliehen. Hass und die Angst, erwischt zu werden, verleihen ihm Flügel beim Überwinden des Stacheldrahtzauns. Mit zwölf macht er sich also Richtung Paris auf den Weg, wo er zwei Wochen später auch landet. Ganz auf sich allein gestellt, lernt er nun zu stehlen, um zu überleben. Geschlafen wird nachts in einem Fahrradstall.

Die Angst ersetzt ihm gewissermaßen die Mutter: Sie bleibt ihm treu, ist stets zur Stelle, erscheint bei Bedarf. Voll Sehnsucht blickt er in die Fenster, hinter denen Familien miteinander essen, lachen und plaudern. Er träumt davon, dass sich jemand seiner erbarmt. Eines Tages setzt sich ein gepflegter, älterer Mann neben ihn auf eine Bank, und Tim erzählt ihm sein Schicksal. Ob er sich 50 Francs verdienen möchte? Ja, der Bub strahlt und folgt dem Mann in dessen Wohnung – wo er bei vorgehaltener Pistole vergewaltigt wird.

„Ich war noch keine 13, als ich die Perversität des Menschen entdeckt hatte, der sich selbst besudelt und andere in den Dreck zu ziehen versucht", schreibt Tim später in seinem Buch. „Das Böse hat mehr als nur meinen Körper getroffen, es hat meine Seele, meinen geheimen Garten, da wo er noch rein war, verwüstet."

Trotz dieser Erfahrung folgt er einige Zeit später zwei jungen Männern. Sie lernen ihn für ihre Zwecke an: Prostituierten das Geld abzunehmen – Tim muss da meist Schmiere stehen – und Damen der High Society freudlose, einsame Wochenenden zu versüßen. Das Geld, das er bei diesen „Liebesdiensten" verdient, muss er großteils abliefern. „Du hast schöne Augen", sagt ihm eine der Damen. Groteskerweise ist dies das erste Kompliment, das er in seinem Leben zu hören bekommt. Hätte er es doch nur von seiner Mutter gehört!

Als den beiden Ganoven der Boden in Paris zu heiß wird, setzen sie sich ab und lassen den Buben fast ohne Geld zurück. So lebt er weiter auf der Flucht vor den Polizeistreifen, bis ihn eine Patrouille erwischt. Die Polizisten können es nicht fassen, dass ein Halbwüchsiger – er ist gerade 15 – drei Jahre auf sich allein gestellt in Paris überleben konnte. Neuerlich kommt er in ein Erziehungsheim. Um ihm von vornherein den Schneid abzukaufen, wird er zur Begrüßung gleich von drei Bewachern verprügelt! Tims Hass steigert sich weiter. An seinem Leben liegt ihm nichts mehr, nichts macht ihm mehr Angst. Wer sich mit ihm anlegt, bekommt seine Wut zu spüren. Er wird zu einem gefürchteten Schläger.

Nach einer neuerlichen Flucht wird er erneut eingefangen und auf seinen Wunsch hin einer Richterin vorgeführt, von der er viel Gutes gehört hatte. Tatsächlich bietet sie ihm die Chance, in einem Steinmetzbetrieb als Lehrling einzutreten. Tim ist glücklich und verspricht, sein Bestes zu geben – endlich kein Erziehungsheim mehr!

Nun ist er also Lehrling, besucht eine technische Schule und hat einen Bewährungshelfer. Es ist zwar ein hartes Leben, doch Tim ist zufrieden. Erstmals macht er positive Erfahrungen: mit den Kollegen am Bau und den Mitschülern in der Berufsschule. Das ändert aber nichts daran, dass seine Gewalttätigkeit leicht entflammbar bleibt.

In dieser Zeit lernt er boxen. Es wird nicht der einzige Kampfsport sein, den Tim erlernt, ist er doch von der Idee besessen, stärker zu werden als sein Vater, um ihn umzubringen.

So wird aus ihm ein sehr guter Boxer. Zwar reizen die Schläge der Gegner seine Wut, doch gelingt es ihm mit der Zeit, seine Schläge so weit zu kontrollieren, dass sie nicht zerstörerisch für den Gegner sind. Denkt er beim Boxen an seinen Vater, so ist der Kampf auch schon gewonnen.

Boxen wird für ihn aber auch aus einem anderen Grund wichtig: War er bisher nie von jemandem umsorgt worden, so kümmert man sich nun um ihn, wenn er bei einem Kampf verletzt wird. Er wird gepflegt, beachtet, angeleitet. Eine ganz neue Erfahrung.

Er ist noch keine 18, als er sein Diplom als Steinmetz in Händen hält. Er sei nicht nur der jüngste, sondern auch der beste junge Steinmetz, wird ihm bescheinigt. Aus Dankbarkeit schenkt er dieses Zeugnis „seiner" Richterin.

Seine erste Arbeitsstelle ist eine große Baufirma. Er wird ein tüchtiger Vorarbeiter, leitet eine Gruppe von Algeriern, Marokkanern und Tunesiern, die zu seinen Freunden werden. Sie freuen sich über seine beachtlichen Boxsiege und ermutigen ihn.

In diese Zeit fällt seine Bekanntschaft mit Jean Marie, Steinmetz wie er. Gemeinsam besuchen sie einen Fortbildungskurs. Jean Marie ist Christ und bekennt sich dazu. Tim provoziert ihn: „Was tut denn dein Gott für die vergewaltigten Frauen und die geschlagenen Kinder?" Jean Marie antwortet aus seinem Glauben heraus – und Tim ist beeindruckt.

Als der Freund ihm erzählt, dass er sich um behinderte Menschen kümmert und mit ihnen leben möchte, beschließt Tim eines Tages, Jean-Marie zu begleiten und ein „Foyer" der Arche zu besuchen. In dieser von Jean Vanier ins Leben gerufenen Einrichtung für geistig und körperlich behinderte Menschen leben Nichtbehinderte mit Behinderten zusammen. Tim wird, wie er im Rückblick erzählt, „von nicht ganz Normalen empfangen, die ihn freundlich nach seinem Namen fragen und zum Essen einladen." Eine völlig neue Erfahrung für den Profi-Boxer. Zunächst hat er Mühe, seine Abwehrreaktionen zu kontrollieren.

Als ihn Jean-Marie anschließend einlädt, Jesus zu besuchen, weiß Tim nicht recht, was das soll. „Ich dachte, dass es sich da um einen ihrer Kumpel handelt. Da waren wir nun unterwegs durch die Stadt, an jedem Arm hatte ich ein behindertes Mädchen – während ich doch sonst dafür bekannt war, nur die feschesten Puppen auszuführen ... Ich hatte nur eine Angst, dass mich die Freunde aus meiner Bande sehen könnten". (Tim war nämlich mittlerweile anerkanntes Oberhaupt einer Bande von 50 Jugendlichen, mit denen er die Gegend unsicher machte.)

Als die Gruppe eine Kirche betritt, bemerkt Tim ein Kreuz. Den Mann am Kreuz hat er schon öfter an Wegkreuzungen gesehen. „Auch ein Bandenchef, aber nicht sehr erfolgreich", denkt Tim. Da nun alle aber, statt auf das Kreuz zu schauen, fasziniert auf eine kleine, weiße Scheibe blicken, ist er verwirrt. „Das ist Jesus", erklärt man ihm. Also bemüht sich Tim, ihn dort zu sehen.

Als nun der Priester die Hostie wegtragen will,

springt Tim auf: „Halt nicht wegtragen, ich habe Jesus noch nicht gesehen", ruft er. Lächelnd drehen sich die Anwesenden um. Und Tim ist sicher, nun dächten alle: „Da gibt es einen Behinderten, der behinderter ist als die Behinderten."

Von diesem Moment an lässt Gott den jungen Mann nicht mehr los. Er wird keine Mühe scheuen und Seine besten Leute Tims Lebensweg kreuzen lassen. Da ist zunächst Père Thomas Philippe. Als Tim versucht, ihn auf seinem Motorrad das Fürchten zu lehren – unter anderem rast er 50 Stufen mit der Maschine hinunter – meint der Pater nur: „Das war eine höchst angenehme Reise" – und bietet ihm die Vergebung Christi an.

Er gehöre nicht zu diesem Verein, hält ihm Tim entgegen. „Jesus kennt dein Herz. Sprich mit Ihm. Er kennt dich, und Er liebt dich", antwortet der Pater. Zu ihm darf Tim von da an kommen, wann immer ihm danach zumute ist, auch mitten in der Nacht. Tim probiert es aus, und jedesmal schenkt ihm der Pater das Verzeihen Christi. Für Tim sind das „große Streicheleinheiten", die sein Herz in den Grundfesten erschüttern.

Drei Schätze lernt Tim durch den Pater kennen: die bedingungslose Annahme, das Verzeihen und die Hoffnung. Immer öfter ist er von nun an in der Arche anzutreffen. Je intensiver der Umgang mit den behinderten Menschen und den Mitarbeitern ist und je öfter der Pater ihn die Liebe Jesu spüren lässt, desto sicherer wird Tim, dass er sein Leben ändern muss. Zu seiner Bande gewinnt er zunehmend Abstand.

Schließlich möchte er in die „Familie" des Paters eintreten, was problematisch ist, denn Tim hat nach wie vor große Probleme mit seiner Gewalttätigkeit. Seine Vergangenheit annehmen und lieben zu lernen, wird zu Tims schwerstem Kampf. Wenn er heute in Schulen oder Gefängnissen auftritt, so bringt er immer das Beispiel des Misthaufens: „Wenn der Dung noch frisch ist, so ist er zu ätzend, zu schwer. Wenn du ihn jetzt auf die Blumen streust, verbrennt er sie. Man muss den Dung ruhen und trocknen lassen. Mit der Zeit wird er leicht und fruchtbringend. Dann bringt er die schönsten Blumen hervor. Gott bedient sich unserer Vergangenheit wie des Misthaufens, um uns zum Wachsen zu bringen."

Damals ist Tim jedoch ungeduldig und tief verletzt, als man ihn noch nicht in der Arche als Mitarbeiter haben möchte. Er lässt alles sausen, will weit weg von Gott, macht Autostopp – und landet in Taizé bei Frère Roger, dem Gründer der ökumenischen Taizé-Gemeinschaft. Dort fühlt sich Tim wohl und nimmt sich besonders eines körperbehinderten Jungen an. Auf diesem Umweg gelangt er dann nach Belgien, wo er dann doch eineinhalb Jahre in einer Niederlassung der Arche mitarbeiten wird.

Dort bekommt er sein erstes und schönstes Geburtstagsgeschenk von einem jungen Schwerstbehinderten: ein fünfzeiliges Gedicht. Zwei Tage lang mühsamst mit einem Finger in eine Schreibmaschine getippt. Tim nimmt das Gedicht, geht auf sein Zimmer und „liegt in seinem Herzen auf den Knien". Er hat einen Bruder gefunden, der ihn liebt. Die Tränen, von denen er dachte, er habe sie verloren, fließen reichlich. Er spürt, dass sein Leben an einem neuen Anfang steht.

Langsam begreift er, dass er auch etwas anderes sein kann als das geschlagene Kind ohne Zukunft eines brutalen Alkoholikers. Nun ringt er mit sich: Er möchte so lieben, wie ihn niemand als Kind geliebt hatte, er möchte so beschenken, wie niemand ihn beschenkt hatte, und einen Blick für andere bekommen, wie er ihn selbst nie zu spüren bekommen hatte.

Um möglichst viele Menschen kennenzulernen, fährt er um die halbe Welt. Und Gott verlässt ihn nicht mehr: In Rom führt der junge frisch Bekehrte eine kleine alte Frau über die Straße: Es ist Mutter Teresa von Kalkutta und sie lässt ihn in den nächsten Tagen nicht mehr los.

Einige Zeit lebt er in Kanada bei Trappisten, dann teilt er sein Leben ein Jahr lang mit fünf Behinderten. Es gelingt ihm, immer mehr Lasten aus seiner Vergangenheit abzuwerfen. Seine Liebe zu Jesus wächst.

Als er eines Tages wieder in Paris ist, erhält er den Anruf einer Freundin, die er in der Arche kennengelernt hatte. Sie möchte ihre Wohnung renovieren. Ob er wohl helfen könne? Als Tim die Wohnung betritt, erklärt ihm Martine, sie hätte die Eingebung gehabt, dass sie ihn heiraten würde. Tim ist fassungslos, hatte er doch seit längerem für sie gebetet, sie möge den richtigen Mann finden. An eine Verbindung mit ihr hatte er beim besten Willen nicht gedacht, denn Martine stammt aus einer der angesehensten Familien Frankreichs. „Man darf Servietten nicht mit Fetzen zusammenwerfen", erklärt er der jungen Frau. Doch Martine bleibt dabei – und die Liebe der beiden wächst, trotz aller Verschiedenheit.

Noch wissen Martines Eltern nichts von der guten Nachricht. Damit sie diese besser verkraften, betet das junge Paar Wochen hindurch. Und tatsächlich: Das Gebet wird erhört und Martines Eltern nehmen den ungewöhnlichen Schwiegersohn – Lederweste, lange Haare, Stiefel – gefasst und liebenswürdig zur Kenntnis.

Die erste Zeit der Ehe ist nicht einfach. Doch Gott, auf dessen Wirken sie sich bei der Hochzeit eingelassen hatten, lässt sie nicht im Stich. Es ist Marthe Robin, die französische Mystikerin, die Tims Angst, auf Grund seiner Vergangenheit könne er kein guter Vater werden, zerstreut: „Eure Kinder werden im selben Maße wachsen wie eure Liebe", erklärt sie dem jungen Paar. Und als die beiden ihr erzählen, dass sie in Lourdes ein Haus bauen wollen, meint Marthe: „Ein Haus, um die aufzunehmen, die Gott euch schicken wird."

Und das haben sie auch verwirklicht. Denn außer ihren eigenen vier Kindern werden im Laufe der Jahre viele Jugendliche, die es aus unterschiedlichsten Gründen schwer im Leben haben und die einen neuen Beginn wagen wollen, bei Tim und Martine unterkommen. „Die meisten bleiben acht bis zwölf Monate", erzählt mir Tim Guénard, „manche auch länger. Außerdem gibt es solche, die vorübergehend zu uns kommen, wenn sie vorübergehend in Nöten sind."

Die „Ferme Notre-Dame" ist so zu einem Haus Gottes geworden. Hier bekommen junge Leute wieder Mut und Hoffnung und können sich durch Gottes Liebe von Ängsten und Zwängen befreien lassen.

Tim sagt ihnen dasselbe wie seinen Zuhörern in Schulen, Gefängnissen oder Kirchen, wenn er Zeugnis von seinem Leben gibt: „Lieben heißt, auch dem anderen zu sagen, dass er aus der Misere wieder heraus kann. Einem vom Leben Geschlagenen zu sagen: ‚Du bist wunderbar', heißt auch, ihm zu sagen: ‚Hab keine Angst vor dir selbst und deiner Vergangenheit. Du bist frei, du kannst dich ändern, du kannst dein Leben neu gestalten. Lieben heißt, daran zu glauben, dass jeder, der in seiner Seele, an seinem Körper oder seinem Herzen verletzt wurde, seine Wunden in eine Quelle der Liebe und des Lebens verwandeln kann. Lieben heißt, für den anderen zu hoffen und ihm den Virus der Hoffnung einzuimpfen. Wenn mein Leben sich geändert hat, warum sollte sich nicht auch das Leben der anderen ändern können?'"

Aus einem, der aus Hass und Rache gekämpft hat, ist ein Kämpfer der Liebe geworden.

Von der wohl schwersten Last wurde er befreit, als er gelernt hatte, seinem Vater zu vergeben. Er erinnert sich: „Das ging nicht schlagartig. Zunächst möchte man vergeben, kann es aber nicht. Dann wenn Kopf und Herz sich einig sind, bleiben noch die Erinnerungen, die an die Oberfläche steigen. Jahre später musste ich mich wegen der Verletzungen durch meinen Vater noch an den Beinen operieren lassen. Da fällt das Verzeihen schwer. Das Vergeben der Erinnerungen kann lange dauern."

Nun ist Tim schon lange mit seinem Vater versöhnt und im Laufe der Jahre entstand eine neue Beziehung zwischen beiden. Erst nach dem Tod des Vaters begann Tim, Zeugnis von seiner schweren Jugend zu geben.

Was er nun beruflich macht, frage ich ihn abschließend: „Nachdem ich zunächst Vorarbeiter am Bau war, habe ich dann mit der Restaurierung von Häusern und Schlössern begonnen. Schließlich habe ich mich der Imkerei, der Bildhauerei und der Malerei zugewendet, um nicht zu viel von zu Hause weg zu sein. Derzeit arbeite ich an einem Altar." Er verlässt seine Familie, seine Jugendlichen und seine Bienen nur um Zeugnis zu geben.

So schrecklich sein Leiden als Kind auch gewesen war, so zahlreich sind nun die Früchte dieser Leiden durch sein Zeugnis, das vielen neue Wege im Leben weist.

Torsten Hartung
Gottesbegegnung im Gefängnis

*A*ls Torsten Hartung nach der Messe weiter hinten aufsteht, um vorne am Mikrofon sein Zeugnis über Gottes Barmherzigkeit zu geben, weiß ich, dass ich mich getäuscht hatte. Er ist nicht der abgezehrte, verdrossen wirkende Mann in der Bankreihe neben mir, den ich vor der Messe für Hartung gehalten hatte, als der Pfarrer Grußworte in dessen Richtung sprach. Nach 14 Jahren Haft kein Wunder, war mein Gedanke. Der nun nach vorne geht, ist jedoch ein locker wirkender, schlanker Mann mit einem markanten Gesicht. Er lächelt. Seinem

Zeugnis und seinen Ausführungen später beim Interview lausche ich gespannt.

Torsten Hartung wurde 1962 im ostdeutschen Schwerin geboren. Er und seine drei Geschwister wachsen in einer ungläubigen, gewalttätigen Familie auf. Die Eltern, erzählt er, hatten selbst keine Liebe erfahren und konnten sie daher auch nicht weitergeben. Ständig gab es Ehestreit: Nach einem solchen kommt der 7jährige Torsten eines Tages mit einer kaputten Brottasche heim. So sehr der kleine Bub sich auch vor dem daraufhin einsetzenden Gewaltausbruch der Mutter zu schützen versucht, er wird so lange geschlagen, bis er ein geschwollenes Auge hat und aus Nase und Ohren blutet.

Sätze wie „Wir haben dich eh nie gewollt", „Du bist an allem schuld" und „Ich bring mich um, dann bist du schuld" prasseln auf den Buben nieder. Als die Mutter den Gashahn aufdreht, schrillen bei Torsten die Alarmglocken: Das wird gefährlich. Trotz der Ohrfeigen der Mutter versucht er, den Gashahn abzudrehen. Schließlich stürmt die Mutter mit den Worten „Ich häng mich auf – und du bist schuld" aus der Küche und die Treppe hinauf. Aufhängen, Seil – also Messer mitnehmen, überlegt Torsten in seiner Panik, schnappt ein kleines Messer und eilt der Mutter nach.

Am Dachboden steht diese schon auf einem Sessel mit der Schlinge um den Hals. Die Versuche des Buben, an der Mutter hochzuklettern, um das Seil durchzuschneiden, schlagen fehl. Verzweifelt schnipselt er am anderen Ende des Seils herum. Da hört er die scharfen Worte der Mutter: „Hör damit auf, die Wäscheleine gehört dem Müller." Da wird ihm klar: Sie wollte sich gar nicht umbringen, sondern ihm nur Angst und ein schlechtes Gewissen machen.

Wer meint, damit hätten die Schrecken des Tages ein Ende gehabt, irrt. Als der Vater heimkommt, verlangt die Mutter die Bestrafung des Buben für sein angeblich ungehöriges Verhalten. Und so bezieht Torsten nochmals Prügel. An diesem Tag stirbt sein Vertrauen in die Mutter. Von nun wächst der Hass.

„Diese Begebenheit war für die Prägung meines Gerechtigkeitssinns von entscheidender Bedeutung", erklärt Torsten. Die Aggression und die unkontrollierte Wut, die er zu Hause erlebt, prägen von da an Torstens Verhalten: In der Schule ist er der Klassenclown und Anführer, wenn es um Streiche geht. Wenn er schon keine Liebe bekommt, will er wenigstens Aufmerksamkeit erregen. Man beschwert sich bei den Eltern über ihn, was stets häusliche Gewalt zur Folge hat. Je mehr er daheim geprügelt wird, desto mehr wird Torsten selbst zum Schläger. Seinem jeweiligen Gegenüber gibt er stets zu verstehen: „Wenn du gewinnen willst, musst du mich totschlagen."

Prügeln, stehlen, lügen prägen die nächsten Lebensjahre. Mit 15 wirft ihn der Vater nach einer heftigen Abreibung aus der Wohnung. Nach einigen Nächten auf Parkbänken geht Torsten heim und erklärt den Eltern, sie seien gesetzlich verpflichtet, bis zu seinem 18. Lebensjahr für ihn zu sorgen. Ab nun ist das Verhältnis von Eltern und Sohn noch näher am Gefrierpunkt.

Mit 18 wird er zum ersten Mal wegen Diebstahls für 10 Monate eingesperrt, beim zweiten Mal sind es schon ein Jahr und 10 Monate, beim dritten fast 3 Jahre, Gewalt und Körperverletzung waren im Spiel gewesen – wie daheim.

1983 übersiedelt er mit einem Mädchen in eine andere Stadt. Er meint, er könne seinem alten Leben entfliehen. Doch er nimmt seine Geschichte im Gepäck mit. Seelische Blockaden verhindern Prüfungserfolge. 1985, bei einem vorgetäuschten Versuch, die Grenze nach Westdeutschland zu überschreiten, lässt er sich bewusst erwischen und rechnet damit, dass er nach politischer Haft abgeschoben wird. So ist es dann auch: 15 Monate später erklärt er, gute Kontakte zu Menschenrechtsorganisationen zu haben – und wird tatsächlich in den Westen abgeschoben.

Wir schreiben 1990: Depression und Sinnlosigkeit beherrschen seinen Alltag. Alles ist ihm mittlerweile egal ‚denn auch er ist allen egal. Faust und Luzifer fallen ihm ein: „Ist das real?", fragt er sich, gibt es den Teufel? Wenn ja, dann kann er seine Seele haben. Im Gegenzug verlangt er vom Bösen 18 Monate lang, wie ein König zu leben.

Und tatsächlich: Kurz darauf ergeben sich Verbindungen zu Kriminellen. Er soll Luxusautos „besorgen" und sie nach Russland und in arabische Länder liefern. Die Sache kommt ins Rollen: Torsten kennt zwei hochkarätige Autoknacker und arbeitet selbst an der Logistik des „Unternehmens": Er organisiert das reibungslose Autoverschieben inklusive Versicherungsbetrug.

Mit diesem einträglichen Geschäft verdient er bald bis zu 150.000 Mark pro Woche. „Es öffneten sich alle Türen, aber in mir drinnen machte sich eine umso größere Leere breit, je mehr Geld ich verdiente", so beschreibt Torsten heute seinen damaligen Zustand. Er ist der Kopf der Organisation und lässt sich das auch von keinem streitig machen. Allerdings ist da einer – er heißt Dieter wie Torstens Vater –, der seine Position infrage stellt. Um klarzustellen, dass hier nur einer das Sagen hat und um die Gruppe zu disziplinieren, erschießt Torsten den Mann in Russland. Schrecklich!

Als wäre nichts geschehen, fährt er drei Wochen später mit der Freundin nach Mallorca. In der Kirche von San Salvador, in die sie bei einem Ausflug geraten, spürt er plötzlich eine unbekannte Art von Geborgenheit und Wärme. Und in einer Virtrine liest er Dankschreiben für Gebetserhörungen. Da formuliert auch er eine Bitte auf einem Zettel: „Ich wünsche mir ein Leben in Glück", – denn der Geldregen, den er derzeit genießt, macht ihn nicht glücklich.

Beim Paragleiten am nächsten Tag stürzt er ab – eigentlich ein tödlicher Unfall, den er jedoch wie durch ein Wunder überlebt. Erstaunlicherweise erklärt ihm seine ungläubige Freundin, dass Gott wohl noch einen Plan mit ihm haben dürfte ... Wessen Worte das wohl waren?

Drei Wochen später, im Oktober 1992, fliegt alles auf und er wird von Interpol in Schweden verhaftet und nach Deutschland ausgeliefert. Als Kopf der Bande kommt er sofort in Einzelhaft – für insgesamt vier Jahre, neun Monate und zwei Tage. In dieser Zeit sieht er nur das Wachpersonal, das ihm das Essen bringt. „Unerträglich?" frage ich. „Nein, eine gnadenreiche Zeit!", erklärt mir Torsten: „Ich fing an zu leiden. Konnte aber mit meinem Leid nirgendwo hingehen, kein Vis-à-vis, keine Beziehung zu Gott. Alles fiel auf mich zurück. Ich fing an, mir Fragen zu stellen: Warum verhalte ich mich so?" So beginnt er, Tagebuch zu schreiben, versucht Antworten in seiner Geschichte zu suchen. Nach fast fünf Jahren – insgesamt ist er fast sechs Jahre in Untersuchungshaft, da er sechs Prozesse hat – meint er zu wissen, wer er ist.

„Das war nicht einfach, was ich da gesehen habe. Ich bin nämlich in meinem Leben keinem bösartigeren

Menschen als mir selbst begegnet." Er erkennt die Prägung durch die gewalttätigen Eltern, also seine Opferrolle. Aber er erkennt sich auch als Täter, sieht die Verletzungen, die er hundertfach anderen zugefügt hatte. „Die Schuld die ich sah, erdrückte meine Seele."

Ostern 1998: Im Gefängnis wird ein Jesusfilm gezeigt. Torsten schreibt ins Tagebuch: „Jesus, gib auch mir eine zweite Chance. Schenk auch mir ein neues Leben!" Kurz darauf, am 15. Mai in seiner Zelle – das Leintuch, das er wegen der Hitze übers Fenster gehängt hat, legt sich im leichten Luftzug an das Fensterkreuz – sieht Torsten das Kreuz und sagt zu Jesus: „Wenn es Dich gibt, schenk mir ein neues Leben. Schau, was ich für ein Leben gehabt habe. Es hat mir wehgetan und ich habe anderen wehgetan."

Bilder aus der Kindheit, von den eigenen Verletzungen und denen, die er anderen zugefügt hat, ziehen an ihm vorüber. „Schau", sagt er zu Jesus, „ich habe über Tod und Leben entschieden, habe mich über Dich gestellt. Es tut mir leid!", und er fängt an zu weinen. Erlösende Tränen.

Auf einmal hört er eine Stimme, deutlich und laut: „Ja, ich weiß!" Er erschrickt, versteckt sich, zittert, weiß aber eindeutig: Es war Gottes Stimme, eine Stimme voll Liebe und Barmherzigkeit. Gott weiß alles, wird ihm bewusst. Er kennt mein Leben, meine Gedanken, die Schuld meiner Eltern – und meine große Schuld. „Mein ganzes Weltbild, mein Wertemaßstab von früher ist in diesem Moment zusammengefallen."

Als er am nächsten Tag in den Gefängnishof kommt, ist die Welt verändert: der Himmel herrlich blau, die Wolken so wunderbar geformt, das Grün der Bäume so intensiv. Er lacht und freut sich über das Gänseblümchen, das er pflückt. „Warum ich das früher nicht wahrgenommen hatte? Weil der Schleier der Sünde über mir lag. Aber Gott hat ihn an diesem 15. Mai weggenommen."

Für die Mitgefangenen aber hat er durchgedreht, ist offenbar verrückt. Tatsächlich, meint Torsten, hatte ihn Gott verrückt: nämlich von einer tristen Wahrnehmungsebene auf eine herrliche, eine, auf der er nun die Schönheit der Schöpfung erkennt. Ein Sozialarbeiter, der mitbekommt, was sich bei Torsten getan hat, bringt ihm eines Tages eine Bibel. Zunächst kann er damit nichts anfangen.

Ständig beschäftigt ihn nun die Frage: Was ist an diesem 15. Mai geschehen? Als er nun eines Tages auf dem Bett liegt, die Bibel geschlossen in der Hand, hört er wieder dieselbe Stimme: „Nimm und schlag auf!" Torsten tut es und liest: „Wenn wir unsere Sünden bekennen, ist er treu und gerecht. Er vergibt uns die Sünden und reinigt uns von allem Unrecht." (1.Joh 1,9) Ist das die Antwort? Ist alles vergeben? „Ich war ja kein kleiner Sünder. Drei Monate habe ich versucht, in diesem wunderbaren Buch Antworten zu finden."

Im Jänner 1999 wieder die Stimme: „Nimm und schlag' auf." Und da steht: „Ihr wart tot infolge eurer Verfehlungen und Sünden ... Aus Gnade seid ihr durch den Glauben gerettet, nicht aus eigener Kraft – Gott hat es geschenkt – nicht aufgrund eurer Werke, damit keiner sich rühmen kann ..." (Eph 2)

Vom Tod zum Leben: Rational ist all das nicht zu erklären. Für Torsten gibt es nun keine Zweifel mehr: „Es war der Tag der Wahrheit. Ich rief meinen Anwalt an, weil ich ein Lebensgeständnis ablegen wollte", erinnert er sich.

Bei der Urteilsverkündung wird dieses Geständnis wohl auch eine Rolle gespielt haben: nicht lebenslänglich, sondern 15 Jahre. Für Torsten allerdings gibt es keinen Zweifel, dass Gott ihm mit diesem milden Urteil eine zweite Chance geben wollte. Weil ihm die Untersuchungshaft angerechnet wird, bleiben ihm noch etwas mehr als acht Jahre im Gefängnis. In dieser Zeit bereitet sich Torsten auf die Taufe vor – aber in welcher Konfession? Nachdem er sich mit der Geschichte und der Lehre der Kirche beschäftigt hat, wird ihm klar: „Für mich war es einfach zu sehen, dass von Petrus, der von Jesus eingesetzt worden war, bis Johannes Paul II. ein roter Faden durchgeht. In dem Moment war mir klar, dass ich mich katholisch taufen lasse."

„Wieso warst du sicher, dass du Gottes Wort gehört hast?" frage ich ihn. „Es war immer die gleiche Stimme. Ich habe auch immer gefragt: Ist das nun Gott wohlgefällig oder nicht?" An geistlicher Begleitung mangelt es ihm, Gott sei Dank, nicht: Da ist zunächst ein alter Priester, der ihn taufen, firmen und später auch trauen wird, dann Mutter Veronique, Priorin eines kontemplativen Ordens in Marseille, der er geschrieben hatte und die ihm geistliche Unterweisung angedeihen lässt. Außerdem studiert er intensiv die Bibel und die Geschichten der Heiligen.

Im Juni 2000 wird Hartung im Gefängnis getauft: Mutter Veronique gibt ihm als seine geistige Taufmutter den Namen Petrus Maria. Stellvertretend für sie begleiten ihn Mitgefangene bei der Tauffeier. Im Dezember 2001 weiht er sich dem Herzen Mariens. Noch im Gefängnis bittet er Gott um Weisung, welche Aufgabe er später übernehmen soll. Und die Antwort: „Geh dorthin zurück, wo ich dich getroffen habe."

Nach 14 Jahren Haft wird er vorzeitig entlassen. Ohne Arbeit und ohne Dach über dem Kopf steht er da. Eine christliche Frau nimmt ihn zunächst auf. Es bedrängt ihn jetzt die Frage an Jesus: Was soll ich als nächsten Schritt tun? Da lädt ihn ein Freund ein, mit einer Pilgergruppe nach Medjugorje zu fahren. Dort, so hört er, sei die Muttergottes seit 1981 Jugendlichen erschienen. Nach kurzem Zögern – er hat ja kaum Geld – beschließt er, sich die Reise zum Geschenk zu machen. Und er bittet Gott, ihm dort weitere Schritte zu zeigen.

Die Reise scheitert beinahe. Bei der Passkontrolle entdeckt man, dass er – fälschlicherweise – noch auf der Fahndungsliste steht. Der Irrtum ist schnell aus dem Weg geräumt. Um den Grund der Verzögerung zu erklären, erzählt er den Pilgern später seine Geschichte. Der südkoreanische Priester, der die Gruppe begleitet, lädt Torsten daraufhin in seine Heimat ein um dort Zeugnis über sein Leben und seine Bekehrung zu geben.

Nach dem für Torsten sehr bewegenden Aufenthalt in Medjugorje geht es also nach Korea. Wie er dort während seines dreimonatigen Aufenthaltes seine jetzige Frau Claudia kennen- und lieben lernt, ist eine eigene wunderbare Geschichte, die ich vielleicht ein anderes Mal erzählen werde. Schon im Gefängnis hatte Torsten nämlich Gott gebeten, ihm eine betende, katholische Frau zur Seite zu stellen. Und auch Claudia, eine Koreanerin, hatte Gott um einen gläubigen Ehemann gebeten. Jedenfalls sind in diesen Tagen des Koreaaufenthaltes die Fügungen Gottes für beide nicht zu übersehen. Und so heiraten sie im Dezember 2007 und weihen ihre Ehe der Muttergottes.

Was nun die derzeitige Tätigkeit Torstens anbelangt,

ist Folgendes zu berichten: Er ist tatsächlich dorthin zurückgekehrt, wo er Gott kennengelernt hatte: ins Gefängnis: „Ich arbeite in einer Jugendstrafanstalt mit 350 Jugendlichen. Zwei Tage sind dort die eigentlichen Seelsorger tätig – und ich an drei Tagen. Die restliche Zeit studiere ich Theologie." Sein Ziel ist es, Religionslehrer zu werden, damit er einmal selbständig eine Familie ernähren kann. Denn derzeit leben er und seine Frau von der Sozialhilfe.

„Wie kommst Du an die Jugendlichen heran?", frage ich. „Zunächst begleite ich sie, damit sie ihre Verwundungen anschauen können. Ihr Verhalten ist ja Ausdruck tiefer Verletzungen in der Kindheit. Das meiste wird durch Drogen, Aggression, Alkohol verdrängt oder sie fallen in Depression. Da ist es wichtig, gut hinzuhören, sie in ihre Kindheit zu führen, um sich diese anzuschauen", erklärt er eifrig.

„Der nächste Schritt ist dann das Erkennen, dass sie Täter sind. Und dann gilt es, beides emotional zu verknüpfen: ‚Kannst du dich erinnern, wie du dich gefühlt hast, als dir das als Kind widerfahren ist?' frage ich dann. ‚Kannst du dir vorstellen, wie sich die Menschen gefühlt haben, denen du ähnliches angetan hast? Sie hatten gleiche Gefühle wie du.'

Dieses Verknüpfen der Gefühle öffnet das Gewissen. Bei den meisten gibt es ja nur emotionales Ödland. Und dieses muss man bewässern, damit Blumen und Grünland wachsen. Dann wird das Bewusstsein für ihre Schuld geweckt und es kommt Gott ins Spiel."

„Sprichst du mit ihnen über Gott?", frage ich. „Selbstverständlich. Das akzeptieren die Burschen auch, zuerst zwar meist skeptisch. Aber dann nehmen sie von sich aus Gott mit ins Boot und dürfen im Gefolge Wunder im eigenen Leben erfahren. Das ist sehr bewegend", meint er liebevoll.

Wie viele Jugendliche das sind? „Rund 40 zwischen 14 und 24 Jahren. Schrecklich, was die in ihrer Kindheit erlebt haben. Da ist einer, der mit 15 jemanden umgebracht hat, furchtbar, aber er ist schon als Kleinkind mit der Brechstange verprügelt worden. Das, was die Burschen ausleben, haben sie meist selbst erlebt. Sie haben nichts anderes kennengelernt", sagt er verständnisvoll.

Das Ziel ist nicht nur, die Burschen auf dem Weg der Selbst- und der Gotteskenntnis zu begleiten, sondern ihnen auch Perspektiven nach der Entlassung zu eröffnen. „Mit dem Don-Bosco-Jugendhilfswerk bemühen wir uns, für geeignete Jugendliche nach der Entlassung eine Lehrstelle zu finden.

Dringend brauchen wir ein Haus, um Burschen, die aus dem Gefängnis entlassen werden, unterzubringen, ein Haus der Barmherzigkeit. In ihm sollten die Jungen in einer familienähnlichen Struktur leben, essen, beten und arbeiten nach dem Motto: ‚Willkommen zuhause. Das ist eure neue Familie.' Jeweils ca. 12 sollten es sein, weil sonst die familienähnliche Struktur verlorenginge und das Zusammenleben mehr zum betreuten Wohnen werden würde. Das wäre aber nicht so gut. Wenn ich eine Vater- und Claudia eine Mutterolle dabei übernehmen könnten, dann sehr gerne. Dazu haben wir einen Verein gegründet, der ‚Maria hilft' heißt, gemeinnützig, mildtätig und kirchlich anerkannt ist."

Das Wohlwollen des Justizministeriums und des Bischofs von Sachsen haben sie bereits.

Und Claudias Aufgabe? Sie hat ja von ihrem Bischof einen Missionsauftrag für Deutschland bekommen: „Wenn Torsten in eine Situation kommt, wo Gottes

Wille nicht klar erkennbar ist, bete ich um die Unterscheidung der Geister. Außerdem bete ich immer, wenn er bei den Jugendlichen im Gefängnis ist", freut sie sich in ihrem besonders netten Deutsch. „Sie ist mein betendes Rückgrat", ergänzt Torsten und fügt lächelnd hinzu: „Ehe ist ja Ergänzung. Claudia heißt Tchang Hi, die vernünftige Frau. Ich habe ja eine gewisse Unvernunft in mir. Sie muss durch ihr Vernünftigsein ausgeglichen werden. Gott ist sehr praktisch, wie man sieht."

Wie wichtig Torstens Arbeit für „sein" Gefängnis ist, wird deutlich, als er sich lächelnd über das Mikrofon beugt und fast beschwörend bittet: „Es ist das Gefängnis Regis, was so viel heißt wie König. Hinter den Mauern sind Königskinder verborgen. Gott sagt: Wenn sich ein Sünder bekehrt, wird im Himmel ein Engelschor erklingen. Da im Gefängnis so große Sünder sitzen – was für ein Potential für himmlische Chöre ist dann dort vorhanden! Wenn Gott sagt: Wenn die Sünde groß ist, dann ist die Gnade übergroß – dann ist hinter diesen Mauern ein enormes Potential an Gnade verborgen. Betet für uns!"

Warum hat Torsten solche Erfahrungen? Warum nicht ich? werden sich manche fragen. Wenn ein Mann mit dieser Lebensgeschichte umkehren kann, sich von Gott geliebt fühlt und Seine Barmherzigkeit erfährt, ist das nicht ein großer Trost für alle von uns, ein Zeichen Gottes für alle? Ja, wenn wir Gott entgegengehen: Eltern, deren Kinder einen falschen Weg gehen, Menschen, die meinen, irreversibel durch schlimme Erfahrungen geprägt oder alle, die meinen, ein hoffnungsloser Fall zu sein.

Heinz Hein
Wie eine lebende Fackel

Man kann mit ihm mitleiden, sich mit ihm freuen und immer wieder auch lachen: engagiert, humorvoll und voll Temperament erzählt Heinz Hein aus seinem Leben – und man hat nicht den Eindruck, einem schwer körperbehinderten Mann gegenüberzusitzen. Immerhin ist er vor anderthalb Jahren als lebende Fackel schwerverletzt aus einem Flugzeug gekrochen. Beeindruckt bin ich, als er erzählt, er habe trotz Beinprothese nur mit den Resten seiner steif gebliebenen Finger für uns abgewaschen und das Haus geputzt. Fürsorglich mit einem Glas Hollersaft versorgt, lausche ich dann der Geschichte seines Lebens.

1960 im niederösterreichischen Amstetten geboren, wächst er in Aschbach-Markt auf und geht dort in die Volksschule. Sein Elternhaus bezeichnet er als desolat: Der Vater, Gärtnermeister, ist schwer alkoholkrank, randaliert täglich bis in die Morgenstunden. Einmal zerschlägt er dabei die Wohnungseinrichtung. Kein Wunder, dass der kleine Heinz und sein jüngerer Bruder verzweifelt sind, werden sie doch auch in der Schule wegen des Vaters verspottet. Nicht selten denkt Heinz, es wäre besser, nicht zu leben.

Die Mutter – wenig zu Hause – flüchtet in den Beruf. Mit 10 schickt sie ihn in ein katholisches Internat in der guten Absicht, ihn von den argen Zuständen daheim fernzuhalten. Doch der Bub – er hängt sehr an der Mutter – ist über die Trennung verzweifelt. „Warum in eine Klosterschule? Sind die Eltern gläubig?", frage ich. Nein, der Glaube ist zu Hause kein Thema, erinnert sich Hein – außer, dass die Kinder sonntags mit einem Schilling für den Klingelbeutel in die Messe geschickt werden. Der Schilling landet regelmäßig im Kaugummiautomaten. Den Kirchenbesuchen kann er nichts abgewinnen.

Der Wechsel von zu Hause ins Internat bringt ihn vom Regen in die Traufe: Vor allem zwei Erzieher terrorisieren ihn durch Brutalität und Kälte. „Watschen kommen mit der Rückhand, dass es mich hingeschmissen hat," erinnert er sich. Drei Jahre eines kindlichen Martyriums muss er aushalten, bis seine Mutter ein Einsehen hat und ihn heimholt. Hier sind allerdings die Verhältnisse so schlimm, dass er mit 15 Jahren manchmal an Selbstmord denkt. Starke Abneigung gegen die katholischen Kirche ist eine der Folgen der Internatsjahre.

Nach der Schule beginnt er eine Lehre als Büchsenmeister. Dass sie eher ein Kindheitswunsch war, sich aber nicht als Broterwerb eignet, merkt er bald. Ein Spitalsaufenthalt nach einem Mopedunfall bringt ihn auf die Idee, sich zum Krankenpfleger ausbilden zu lassen. So beginnt er nach der Gesellenprüfung als Büchsenmeister mit der Krankenpflegerschule. Dort lernt er seine zukünftige Frau kennen. 1981, Heinz ist 21, beginnen beide – er als Krankenpfleger, sie als -schwester – ihre Tätigkeit im Spital von Kirchdorf.

Trotz starker Turbulenzen in ihrer Beziehung heiraten die beiden 1986, den Schwiegereltern zuliebe auch kirchlich. Gleich danach tritt der Frischverheiratete allerdings aus der Kirche aus.

Und das kam so: Nachdem er schon alle interessanten Sachbücher der Spitalsbibliothek in seinen langen Nachtschichten ausgelesen hatte, stößt er eines Tages auf die Bibel. Er beginnt zufällig mit der Bergpredigt: Selig die Friedfertigen, die Sanftmütigen, liest er. Als er das sieht, explodiert sein Groll gegen die Kirche. „Das Höchste sei die Liebe, stand da. Aber was ich erlebt hatte, war Eiseskälte und Brutalität, das Gegenteil von dem, was Jesus seinen Jüngern mitgegeben hatte." Für ihn ist also klar: Die Katholische Kirche ist verlogen, der Kirchenaustritt die logische Folge. Weil ihm aber die Bibel gefällt, wechselt er in die evangelische Kirche – ohne Marienverehrung, Rosenkranzbeten, Sakramente. „Jahrelang habe ich die Bibel von vorne bis hinten und von hinten bis vorne gelesen", erzählt er.

In der jungen Ehe stellen sich bald zwei Söhne ein.

Hausbau und eine 1,5-Jährige Ausbildung in Linz nehmen seine ganze Zeit in Anspruch. Nicht nur deswegen zerbricht bald seine Ehe. Die Frau verlässt ihn, als die Buben 6 und 7 Jahre alt sind. Heins Bemühungen, die Ehe zu retten, kommen zu spät. Als auch ein vom Pastor geleitetes Versöhnungsgespräch total scheitert, ist der verlassene Ehemann auch von der evangelischen Kirche enttäuscht. Die Ehe wird geschieden, obwohl Heinz das gar nicht wollte. Alles, was ihm im Leben wichtig war, was er sich seit der Kindheit gewünscht hatte, ist jetzt verloren: Nestwärme, Geborgenheit, eine intakte Familie.

Die Trennung von Frau und Kindern bricht ihm das Herz. Die Folge: schwere Depressionen, Selbstmordgefährdung ... Zwei Dinge halten ihn vom Selbstmord ab: die Verantwortung den Kindern gegenüber und der Gedanke, dass es ihm nicht zustehe, sein Leben selbst zu beenden. Dafür lässt er sich total fallen, sucht Ablenkung in Sexabenteuern mit wechselnden Freundinnen. „Jetzt ist alles wurscht, war die Devise. Vielleicht kriegst Aids, habe ich mir gedacht und hätte das gar nicht so schlecht gefunden." Auch eine Art von Selbstmord.

Eine der Freundinnen animiert ihn zum Pendeln, führt ihn zu Wahrsagern, lässt Horoskope erstellen. So rutscht er in die Esoterik ab und wirkt an „Familienaufstellungen" mit. „Offenbar war ich so eine Art Medium und konnte Dinge übernatürlicher Art wahrnehmen. Ich war recht stolz darauf", erzählt er, weiß aber mittlerweile: Hände weg davon, weil da gefährliche geistige Kräfte am Werk sind, die sich des Mediums bedienen. Erkannt hat er das allerdings erst im Rückblick.

Bei einem Badeurlaub mit einer Freundin in Jugoslawien landet er in Dubrovnik und sieht dort ein Schild: Richtung Medjugorje. Von dem Ort hatte er schon gehört, von einer Kollegin, die über die Marienerscheinungen – „Lächerlich", war damals sein Kommentar – erzählt hatte.

„Gemma dort auf an Kaffee und fahren dann weiter", beschließen Heinz und die Freundin. An den Kaffee wird ein Spaziergang auf den „Erscheinungsberg" angehängt. Heinz setzt sich dort hin: „Die Freundin wollte, dass wir gleich wieder zurückgehen, ich nicht. Ich habe an diesem Ort eine besondere Kraft gespürt. Ein bis dahin nicht gekanntes, tiefes Glücksgefühl und Freude erfüllten mich", erzählt er mir.

Zwei Jahre vergehen, bis er wieder nach Medjugorje kommt. Diesmal zwei Tage allein. Obwohl er immer noch über die Katholische Kirche schimpft, macht er das Programm mit: Heilige Messe, ja sogar Beichte. Verschmitzt lächelt er: „Ich war damals sozusagen interkonfessionell, habe mir alles a bisserl ang'schaut."

Schließlich geht er, barfüßig, noch einmal auf den Erscheinungsberg. Da geschieht es: Plötzlich kann er intensiv beten, Tränen überströmen sein Gesicht, von der Umwelt nimmt er kaum etwas wahr – dass er sich Dornen eintritt, merkt er erst später – und so wandelt er lange betend und bittend umher. Er bittet etwa für das total zerstrittene deutsche Pärchen vom Campingplatz, das ihn um Gebet gebeten hatte, für seine todkranke atheistische Schwägerin: Sie möge doch noch zum Glauben finden und mit den Sterbesakramenten versehen ohne Schmerzen sterben.

Welche Macht das Gebet hat, merkt er, als er das deutsche Paar wiedersieht: Sie hatten sich versöhnt. Später werden sie heiraten. Wunderbar auch die Entwicklung der Schwägerin: Sie, die jedem Glaubensgespräch aus dem Weg gegangen war, erlebt eine spontane Bekehrung und stirbt nach Erhalt der Krankensalbung friedlich in den Armen ihres Mannes. Auch andere seiner Bitten werden erhört. Nach seiner dritten Medjugorje-Reise tritt Heinz Hein im Jahr 2000 wieder in die Katholische Kirche ein.

Was ihn letztlich dazu bewogen hat? „Dass es auch gute Leute in der Kirche gibt, dass die Lehre der Kirche wahr ist, dass es in der Katholischen Kirche auch Freude gibt. All das habe ich zunächst in Medjugorje, wo alles hell, freundlich und voll spürbarer Liebe war, kennengelernt." Nachdenklich fügt er hinzu: „Wegen meiner Verletzungen und den Erlebnissen meiner Kindheit konnte ich vorher nicht sehen, wie viele gute Leute es in der Kirche gibt. Es war eine Kehrtwendung um 180 Grad. Nun begann ich, all das zu praktizieren, was die Muttergottes in Medjugorje sagt: den Rosenkranz beten, fasten, beichten, zur Eucharistie gehen."

In Medjugorje rät ihm jemand Exerzitien zur inneren Heilung zu machen, da er seelisch so verletzt sei. Die ersten Exerzitien bei Sr. Usha sind ein Meilenstein auf dem Weg seiner Bekehrung. „Das ist meine Heimat", sagt er sich. Er besucht weitere Exerzitien, kommt jedesmal bereichert und verändert heim. Seine seelische Heilung schreitet voran. Er erlebt: Kranke werden geheilt, Besessene befreit, Charismen geschenkt. Der Heilige Geist wirkt. „Große Gnaden und mystische Erfahrungen habe ich in diesen Jahren seit meiner Bekehrung geschenkt bekommen."

Nun weiß er, wie er eindringlich erklärt, dass die Lehre der Kirche wahr ist: „Ich weiß vor allem um die unglaubliche Kraft einer guten Beichte." Weiter erzählt er: „Ich hatte eine Beziehung zu einer jungen Frau. Eines Tages spricht mich ein Mann aus der Gebetsgruppe an:

‚Du bist doch verheiratet. Das Sakrament der Ehe – bis der Tod euch scheidet – gilt. Du solltest keine Freundin haben.' Der spinnt, habe ich mir gedacht. Er glaubt doch nicht im Ernst, ich lass die hübsche Freundin, mit der alles super ist, gehen. Da müsste ich ja einen Vogel haben. Aber dann ist plötzlich der Groschen gefallen: Der hat doch recht. Ich habe sofort die Beziehung beendet. Seither bin ich alleine. Nach meiner Scheidung konnte ich lange nicht allein sein, ich hatte ein starkes Bedürfnis nach Partnerschaft und Sexualität. Dass ich nun allein glücklich sein kann, wurde mir geschenkt." Es klingt überzeugend, als er fortfährt: „Das ist die wahre Freiheit. Die Menschen heute glauben, Freiheit bedeute, sich alles herausnehmen zu können, alles zu machen, was machbar ist. Das stimmt nicht. Es macht unfrei und abhängig." Dass er widerstehen könne, wo er vorher abhängig war – „das genieße ich sehr."

Und er fügt hinzu: „Vorher war ich schüchtern, introvertiert. Innerhalb weniger Jahre bin ich ein komplett anderer Mensch geworden. Ich habe mit all den sündhaften Dingen, die ich vorher gemacht habe, aufgehört." Wer dem begegnet, der die Wahrheit ist, kann zwischen Gut und Böse unterscheiden. Die Altlasten sind beseitigt: keine Esoterik mehr, keine Frauenbekanntschaften.

Nun hat er gefunden, was er stets gesucht hatte: den Herrn und den wahren unverfälschten Glauben der Urkirche. Darauf legt er jetzt wert: „Heut geh' ich in Kirchen, wo der Priester wirklich die Lehre der Kirche hochhält und verkündet, was im Evangelium und im Katechismus steht. Zu den Modernisten geh' i gar nicht", bekräftigt er entschieden.

Wie alle wirklich Bekehrten will er das, was er selbst geschenkt bekommen hat, weitergeben. „Es gibt so viele suchende, frustrierte, unglückliche Menschen." Also gründet er eine Gebetsrunde, organisiert Einkehrtage, Exerzitien ...

„Jessas, jetzt hab' ich Ihnen noch gar nichts vom Flugzeugunfall erzählt", lacht er plötzlich und ich lache mit, obwohl dieser Absturz ja alles andere als zum Lachen war.

Mit einem Sportflugzeug waren er und ein Pilot auf dem Weg nach Kroatien, als das Unglück geschieht. Sie wollen auf einer Insel landen, als das Flugzeug abstürzt, neben der Landebahn auf steinigem Boden – Gott sei Dank nicht auf einem der vielen Felsen. Ein Glück auch, dass das Flugzeug ein neues Modell mit einem Rumpf aus Karbonfaser ist: Die Fahrgastzelle verformt sich daher nicht. Doch die Kraftstoffleitung über seinem Kopf reißt und Benzin regnet auf ihn herab – „wie bei einer Dusche" – und beginnt sofort zu brennen.

Angegurtet ist er zunächst unfähig zu reagieren: Die Knochenbrüche und anderen Verletzungen registriert er dabei gar nicht. Nur das Feuer! Hoffentlich ist die Rettung schon unterwegs, der Flugplatz ist ja nur 400 Meter entfernt! Aber es kommt niemand: „Heinz, jetzt ist's aus mit dir, jetzt verbrennst. Noch eine Minute, dann ist es vorbei", denkt er.

„Meine rechte Hand war nur mehr ein Klumpen. Die Fingernägel sind abgefallen, die Knochenspitzen haben schon rausg'schaut. Ich hab' abgeschlossen und nichts mehr getan." Plötzlich kommt aber doch Energie auf: „Heinzi, wenn du jetzt nichts machst, ist es wirklich vorbei!" – und wer hätte uns dann dieses Zeugnis geben können?

Mit den kaum mehr vorhandenen Fingern öffnet er den Gurt, steigt über den bewusstlosen Piloten, der dabei munter wird. Beiden gelingt die Flucht aus dem Flieger. Irgendwie registriert er, dass es in seinem rechten Bein knirscht und kracht (mehrere Knochenbrüche!). Die mit Benzin durchtränkte Kleidung verbrennt und fällt vom Körper ab. Wie eine lebende Fackel habe er ausgeschaut, hört er später.

Er muss warten, bis das Benzin ganz verbrannt ist. Die Hose kann er herunterreißen. Er setzt sich. An sich herunterblickend merkt er, dass die rechte Körperseite „wie bei einem Michelin-Manderl anschwillt und schwarz ist. Ich hab gestunken, wie wenn man am Grill was verbrennt. Die Haut war aufgeplatzt wie bei zu lange gekochten Würsteln und blutete aus unzähligen Wunden."

Nachdem er den Flieger verlassen hat, setzen auch die Schmerzen ein, steigern sich. Trotz der Hitze ist ihm eiskalt, er zittert am ganzen Körper. Aus seiner 30-Jährigen Erfahrung als Krankenpfleger – er hat im OP bei vielen Unfällen assistiert – weiß er, dass er mit solchen Verbrennungen dem Tod geweiht ist. „Ich wusste ja, dass ich ein großes Flüssigkeitsdefizit hatte. Schon vor dem Flug und nun durch die Verbrennungen. Ohne Infusionen kein Überleben." Auch im Schockraum des Krankenhauses in Split bekommt er zunächst keine Infusion. „‚Heinzi du kannst dich vergessen', habe ich mir gesagt." Die Ärzte sind ratlos. Er wird in Tiefschlaf versetzt.

Einen Monat später erwacht er in der Intensivstation des AKH. Die kroatischen Ärzte hatten ihn aufgegeben, mussten ihn schon reanimieren. Doch die von den Freunden organisierte österreichische Ärzteflugambulanz fliegt ihn auf die Verbrennungsintensiv des AKH. Der dort bereits wartenden Mutter sagt man jedoch, sie dürfe sich keine Hoffnung machen, ihr Sohn würde nur mehr Stunden leben. Weil man ihm aber die bestmögliche Hilfe angedeihen lässt, überlebt er – entgegen allen Prognosen. Als Heinz Hein munter wird, spürt er einen tiefen Frieden und Freude. Und dabei erfährt er: Das rechte Bein musste unterhalb des Knies amputiert werden, fast 85 Prozent der Haut war verbrannt, die Finger fehlten ganz oder teilweise, ein Teil des Bauches war bis ins Fettgewebe verkohlt und musste entfernt werden.

Irgendwie wirft ihn das aber nicht aus der Bahn. Es gibt ja Prothesen! Er spürt, dass er getragen ist durch die Gebete von vielen Menschen. Er spürt den Heiligen Geist. Psychisch geht es ihm gut. Viele seiner Besucher sind bei seinem Anblick so entsetzt, dass er sie trösten und aufbauen muss – er, der doch „halbert hin ist".

Er kann das Lachen nicht ganz unterdrücken, als er erzählt: „Manchmal habe ich mir gedacht: Wann geht's denn endlich wieder hoam, damit ich mich von euch erholen kann." Über viele Besuche freut er sich jedoch sehr: über P. James, Traude Schröttner, P. Florian, P. Zacharias, Sr. Usha.

Der Professor, der ihn behandelt hatte, erzählt ihm, er hätte eigentlich keine 5 Prozent Überlebenschance gehabt. „Sie müssen eine starke Psyche oder einen starken Lebenswillen haben, um so was zu überleben, meint er." „‚Nein', habe ich gesagt, ‚das ist nicht mein Verdienst. Der Glaube und die Gnade des Heiligen Geistes geben mir Kraft und Gelassenheit. Als der Unfall passiert ist, war ich sicher, dass ich sterben muss, aber es hat mir nichts ausgemacht. Ich war nicht traurig oder verzweifelt. Ich bin zwar ein Mensch, der gern lebt, mit beiden Beinen im Leben steht – kein Asket: geh gern auf ein Schnitzel, trink gern ein Bier, hab gern ein schönes Auto, fahr gern auf Urlaub ans Meer. Aber wenn ich hätte sterben müssen, wär' mir das kein Problem gewesen. Wer wirklich glaubt, dass das Leben nach dem Tod nicht aufhört, braucht keine Angst zu haben."

„Ich hatte eine tiefe Gelassenheit gleich nach dem Unfall", setzt er fort. „Sie hat mich alles ertragen lassen, als ich wieder aufgewacht bin. Hab kein Radio, keinen Fernseher gebraucht. Bin einfach glückselig dagelegen. Obwohl ich Schmerzen hatte und die Verbandwechsel sehr schmerzhaft waren. Aber psychisch ist es mir gutgegangen. Hatte nie depressive Phasen." Man kann es kaum fassen.

Die Heilung geht schneller vonstatten als erwartet. Die Opiate lässt er viel früher weg, als die Ärzte es für möglich halten. Das Jahr vergeht: 4 Monate Intensivstation im AKH, kurze Zeit auf der normalen Station, anderthalb Monate im Spital in Kirchdorf und 3 Monate im Rehabilitationszentrum. Statt der vorhergesagten anderthalb Jahre, die er brauchen würde, um auf eigenen Beinen (sprich: einer Beinprothese) zu stehen, verlässt er nach der halben Zeit das Spital.

Mittlerweile hat er in einem behindertengerechten Auto schon 20.000 km in Österreich zurückgelegt, um über die Freude in seinem Leben Zeugnis zu geben. „Wir regen uns wegen der kleinsten Dinge auf, kommen mit kleinsten Problemen nicht zurecht und Sie haben so ein schweres Schicksal zu tragen. Sie sind ein glücklicher Mensch und strahlen das so aus. Das gibt mir viel Kraft," meint ein Zuhörer nach seinem Zeugnis.

Lachend erzählt Hein: „Einer hat gesagt: ‚Wissen's, wie Sie da rein'kommen sind bei der Tür', hab ich mir dacht: na so ein armer Teufel! Aber dann, als Sie geredet hab'n, bin i' d'raufkommen, dass ja nicht Sie der arme Teufel sind, sondern wir.'"

Ich frage ihn nach einem abschließendem Wort: „‚Wenn Ihr mich sucht mit ganzem Herzen mit ganzer Kraft, dann lass ich mich finden' – Ich habe Ihn gefunden und viel innere Heilung bekommen. Habe das alte Leben hinter mir lassen können. Meine Behinderungen? Ich erlebe sie nicht als Behinderung. Ich bin ein glücklicher Mensch, freue mich jeden Tag, wenn ich aufstehe, bin nicht deprimiert oder angefressen. Ein Sachverständiger hat mich unlängst für die Versicherung untersucht. Da gibt es genaue Kriterien. Alles wurde gemessen: ‚Wenn ich alles zusammenzähle', hat er gemeint, ‚dann komm' ich auf 350 % Behinderung.'"

Heinz schmunzelt: „Ich bin körperlich ein bisserl lädiert, aber alles, was ich machen kann, mach ich selber." Wirklich erstaunlich, denke ich: Er schaut nicht zurück auf das, was war, denkt nicht, was hätte sein können, sondern freut sich schon jetzt auf das Wohnmobil, mit dem er nächstes Jahr nach Medjugorje fahren möchte. Zum 25. Mal!

Als ich Traude Schröttner, die ihn kennt, seinetwegen anrufe, sagte sie mir: „Nach dem Unfall ist sein Glaube offensichtlich noch mehr gewachsen. Je mehr man Heinz wegnehmen musste, desto mehr hat er an Freude geschenkt bekommen. Er führt ein Leben in Gott. Wahrhaft Gott ergeben."

Theresia Hirtl
Ich habe alles Jesus übergeben

𝒰nlängst waren wir, mein Mann und ich, in einer Messe in der Basilika am Sonntagberg im Mostviertel. Vor uns ein Paar, das uns auffiel, weil die Frau sich ihrem Mann bei Gebeten und Liedern immer wieder zuwandte, offensichtlich, um ihm zu ermöglichen, von ihren Lippen abzulesen.

Mich berührte diese Beobachtung sehr. Daher wollte ich über diese Frau mit dem lieben, gütigen Gesicht mehr erfahren. Unser Freund, Joseph Doblhoff – er hat vor Jahren das Haus am Sonntagberg zu neuem Leben erweckt – erzählte mir dann, Frau Hirtl sei eine der ersten und treuesten Beterinnen für das Projekt gewesen. Auch sei sie vorbildlich durch die Art, wie sie ihren Glauben selbstverständlich lebt und bezeugt.

Sich interviewen zu lassen, hat sie allerdings enorme Überwindung gekostet. Wie sie mir nachher gestand, hatte sie vor der Entscheidung Jesus um Hilfe gebeten: „Herr, wenn es Dein Wille ist, dass ich da Zeugnis gebe, dann muss Dein Geist in mir reden, damit ich das sage, was Du willst, was Du für wichtig erachtest."

Nun aber habe ich grünes Licht für ein Gespräch bei ihr zu Hause, in einem Bauernhof am Sonntagberg. Sie und ihr Mann haben schon eine wunderbare Jause für uns und Joseph, der uns bei dem Ehepaar eingeführt hat, vorbereitet. Zuerst aber setzen wir Frauen uns für ein Gespräch zusammen.

Theresia Hirtl ist am Sonntagberg geboren, in einem unterhalb der Basilika gelegenen Haus als eines von sieben Geschwistern. Bis zur Beendigung der achtklassigen Volksschule am Sonntagberg wohnt sie daheim. Der sonntägliche Kirchgang ist für die Familie eine Selbstverständlichkeit. Der Pfarrer, dem Kinder und Jugendliche ein großes Anliegen sind, organisiert Glaubens- und Jugendstunden sowie eine Aktivistenrunde. „Diese Stunden, wo wir im Glauben unterwiesen wurden, haben uns sehr geholfen", sagt mir Frau Hirtl. Vieles von dem, was sie heute lebt und beherzigt, sei damals grundgelegt worden.

Nach Abschluss der Schule arbeitet sie zunächst

in einem Gasthaus am Sonntagberg, und später sechs Jahre in einem anderen Gasthaus. Das junge Mädchen wohnt dann auch jeweils dort.

Bevor sie jedoch dorthin übersiedelt, nimmt die 17-Jährige auf Empfehlung ihrer Schwester an einer Familienwerkwoche teil. Besonders in Erinnerung bleibt ihr, wie schön es sei, sich die Reinheit vor der Ehe zu bewahren – und wie wichtig die Unauflöslichkeit der Ehe. Theresia Hirtl erinnert sich genau: „Die Liebe ist wie ein Ring, hieß es. So wie ein Ring sollte die Liebe in der Ehe kein Ende haben." Die Reinheit und die nicht endende Liebe in der Ehe sind von da an für sie Ideale, die sie leben und verteidigen wird.

Heute meint sie, diese Woche habe sie gerade zur rechten Zeit mitgemacht, denn im Gasthaus, wo sie nun arbeitet, ist sie gleich herausgefordert, für das Ideal der Reinheit zu kämpfen – im wahrsten Sinn des Wortes. Lachend und anschaulich erzählt sie: „Ich war ein furchtbar schüchternes Kind und Mädchen, das sich zu niemandem etwas zu sagen getraut hat. Doch jetzt hatte ich genug Schneid bekommen: Im Wirtshaus geht es ja nicht zimperlich zu. Wenn sich da einer mir zu sehr genähert hat, ist mir gleich die Hand ausgekommen – und der hat ‚a Fotzn' g'habt." Ich kann mir gut vorstellen, dass die Ohrfeigen durchaus notwendig gewesen sind. „Hätte ich vor der Zeit im Gasthaus nicht die Familienwerkwoche gemacht, wäre vielleicht manches schief gelaufen. Da hätte sich manches getan", stellt sie fest.

Es klingt ganz selbstverständlich, wenn sie von Reinheit vor der Ehe spricht. Das beeindruckt mich, denn außer Waschmittelfirmen redet ja heute kaum jemand noch von Reinheit. Wirklich schade, denke ich. Denn auch in unseren Tagen könnten solche Worte so manchem jungen Mädchen böse Erfahrungen ersparen.

Natürlich kam in der Einkehrwoche auch anderes zur Sprache. Frau Hirtl erinnert sich: „Einen Satz haben wir in dieser Einkehrwoche auswendig gelernt: Gott liebt mich immer, immer, immer, sollte ich auch sein größtes Sorgenkind sein. Und diesen Satz vergess ich nicht bis an mein Lebensende. Es ist wahr: Man soll nie glauben, selbst wenn man einmal ganz daneben ist, dass es jetzt aus sei mit der Liebe Gottes. Auf die darf man immer vertrauen."

Diese Barmherzigkeit Gottes sollten alle Menschen erfahren, alle sollten sie als etwas Wunderbares erkennen können. Das ist ihr Wunsch. Und damit das so ist, opfert sie all ihre Leiden und Schmerzen für die anderen auf. Schon als der Jugendseelsorger eines Tages fragt: „Wofür wollt ihr euch im Leben ganz bewusst einsetzen?", antwortet die 16-Jährige spontan: „Für die Rettung der Seelen."

Nun aber zurück zur Geschichte meines Gegenübers: Als die ältere Schwester 1960 heiratet, kehrt Theresia wieder heim und bleibt, um in der Wirtschaft zu helfen, bis sie selbst 29-Jährig 1970 heiratet. Ihren Mann kennt sie schon von Kindheit an. Auch er stammt vom Sonntagberg. Bei seiner Geburt, einer Zangengeburt, wurde der Gehörnerv so schwer verletzt, dass er seither gehörlos blieb. Seine Schulzeit verbrachte er daher vor allem in einer Gehörlosenschule in Wien. Nur hin und wieder kam er nach Hause.

Nun gibt es 1969 ein Silvesterfest bei einem Bauern, und die Jugend trifft sich dort zum Tanz. Karl Hirtl stellt dabei fest, dass Theresia weit mehr Einfühlungsvermögen für seine Art zu tanzen aufbringt – als Gehörloser hat man es da um einiges schwerer – als andere Mädchen. An diesem Abend „funkt" es wohl zwischen den beiden, und kurz darauf beschließen sie, nicht lange mit der Heirat zu warten. Im August 1970 wird Hochzeit gefeiert, und sie übersiedeln in das Haus der Schwiegermutter. Theresias Mann ist Ofensetzer und Fliesenleger. Am Hof haben sie nur mehr gerade so viel Vieh, wie sie für den Eigenbedarf brauchen.

„Eigentlich", erzählt mir Frau Hirtl lächelnd, „hatte ich vorher gedacht, Kinderdorfmutter zu werden. Acht Kinder großzuziehen, habe ich mir sehr schön vorgestellt." Wunderbar, dass es so großzügige Menschen gibt! „Und wie viele haben Sie nun?", frage ich neugierig. „Na ja, acht", lacht sie, sichtlich zufrieden.

Später erfahre ich, dass sie zunächst eine Fehlgeburt hatte. Ihr Jugendseelsorger rät ihr daraufhin, jeden Tag die Muttergottes um ihre Hilfe für eine glückliche und gesunde Geburt und um die Gnade der Taufe zu bitten, sollte sie wieder schwanger werden. An das hält sie sich bei ihren acht Kindern, die auch alle gesund zur Welt kommen. Übrigens innerhalb von nur zehn Jahren!

Dass es wirklich acht geworden sind, war nicht selbstverständlich. Denn nach der Geburt des vierten Kindes will der Arzt in Waidhofen sie sterilisieren. Er findet, der Kindersegen sei groß genug. Die junge Frau aber wehrt sich heftig: „Das kommt nicht in Frage. Das lass ich nicht machen. Wenn der Herrgott will", erklärt sie dem verblüfften Arzt, "dass ich noch ein Kind bekomme, baue ich darauf, dass das richtig ist und Er mir genug Kraft geben wird."

Der Arzt ist übrigens nicht der einzige, der so viele Kinder für übertrieben hält: „Auch manche im Ort haben uns für ‚deppert' gehalten", erzählt Frau Hirtl belustigt. „Eure Junge hat ja einen Vogel", haben sie der Mutter gesagt. „Die soll endlich was machen lassen, damit sie nicht mehr schwanger wird." Die mit dem Vogel bleibt aber gelassen bei solchen Vorschlägen: „Ich habe das der Himmelsmutter übergeben. Da sollen die Leute sagen, was sie wollen."

Ein weiterer Anschlag auf das Leben eines ihrer Kinder geschieht im Anschluss an einen schweren Unfall zu Hause: Als Frau Hirtl mit dem sechsten Kind im dritten Monat schwanger ist und das fünfte im Arm hält, fällt sie eines Tages zu Hause kopfüber die Stiege hinunter. Ohne sich an den Sturz genau erinnern zu können, findet sie sich am Fuß der Treppe sitzend wieder. Im ersten Schock meint sie, es sei weder ihr noch dem Kind auf ihrem Arm etwas passiert. Letzteres stimmt wunderbarerweise, doch sie selbst sitzt – wie sie plötzlich bemerkt – in einer immer größer werdenden Blutlache: Das linke Schienbein ist bis auf den Knochen offen, eine riesige Fleischwunde. Sie meint zu verbluten.

Irgendwie schafft sie es zum Telefon. Im Spital wird die Haut über der Wunde, nur mit örtlicher Betäubung, zusammengezogen. Sie bekommt einen Liegegips. Als man diesen Tage später herunternimmt, ist alles darunter vereitert. Es scheint, als wüsste niemand, was da zu machen ist. Der Gips wird einfach wieder zugemacht.

Nachdem der Pfarrer sie einige Tage später besucht und ermuntert, sich gegen die Nichtbehandlung zu wehren, fasst sie Mut und verlangt, in ein anderes Spital überstellt zu werden. Daraufhin wird die Sache neu angegangen und sie dem Frauenarzt vorgeführt. Dieser erklärt, er müsse eine Abtreibung vornehmen, sonst könne das Bein nicht in Vollnarkose behandelt werden

– nach dem Motto: Das Kind wäre dann behindert, also machen wir es gleich weg.

„Das kommt auf keinen Fall in Frage", erklärt die Mutter entschieden. Man sollte das eben mit einer örtlichen Betäubung machen. Das Leben ihres Kindes werde nicht angetastet – und Schluss. Darauf hört sie den nächsten, unglaublichen Vorschlag: „Dann machen wir zumindest etwas, damit Sie nie wieder schwanger werden." „Auch das kommt nicht in Frage", erwidert die Mutter empört, „ich habe mich ganz Jesus übergeben. Wenn Er meint, dass es genug ist, werden wir keine Kinder mehr bekommen. Sollte ich noch eines bekommen, wird Er schon für alles gut genug sorgen." Ärzte sollten öfter solche Zeugnisse zu hören bekommen!

Damit ist dieses Thema nun doch beendet, und sie kommt auf ihr Zimmer zurück; man versucht nun ihr Bein zu behandeln. Ob sie große Schmerzen gehabt habe, frage ich. „Eigentlich nicht, das Fleisch rund um die Wunde war ja schon abgestorben", erzählt sie ruhig. „Es wurde immer wieder weggeschnitten, wenn es schwarz war." Eine schreckliche Vorstellung. Zum Aufopfern für andere wird da wohl einiges gewesen sein, denke ich.

Sechs Wochen verbringt sie im Spital. Als ein Arzt die von einem Kollegen verordneten Tabletten auf ihrem Nachtkästchen sieht, ist er entsetzt: eine Schwangere hätte das nie bekommen dürfen! Wie gut, dass Theresia sie in weiser Voraussicht täglich heimlich hatte verschwinden lassen. Und so kommt die kleine Monika sechs Monate später gesund zur Welt.

Für das Kind, habe ich mir unwillkürlich gedacht, muss es schön sein zu wissen, dass seine Mutter so für sein Leben gekämpft hat. „In den wichtigen Momenten Ihres Lebens hatten Sie immer genug Mut, sich zu wehren", sage ich zu Frau Hirtl, "und dabei sagten Sie, Sie seien so schüchtern." Sie lacht: "Wenn es nötig war, habe ich genug Kraft und Schneid bekommen, um zu tun und zu sagen, was nottat, obwohl ich mich sonst nichts getraut hab."

Acht Kinder, was für eine Aufgabe, noch dazu, wenn sie so knapp hintereinander kommen! In den ersten Jahren ist ihr die Schwiegermutter eine große Stütze und auch ihr Mann steht in den Nächten auf, wenn ein Kind zu wickeln oder zu füttern ist: "Du stillst, ich mach den Rest", erklärt er. Als die Schwiegermutter 1982 plötzlich stirbt, ist die kleine Elisabeth gerade ein halbes Jahr alt, und die vielfache Mutter erleidet nach einer schweren Erkrankung einen Nervenzusammenbruch.

Schmerzen seien nicht so schlimm wie diese monatelange Schlaflosigkeit, der schwankende, depressive Gemütszustand, ein Herz, das wie wild bumpert, der Hals, der wie abgeschnürt ist, erinnert sie sich. Eine Familienhelferin zieht für drei Wochen ein, und Frau Hirtl nimmt Urlaub. Aber es hilft nicht viel. Bei einer Predigt in Amstetten spricht der Priester von der Angst der Jünger beim Sturm auf dem See. Sie spürt: Das trifft den Nagel auf den Kopf. Auch sie hat Angst vor dem Sturm und wohl auch nicht genug Vertrauen in Gott. Ja: ängstlich und kleingläubig, so erkennt sie sich nun – eine hilfreiche und befreiende Erkenntnis.

Auf Anraten des Priesters verbringt sie dann eine Woche im Caritasheim in Mariazell. Das tut jetzt gut: Jeden Tag eine Messe – und langsam kehrt die Lebensfreude zurück. "Diese Zeit musste wohl auch sein", meint sie rückblickend, "denn so bin ich d'raufgekommen, dass mein Glaube eigentlich viel zu schwach war." Ich bin voller Bewunderung, habe ich doch eben ein wenig ihre tapfere Vorgeschichte kennengelernt.

„Ja, wie ist denn dann heute Ihr Weg mit Gott?", frage ich. „Wenn man Jesus immer überall mittun lässt", so ihre Erfahrung, „wird das Leben viel leichter. Aber oft hat man Probleme, ist in einer verworrenen Lage und meint, sich selbst herauswursteln zu können. Dann fällt mir irgendwann ein: Ich habe doch Jesus, Ihm kann ich alles geben. Er hat doch gesagt: Wenn wir mühselig und beladen sind, sollen wir zu Ihm kommen. Daran denken wir nicht oft genug. Hätte ich nicht den Glauben, so wäre ich schon so manches Mal verzweifelt. Doch so hilft der Glaube ganz stark, ich weiß, ich bin nicht allein."

Auch die meisten Ehen wären zu heilen, meint mein Gegenüber, wenn die Menschen ihre Probleme vertrauensvoll dem Herrgott übergeben würden und sich von Ihm führen ließen. Auch das wisse sie aus eigener Erfahrung. Jede Ehe habe nämlich ihre Probleme. Vor allem aber jene, in denen einer der beiden eine besondere Last zu tragen hat. Ihr Mann trage an so einer Last.

Schwerhörig zu sein, ist belastend genug, unangenehm, wenn man öfter nachfragen muss. Oft lässt man es ganz sein. Um wie viel belastender ist Gehörlosigkeit – unter lauter gut hörenden Menschen! Nicht selten treibt einen das zur Verzweiflung, man fühlt sich übergangen, abgelehnt. Umgekehrt ist es wohl auch schwierig, immer an das Problem des Partners zu denken und darauf Rücksicht zu nehmen. Wie viele Missverständnisse aus solchen Kommunikationsproblemen wohl entstehen!?

Einige Jahre nach der Hochzeit war so eine Situation ziemlich aus der Kontrolle geraten. Die Ehefrau entsetzt über die Reaktion ihres Mannes: „Da habe ich mir gedacht: Jetzt reicht es aber. Das lass ich nicht mit mir machen. Nach der ersten Aufregung habe ich Jesus gefragt: ‚Was willst Du, dass ich tu?' Da ist nur eines gekommen: Verzeihen. Sonst nichts, nichts von davonrennen oder so. Na ja, und so bin ich dann zum Mann gegangen und habe ihn um Verzeihung gebeten. Normalerweise hätte ja er nach dieser Szene kommen müssen. Aber ich habe mir gedacht: Auf das kann ich nicht warten, da gehe ich lieber selber und mach den Anfang."

Ihr Mann war total überrascht: „Du musst mir Zeit lassen", war seine Antwort, „das verkrafte ich jetzt nicht. „Auch für ihn war das nun wohl eine Demutsübung. Theresia Hirtl lächelt: „Letztendlich hat sich das so ausgewirkt, dass unsere Ehe neu begann, als ob wir frisch verheiratet wären."

Und sie ergänzt: „Jeder macht einmal Fehler, fordert den anderen heraus, verletzt ihn, absichtlich oder unabsichtlich. Es heißt aber: Wir sollen in guten und bösen Tagen zusammenbleiben. Kommen böse, sage ich eben: ‚Jesus, hilf mir jetzt da durchzugehen und zu tragen. Die guten Tage kommen bestimmt wieder. Mir hilft es enorm, Jesus nach Seinem Willen zu fragen. Es ist ein Ansporn, mich neu zu bemühen."

An sich selbst hat sie auch erlebt, dass man Charakterfehler sozusagen wegbeten kann: Noch als junge Ehefrau sei sie sehr leicht in Zorn geraten. Der Priester, dem sie dies beichtet, rät ihr, Folgendes zu beten: „Jesus, lass mich demütig und sanftmütig nach Deinem Herzen werden, bilde mein Herz nach Deinem Herzen." Erst betet sie es allein, später die ganze Familie, oft zu Mittag. Und es hat geholfen, meint sie lächelnd auf meine unausgesprochene Frage.

Die Kinder sind jetzt bis auf einen Sohn alle ausgeflogen – nach Bolivien, Kanada, Argentinien. Eine Tochter ist in Belgien verheiratet. Sie sind sehr selbständig, haben alle – von den Eltern „nur" mit Gebet unterstützt – ihren Weg gefunden. Wenn sie einander treffen, herrscht Freude und wie die Tochter in Kanada der Mutter unlängst am Telefon gesagt hat: „Es gibt mir so ein gutes Gefühl, wenn ich weiß, du segnest mich jeden Tag und betest täglich für mich."

Nein, Theresia Hirtl bereut es nicht, viele Kinder zu haben: „Die Liebe – und man liebt doch jedes Kind besonders – überwiegt bei weitem alle Anstrengungen und Sorgen." Die gab es natürlich: Lungenentzündungen, Autounfälle, schwerere Verletzungen.

Kraft für diese große Aufgabe und für die schweren Zeiten bekommt sie seit Jahren durch den täglichen Besuch der Hl. Messe und das Gebet, das sie auch mit vielen anderen in Gebetsrunden verbindet. Dabei trägt sie nicht nur Anliegen der eigenen Familie vor Gott, sondern auch jene, die an sie herangetragen werden. Zu diesen gehört auch das neue Haus am Sonntagberg. Als sie von dem Projekt gehört hatte, machte sie sich mit einem Dreifaltigkeitsbild auf den Weg. Eine Novene – neun Wochen in neun verschiedenen Häusern – sollte mithelfen, dieses große Werk, das Menschen einen Weg zu Jesus öffnen möchte, zu einem guten Ende zu bringen.

Bei allem wendet sie sich um Hilfe an die Muttergottes, mit der sie stets unterwegs ist und die sie „noch nie im Stich gelassen hat". Welch klare, unerschütterliche Persönlichkeit mit einem fest verankerten Glauben sitzt mir da gegenüber, denke ich. Wer ihr zuhört, wird wohl, so wie ich, auch feststellen müssen, dass es weder altmodisch noch verzopft, sondern selbstverständlich und einleuchtend klingt, wenn Theresia Hirtl von modernen Tabus wie Reinheit, Barmherzigkeit und Rettung der Seelen spricht, alles Wahrheiten, die sie bezeugt, weil sie diese in ihrem Leben als befreiend und erfüllend erfahren hat.

Maria Jendruchova
Geht – und macht Freude!

Kennen Sie das? Dass Sie so ergriffen sind, dass Sie von Schauern durchrieselt werden und die Tränen locker sitzen? So ist es jedenfalls mir an einem Samstagabend in der Messe in St. Blasius in Salzburg ergangen: schwer zu erklären, wodurch es ausgelöst wurde. Durch das heilige Geschehen am Altar? Durch den Gesang und das instrumentale Spiel der Geschwister Jendruch, die die Messe begleiten? Es war wohl beides und doch nur eines! Denn die acht jungen Leute, die da zu hören waren, begleiten die Messe nicht nur, sondern sie spielen mit viel Herz, Können und dem spürbaren Verlangen, Gott

Freude zu bereiten, und Ihn und Sein göttliches Handeln den Herzen der Anwesenden nahezubringen und zu vermitteln.

Nach der Messe gibt es noch ein Konzert, ein Potpourri verschiedenster Stücke: berührend, locker und schwungvoll, heiter und zum Nachdenken anregend. Wie schade, dass nicht viel mehr Leute das alles gehört haben, denke ich und drehe mich nach der Mutter dieser erfrischenden, jungen Menschen um. Ganz hinten sitzt sie – und das passt zu ihr, der gelernten Ärztin, die nicht gern selbst im Rampenlicht steht.

Vor ein paar Wochen haben wir uns in der Slowakei bei einem befreundeten Priester, dem Pfarrer von Most bei Bratislava, getroffen. Schon lange hatte mir Pfarrer Cerveny von Maria und Milan Jendruch und deren hauseigenen Band erzählt, die mittlerweile zu Konzerten überall in der Welt eingeladen wird. Als ich Maria Jendruchova um ein Interview bitte, wundert sie sich. „Wir sind eine ganz normale Familie", meint sie, fügt dann aber lachend hinzu: „Allerdings mit einer größeren Zahl von Kindern".

Dieser gutaussehenden, sympathischen Frau sieht niemand an, dass sie neun Kinder hat. 1948 in Bratislava geboren stammt sie selbst aus einer Großfamilie: 13 Kinder waren sie zu Hause. Der Großvater väterlicherseits war aus Bayern gekommen und hatte eine deutschsprachige Pressburgerin geheiratet.

Der Sohn aus dieser Ehe, Marias Vater, heiratet wiederum eine Deutsch-Italienerin. Beide sind sehr gläubig und haben keine Angst, ihren Glauben zu leben und ihn ihren Kindern weiterzugeben, obwohl das im Kommunismus gar nicht ungefährlich ist.

„Mein Vater hat immer gesagt: Du kannst nicht ein

gespaltener Mensch sein: einerseits kommunistisch, andererseits katholisch. Das war für uns Kinder wie die Hl. Schrift", erzählt Maria sichtbar stolz auf ihren Vater.

Diese Haltung, mit der er nicht hinter dem Berg hält, kostet ihn nach dem Krieg seine Zahnarztpraxis. In den fünfziger Jahren werden ihm seine sozialen Rechte aberkannt. Er muss auf Tischlerei umsatteln. Seine Überzeugung und sein Stolz bleiben ungebrochen. Seinen Kindern imponiert das und es zerstreut ihre möglicherweise aufkommenden Zweifel. Auch für Maria ist daher der Glaube von klein auf wichtig, ist er doch für die Eltern so selbstverständlich, dass sie für ihn große Opfer in Kauf nehmen.

Mit ungefähr 15 Jahren – einem Alter, in dem man seinen eigenen Weg zu finden beginnt – entscheidet sie sich klar für Christus. Sie ist als Einzige in ihrer Klasse nicht Mitglied der Pioniere oder einer anderen kommunistischen Jugendorganisation. „Ich habe Gott gesucht – Er hat mich gefunden", so einfach sei das gewesen, erklärt mir Maria lächelnd und erzählt von einer Schlüsselepisode in ihrem Leben: Eines Tages unterbreitet sie dem Direktor ein Ansuchen, den Religionsunterricht besuchen zu dürfen. Ein unerhörtes Verlangen in dieser Zeit! „Keine Religion. Du musst Pionier werden," ist des Direktors verärgerte Antwort. „Unmöglich," entgegnet das mutige Mädchen. „Ich kann mich nicht teilen. Ich bin katholisch." Daraufhin zitiert der erboste Direktor die ganze Schule – 450 Schüler – in den Hof und erklärt sie vor allen Mitschülern zur Verräterin am Sozialismus. „Nur über seine Leiche" werde sie zum Studium zugelassen werden, erklärt er.

Der Vorfall festigt ihren Glauben weiter. Um dennoch zu einem Schulabschluss zu kommen, verlässt Maria die Schule und besucht ein Gymnasium, das in einem 20 Kilometer entfernten Ort liegt.

Die Geschwister sind sich in Glaubensfragen einig und beschließen für den religiösen Untergrund zu arbeiten: Im Garten werden religiöse Bücher, die sie vorher auf der Schreibmaschine getippt haben, gedruckt. Maria und einige ihrer Geschwister schließen sich der religiösen Jugendgruppen an, mit denen Dr. Silvio Krcmery im Untergrund arbeitet. Einer von Marias Brüdern – er wird später Priester – wird für seine Überzeugung von den Kommunisten eingesperrt. Ein anderer flieht nach Deutschland und wird dort ebenfalls Priester. 1968 meldet sich Maria an der Universität zum Medizinstudium an. An diesem Tag trifft sie eine ehemalige Lehrerin, die in Schwarz gekleidet ist. Was denn passiert sei, fragt das Mädchen. „Ja, weißt du das nicht? Ich komme gerade vom Begräbnis des Direktors", antwortet die Lehrerin. Und so bewahrheitet sich des Direktors Aussage, Maria werde „nur über seine Leiche studieren"! Hatte er sich wohl anders gedacht!

Mit einer Anstellung nach dem Studium ist es allerdings sehr schwer. Ihre Haltung dem Kommunismus gegenüber ist amtsbekannt. Die Türen der Krankenhäuser in Bratislava bleiben für sie verschlossen. Maria beschließt, ihr Glück auf dem Land zu versuchen. Doch überall wird sie abgelehnt. Auf der Rückfahrt nach Bratislava macht sie Autostopp. Ein Politiker aus Prag nimmt sie mit und gibt ihr einen guten Tipp: Sie solle es bei einem berühmten Chirurgen probieren. Er sei nämlich regimekritisch, könne sich das aber leisten, weil die politische Prominenz bei ihm in Behandlung sei.

Und so landet Maria in Gelniza und beginnt bei dem besagten Professor tatsächlich eine Ausbildung als

Chirurgin. Im selben Ort lernt sie ihren Mann Milan kennen. Er ist Musiklehrer an der dortigen Musikschule. 1975 heiraten die beiden. Doch zwei Monate nach der Hochzeit wird Maria schwer krank.

Auslöser ist eine einfache Mandeloperation. Es treten Blutungen auf und sie bekommt Antibiotika die jedoch schwerste Entzündungen aller Art auslösen. Vor allem der Herzmuskel ist stark betroffen. Trotz Behandlungen in den verschiedensten Spitälern verschlechtert sich ihr Zustand laufend. Schließlich stellt sich noch eine Sepsis mit sehr hohem Fieber ein. Zweimal fällt sie ins Koma, einmal sogar für 7 Tage. Als die Ärzte keine Heilungschance mehr sehen, entlassen sie Maria, damit sie zu Hause bei ihrem Mann sterben könne. Damals wiegt sie nur mehr 33 Kilo.

Wie hat Maria diese Zeit erlebt? „Ich habe immer gehofft und geglaubt, dass meine Krankheit nur eine Prüfung darstelle, nicht das Ende. Subjektiv hatte ich nie den Eindruck, dass ich sterben würde," erinnert sie sich.

Ein Buch von Gandhi bringt den Umschwung. In ihm berichtet der große Inder, wie er seine sterbenskranke Frau gesund gepflegt hat. Das wird nun die Richtlinie, nach der sich Maria in dieser scheinbar aussichtslosen Situation behandelt: Sie setzt alle Medikamente ab und ernährt sich nur mehr von Kräutertees, Mineralwasser und Säften verschiedenster Art, bis sie Babykost zu sich nehmen kann. Und es wird immer besser! Selbst das Herz, das stark vergrößert gewesen war, bildet sich zurück. Jahre später erfährt sie, dass in dieser Zeit viele Leute für sie gebetet, ja sogar 24-stündige Anbetung gehalten haben.

Dieses 13 Monate lange Leiden ist eine harte Prüfung

für die Liebe des jungen Ehepaares, die jedoch gestärkt aus dieser Zeit hervorgeht, wie mir Maria dankbar versichert. Und noch etwas: Sie sei von da an sicher gewesen, dass Gott noch etwas mit ihr vorhabe, erzählt sie mir. Zunächst wird aber der jungen Frau von den Ärzten eröffnet, dass sie als Folge der vielen Entzündungen unfruchtbar sei … Gott hat das wohl anders gesehen. Denn ein halbes Jahr später erwartet Maria ihr erstes Kind – und wird überdies nach der Schwangerschaft ganz gesund.

Ob sie damals die vielen Kinder geplant hätten, frage ich neugierig. Maria lacht: "Nein, wir haben nie geplant. Für uns war nur klar, dass wir alle Kinder, die der liebe Gott uns schenken würde, auch annehmen. Wir haben immer gesagt: Leben und leben lassen. Viele Kinder – für uns war das kein Problem. Wir dachten: Wenn die Vögel in der Natur immer etwas zu essen finden, brauchen wir keine großen Spekulationen anzustellen, wie das bei uns funktionieren würde."

Elf Monate nach dem ersten Kind kommt das zweite. Und so geht es weiter. Insgesamt haben die Jendruchs heute neun Kinder. Doch Maria fügt wehmütig hinzu: „Zwischendurch gab es auch sehr schwere Zeiten: Denn ich habe auch Kinder verloren: dreimal Zwillinge – alles Buben – und drei Mädchen. Das sind jetzt unsere Schutzengel". Neun Kinder verloren! Absolut unvorstellbar. Schrecklich. Ich wechsle das Thema und erkundige mich, ob sie denn immer genug Platz für so viele Kinder gehabt hätten? Sie antwortet gelassen: „Es war immer genug Platz, auch wenn wir in einer winzigen Zweizimmer-Wohnung mit sechs Kindern gelebt haben." Ich kann nur staunen doch sie lächelt: „Das war kein Problem für uns. Die Wohnung war klein – aber die Kinder auch. Meine Eltern haben mich bescheiden erzogen. Mein Vater hat immer gesagt. Du darfst nie mehr ausgeben, als du hast. Und von dem, was du hast, legst du noch eine Krone für schlechtere Zeiten weg." Konnte sie sich eine Hilfe organisieren? Wieder lächelt Maria über meine beunruhigte Frage: „Die Kinder sind ja nicht alle gleichzeitig gekommen. Wir haben uns gut organisiert. Es war ganz einfach. Wenn ich im Spital für eine Geburt war, so hat mich meine Schwiegermutter zu Hause ersetzt. War ich dann wieder zu Hause, waren die ersten Wochen schon schwierig aber da war so viel Freude und Liebe für dieses Neugeborene da. Die größeren Kinder waren auch sehr hilfsbereit. Und es gab immer wieder Hilfe von außen. Meine taubstumme Schwester ist z. B. immer wieder gekommen, um mit den Kindern spazierenzugehen. Dann hatte ich Zeit für meine Arbeit."

Dann fügt sie noch hinzu: „Das Schwierigste war, dass ich zu wenig geschlafen habe." Und finanziell? „Für mich war klar, dass ich bei den Kindern zu Hause bleiben würde. Meine Mutti war auch immer zu Hause gewesen. In eine leere, kalte Wohnung nach Hause zu kommen, ist für Kinder nicht schön. Und die Jüngsten kommen ja immer zuerst. Ich wusste auch, dass Milan alles, was in seinen Kräften steht, leisten würde – und alles andere haben wir Gott überlassen, ohne auf etwas Besonderes zu warten. Das Wichtigste für uns beide war und ist die Familie. Sie hat Vorrang."

Zu ihrer großen Überraschung stellen die Eltern bald fest, dass alle ihre Kinder vom Vater die musikalische Begabung geerbt haben. Von klein auf besuchen sie die Musikschule, in der Milan Jendruch unterrichtet. Jedes Kind lernt zumindest ein Instrument. Die heute 14-Jährige Deborah – sie ist die begabteste – beherrscht die meisten, nämlich sechs. 1992 singen die Jendruch-

Geschwister zum ersten Mal in der Schule vor allen Eltern.

Für Maria und Milan ist das Talent ihrer Kinder keine Selbstverständlichkeit und sie überlegen, warum denn gerade ihre Sprösslinge so besondere Begabungen von Gott geschenkt bekommen haben. Das müsse doch einen Sinn haben „Die Antwort, die wir bekommen haben," erzählt Maria, „war: Geht und macht Freude und behaltet nicht die Talente nur für die eigene Familie und das eigene Vergnügen!" Für Maria ist ihre Berufung nun klar: mit ihrer Familie anderen Menschen Freude zu bereiten und sie zu Gott zu führen. Ich denke, dass sie alles, was sie in ihrem Leben erfahren, erlitten und durchgestanden hat, in Liebe, Freude, Dankbarkeit und einen tiefen Glauben umgewandelt hat. So wie ich ihre Kinder kennengelernt habe, haben sie all das von klein auf von ihr mitbekommen.

Zurück in die neunziger Jahre: Gebet und Besprechungen mit den Kindern führen 1994 zur Gründung einer eigenen Jendruch-Band, die heute aus sechs Mädchen und drei Burschen, geboren zwischen 1977 und 1992, besteht. Der Vater fungiert als Musikdirektor. Die Musikstücke, die er selbst schreibt, sind an die unterschiedliche Begabung der Geschwister und die von ihnen gespielten Instrumente angepasst. Eine ehemalige Opernsängerin, Professorin an der Musikhochschule, ist für den Gesangunterricht zuständig. Alles andere Musikalische machen die Jugendlichen selbst.

Als sich herumspricht, wie gut die Familienband ist gibt es bald Einladungen zu Konzerten und Messbegleitungen. Ihr erstes außerhalb der Slowakei führt sie 1995 zu Marias Bruder, der in Deutschland Priester ist. Mittlerweile haben sie Europa von Finnland und Norwegen über Polen bis Italien bereist. Aber auch Nordamerika und Australien waren schon auf dem Programm. Mehr als 1000 Konzerte haben sie schon bestritten. Sie treten auch im Radio und Fernsehen auf. Eine Medaille des Gouverneurs von Pennsylvania ist nur eine ihrer vielen Auszeichnungen.

Unglaublich ihr Repertoire: „Von großen alten Komponisten über Musicals, kirchliche Musik, Arien, Volksmusik, Zeitgenössisches oder Tanzmusik wie Rock'n' Roll. All das in verschiedenen Sprachen", berichtet die, zu Recht, stolze Mutter

Damit das Lernen auf den Reisen nicht zu kurz kommt, werden die jüngeren Kinder von den älteren sowie den Eltern unterrichtet. Maria hat nämlich versucht, sich möglichst all das anzulernen, was notwendig war, um ihre Kinder besser verstehen und begleiten zu können, sei es in der Musik oder dem Unterrichtsstoff. Ansonsten werden die Aufgaben während der Reisen nicht streng verteilt. Doch um Unterkunft, Pressekontakte, usw. kümmert sich jedenfalls die Managerin Maria.

Als ich ihre Familie mit der Trapp-Familie vergleiche, erzählt Maria, dass Rosemarie, das vorletzte Trapp-Kind, eine Nonne in einem franziskanischen Orden, zu ihrer Freude eines ihrer Konzerte in Pittsburgh besucht habe.

„Wie hat sich der Glaube der Kinder entwickelt?", frage ich interessiert. Maria überlegt kurz: „Ich bin sicher, dass alle unsere Kinder gläubig sind. Aber jedes sucht seinen eigenen Weg. Gott findet dich, sage ich ihnen. Aber du musst ihn suchen." Dass diese jungen Menschen ihren Glauben und ihre Freude daran weitergeben möchten, habe ich mittlerweile erfahren. Man spürt es bei ihren Auftritten: Sie spielen nicht, sie geben sich aus, schenken sich her.

Maria erklärt mir weiter: „Musik kann alle Menschen ansprechen. Auf der ganzen Welt, Menschen mit den unterschiedlichsten Gefühlen: solche, die ein frohes, offenes Herz, oder solche, die Kummer und Sorgen haben." Ich meine verstanden zu haben, dass sie nicht nur religiöse Konzerte geben. „Das stimmt", bestätigt Maria. „Wir sprechen eigentlich sehr wenig direkt über Gott, sondern über Liebe, Freude, Herausforderungen im Leben und vieles mehr. Man muss nicht immer direkt über Gott sprechen. Aber unser christliches Leben muss für alle erkennbar und erfühlbar sein. Was wir durch unser Leben und unsere Musik ausdrücken wollen, ist, dass es ohne Gottes Liebe keine Zukunft gibt. Dass der Glaube vom Leben nicht zu trennen ist. Es ist wichtiger, die 10 Gebote in Freude zu leben, als darüber zu reden. Dann wird der Glaube durch das Leben bestätigt."

Viele Reaktionen von Zuhörern und berührende Begegnungen bestätigen Marias Aussage. Menschen kommen nach dem Konzert zu ihnen, erzählen aus ihrem Leben und sagen z. B.: „Heute haben wir uns wie im Himmel gefühlt." Ein alter Mann, der während der Vorstellung viel geweint hatte, sagt nachher Folgendes: „Es war das erste Mal seit dem Tod meiner Frau vor 5 Jahren, dass ich ausgegangen bin. Nun weiß ich, wie die Engel im Himmel singen und bin jetzt glücklich, weil ich sicher sein kann, dass meine Frau im Himmel gut aufgehoben ist." Wie die Engel im Himmel? Doch, es ist wirklich so: Bei den Auftritten der Jungen, vor allem während der Messe, schwingt etwas „Himmlisches" mit, was auch nicht durch irgendwelche Superlative greifbar zu erklären ist. Wie erklärt das Maria im Folder der Jendruch-Familiengruppe: „Die Menschen sprechen so viele verschiedene Sprachen und diese Vielfalt verursacht oft Meinungsverschiedenheiten und Kummer. Engel haben eine universelle Sprache. Es ist eine musikalische Sprache, die alle verstehen. Gott teilt die Fähigkeit, diese Sprache zu sprechen, mit Menschen, um die Welt besser, engelgleicher zu machen." Die Jendruchs sprechen diese Sprache, und ihre Berufung ist es, sich Gott zur Verfügung zu stellen um den Menschen, durch die Musik, Seine Botschaft von der Liebe zu bringen. So kann Er die Herzen vieler Menschen erreichen; Um Freude zu vermitteln, Hoffnung zu bringen oder Leben zu erneuern, wie im Fall einer polnischen Frau: Sie war ihnen zu etlichen ihrer Konzerte in Polen nachgereist. Beim letzten Konzert gibt sie ihnen ein Briefchen. „Danke für mein Leben" steht da drinnen. Viel später erzählt sie, dass sie ihr – durch ihre Musik – geholfen hätten ihre schwerste Zeit und ihre Depressionen zu überwinden. Ein junger Thailänder bekundet seine Dankbarkeit, indem er so viel Slowakisch lernt, um ihnen, am letzten Abend ihrer Tournee durch Australien, in ihrer Muttersprache das Vaterunser aufsagen zu können.

Besonders dankbar sind die Jendruchs für die Begegnung mit Papst Johannes Paul II in Rom: Sie sind sehr froh, dass sie ihm im August des Jahres vor seinem Tod noch etwas vorsingen konnten. Der Papst hat sie dann gesegnet und gesagt: „Das ist eine sehr schöne Familie. Geht Euren Weg weiter. Macht weiter so." War es nur ein Zufall, dass sie an seinem Todestag gerade im Sanktuarium von Wadovice (Heimatort von Joh. Paul II) waren, wo sie am nächsten Tag 3 Messen mitgestalten sollten? Sehr bewegt erzählt Maria von diesem Tag: „Wir waren ganz erschüttert. In der Messe haben wir all seine Lieblingslieder auf Polnisch gesungen. Es wurde sehr viel geweint. Für unsere Kinder war es sehr schwer, bei der Trauer die sie ja selbst empfunden haben, und der noch größeren der Gemeinde, zu singen." Maria empfindet die Begegnung mit dem Papst als besondere Sendung und als Bestätigung ihrer Berufung. Nur eine „ganz normale Familie" … „mit einer größeren Zahl von Kindern"?!

Näheres siehe: www.jendruchovci.org

Robert K.
Mission hat Vorrang vor Karriere

Mit unserer Zeitschrift VISION als Erkennungszeichen in der Hand treffe ich ihn am Bahnsteig in Linz. Der junge Türke, der hier als Pastoralassistent arbeitet und mit dem ich ein Rendezvous habe, ist mir auf Anhieb sympathisch. Ein Muslim, der sich zu Christus bekehrt hat, hatte ich gehört. Klar, dass ich ihn sofort kennenlernen wollte.

Dass Robert K. ein Muslim ist, stimmt allerdings nicht ganz. Denn er stammt eigentlich aus einer alevitischen Familie, wie ich gleich zu Beginn unseres sehr interessanten Gesprächs erfahre. Die Aleviten aber, – ein Drittel aller Türken, also mehr als 20 Millionen – von denen ich bis jetzt nicht viel mehr als den Namen kannte, sind nicht eigentlich Muslime, obwohl sie offiziell dem Islam zugerechnet werden. Ihr Glaube – und das ist wirklich interessant – weist viele Ähnlichkeiten mit dem christlichen Glauben auf. Wussten Sie das?

All dies erzählt mir nun Robert K. in seiner Wohnung, in der ich von seiner Frau während des Interviews fürsorglich bewirtet werde. Mein Gegenüber ist ein herzlicher Mittdreißiger, und in Ankara als Sohn einer alevitischen Familie groß geworden. Auch wenn sich seine Eltern als Aleviten verstanden, praktizierten sie diesen Glauben nicht. Allerdings erziehen sie ihre Kinder mit Worten, die Robert viele Jahre später in der Bergpredigt wiederfinden wird.

Schon als Kleinkind ist der Bub besonders aufgeweckt und er ist noch nicht vier Jahre alt, da kann er schon lesen und schreiben. Nicht verwunderlich, dass er später ein hervorragender Schüler sein wird. Brillant sind auch seine Erfolge an der Uni.

Er ist gerade im letzten Jahr des Studiums, als sein Vater viel zu früh stirbt. Ein furchtbarer Schlag für den jungen Mann, der sehr an seinem liebevollen Vater gehangen ist. Er kann einfach nicht fassen, dass nun jede Beziehung zum Vater beendet sein soll. Fragen bedrängen ihn: Gibt es ein Jenseits? Was erwartet den Vater nun? Ist von diesem guten Menschen nichts mehr übrig? Was erwartet uns alle nach dem Tod? Gibt es ein Wiedersehen?

Von Religion hält er bis zu diesem Zeitpunkt nichts: Opium für das Volk, so sieht es der damalige Atheist. Jetzt aber ist er verzweifelt, sucht dringend nach Trost. Vielleicht findet er ihn in der Religion seines Landes. Also kauft er sich einen Koran. Nach dreimaligem Lesen legt er das Buch enttäuscht weg. Da ist nichts, was ihm Trost geben könnte. Diesen Trost im Leben wird er sich wohl selbst verschaffen müssen, denkt er.

Einige Monate später besucht er eine Buchmesse in Ankara. Zum ersten Mal in seinem Leben sieht er dort die Heilige Schrift. Eigentlich will er keine kaufen, doch irgendwie bleibt er fasziniert und neugierig beim Buchstand stehen, bis er doch eine Bibel ersteht. In einigen anderen Büchern, die er auch erworben hat, blättert er sofort. Die Bibel wandert zu Hause ins Bücherregal.

Bis Mitternacht schmökert er in den Neuerwerbungen, bis er zu Bett geht. Zuletzt greift er dann doch zur Bibel – und liest auf einen Sitz die drei ersten Evangelien durch. Er ist beeindruckt. Einiges kommt ihm aus der alevitischen Überlieferung bekannt vor. Doch wirklich fasziniert ist er vom vierten Evangelium. Es beglückt ihn wirklich: „Am Anfang war das Wort, und das Wort war bei Gott, und Gott war das Wort … Und das Licht scheint in der Finsternis, und die Finsternis hat es nicht ergriffen …"

In dieser Nacht liest er bis zum drittel Kapitel des Johannes-Evangeliums, bis zur Stelle: „Denn so sehr hat Gott die Welt geliebt, dass er seinen eingeborenen Sohn dahingegeben hat, damit jeder, der an ihn glaubt, nicht verlorengehe, sondern ewiges Leben habe."

Das war sie nun, die Antwort, auf die er so gehofft hatte. Da ist sie, die Nähe und die Liebe Gottes zu den Menschen: „Jeder, der an ihn glaubt, wird das ewige Leben haben." Dort werden wir alle wieder vereint sein! Gott ist „Vater" – Er regiert mit Liebe, nicht mit Angst.

Er erzählt: „Ich bin nicht auf die Knie gegangen, ich habe nicht geweint, sondern ich habe nur gefragt: Jesus was willst du von mir? Was willst du, dass ich tue?" Es ist drei Uhr Früh und von da an glaubt Robert daran, dass Jesus Gott ist und er nimmt Ihn als seinen Retter an.

Am nächsten Morgen ist Robert schon um acht Uhr wieder an der Universität und – man glaubt es kaum! – beginnt mit der Bekehrung der Kommilitonen! Wo er ein paar der Freunde zusammensitzen sieht, setzt er sich dazu, das Evangelium in der Hand, und berichtet, was er gelesen hat. Manche sind interessiert, manche lachen ihn aus, andere reagieren mit Ärger. Nach wenigen Tagen wissen es auch die Professoren und die Leitung der Universität: Da bekennt sich plötzlich ein Student zum Christentum und versucht, andere dafür zu gewinnen.

Robert wird ermahnt. Er soll damit aufhören.

Schließlich würde es ihnen ja um einen so ausgezeichneten Studenten leidtun!

Der junge Mann kann aber nicht, zu sehr ist er davon überzeugt, auf die Wahrheit gestoßen zu sein. Und sie darf er den Freunden nicht vorenthalten. Also muss er bald darauf diese Fakultät verlassen und er wendet sich einem anderen Studium zu – eigentlich sein Wunschstudium, das andere hatte er dem Vater zuliebe gewählt.

Die nächsten 6 Jahre bis 1992 erstarkt er im Glauben, liest täglich in der Bibel, missioniert unter seinen Kommilitonen und Freunden. Öfters fährt er auch nach Bulgarien, um dort den türkisch sprechenden Teil der Bevölkerung auf Jesus Christus anzusprechen.

Er ist freikirchlich ausgerichtet und nicht getauft. Die Orthodoxen und die Katholiken empfindet er als zu starr, zu altmodisch und nicht genug der Zeit angepasst. Die größten Probleme hat er mit der Person der Gottesmutter. Einerseits fühlt er sich zu ihr hingezogen, andererseits lehnt er sie ab. Mit dem Begriff der Unbefleckten Empfängnis fängt er nichts an. Maria soll ohne Sünde gewesen sein, ohne Erbsünde empfangen?

Im Islam kommt es einer Blasphemie gleich, einen Menschen als Gottesmutter zu bezeichnen. Ein Mensch kann unmöglich Gott gebären. Und so beruhigt er auch die Menschen, denen er den Glauben zu vermitteln versucht: Nein, selbstverständlich sei Maria nichts anderes als ein ganz normaler Mensch, keineswegs besonders verehrungswürdig. Wichtig sei nur Jesus.

Wenn er damit auch andere überzeugt, ihn selbst überzeugt das nicht wirklich. Im Innersten findet er seine Rede unbefriedigend. Und langsam dämmert ihm: Da Gott und Sünde unvereinbar sind, konnte Jesus nur in der Unbefleckten Empfängnis Mensch werden. Wäre sie nicht frei von der Erbsünde gewesen, hätte Gott nicht in ihr Fleisch werden können. Maria musste also heilig sein, also verehrungswürdig. Und ihr gebührt der Name Gottesmutter zurecht, da Jesus von Anfang an Gott und Mensch gewesen ist.

Jesus, dem er das Steuer seines Lebens übergeben hatte, führte ihn jedoch nicht nur zu Seiner Mutter. Eines Nachts – wir schreiben den Oktober 1992 – schenkt er ihm auch eine Vision: In einem strahlenden Licht hört er eine Stimme: „Was suchst du im Garten? In bin zuhause, komm herein!" Und schlagartig ist für Robert alles klar.

Dazu muss man wissen, dass Freikirchen in der Türkei kein Zuhause im eigentlichen Sinn haben. Man trifft sich in Kellerräumen, Wohnungen oder Geschäften. Mit dem Wort Haus wird nur die katholische Kirche verbunden. Robert erkennt also: Bisher hat er sich nur draußen im Garten aufgehalten. Aber Jesus ist drinnen, in der katholischen Kirche, zu Hause. Und dort soll auch er eintreten.

Am nächsten Tag, einem Sonntag, betritt er daraufhin erstmals eine katholische Kirche. Nun ist aller Zweifel wie weggefegt. Auch seine Probleme mit Maria sind nun geklärt. Der Platz, den ihr die katholische Kirche gibt, ist der richtige. Jesus hat ihn zur katholischen Kirche geführt und somit auch zu deren Lehre. Erleichtert kann er aufatmen, zur Ruhe finden. So findet an diesem Oktober vor zehn Jahren seine zweite Bekehrung – wieder während einer Nacht – statt: Seine Bekehrung zur katholischen Kirche.

Zunächst aber ist es gar nicht so einfach, hier getauft zu werden. Fünf Jahre Vorbereitungszeit verlangen die Priester, an die er sich wendet, von ihm. Aber dann erkennt ein US-Militärpriester, wie wichtig Robert die

Taufe geworden ist. Der Geistliche möchte allerdings sichergehen, dass Roberts Wissen und sein Wille getauft zu werden, wirklich ernsthaft sind. Erstaunt muss er feststellen, dass Robert das Neue und eine Reihe von Stellen aus dem Alten Testament auswendig kann.

Nun steht – auch die ursprünglich kontaktierten Priester geben ihre Zustimmung – der Taufe nichts mehr im Wege: In der Osternacht des Jahres 1993 wird Robert in der vatikanischen Kapelle in Ankara vom Sekretär des Nuntius getauft. Ein tiefes Erlebnis.

In dieser Zeit fährt der junge Mann fort zu missionieren. Er verteilt im Laufe der Jahre über 1.500 Bibeln an Studenten und verkauft auf allen möglichen Messeveranstaltungen das Evangelium. Nebenbei übersetzt er Bücher, in denen es um Jesus, das Kreuz und die Dreifaltigkeit geht, aus dem Englischen. Er organisiert Bibel-Camps mit interessanten Workshops.

All das ist natürlich nicht ganz ungefährlich und bleibt in einem Land, in dem zwar Religionsfreiheit besteht, das sich aber zum Islam bekennt, auch nicht verborgen. Bald wird ihm klar, dass er sich nun endgültig entscheiden muss: Als bekennendem Christen wird ihm die glänzende Karriere im angestrebten Beruf – alle erforderlichen Kriterien erfüllt er locker – versagt bleiben.

Und so beschließt er, in allem dem Herrn zu folgen und sein Leben neu zu orientieren. Das Wichtigste bleibt für ihn der Auftrag Gottes: auf alle Menschen zuzugehen und ihnen das Evangelium von der Liebe und der Nähe Gottes zu verkünden. Dieser Auftrag gilt, das weiß er, für alle Menschen und für alle Zeiten.

Nach einem Aufenthalt in Rom – dort will er sein Leben im Gebet überdenken und ganz in die Hände Jesu legen – beschließt er, in Deutschland eine Evangelisationsschule zu besuchen. Anschließend soll eine landwirtschaftliche Ausbildung in Frankreich folgen. Robert will später bei der Mission in Ruanda mithelfen können. Ruanda, dieses Land in dem auch viele Katholiken leben und leiden, ist ihm ein besonderes Anliegen. Gegen Ende der neunmonatigen Ausbildung in Deutschland kommt er nach Österreich. Hier lernt er zwei in der Flüchtlingsseelsorge tätige Patres kennen. Einer von ihnen spricht Robert auf Türkisch an, erzählt ihm von den vielen Landsleuten, die in Österreich leben. Hier könnte er missionieren. Wäre so eine Arbeit in Österreich für ihn vorstellbar? „Jein" ist seine Antwort. Noch ist Ruanda sein Ziel. Als sich jedoch zeigt, dass die Evangelisationsgemeinschaft – sie hat dort zu viele Mitglieder während der Kämpfe verloren – ihn nicht zu entsenden gedenkt, kommt Robert 1996 auf das Angebot der Patres in Österreich zurück. Er wird hier Pastoralassistent.

Seit 6 Jahren nun geht er hier in Österreich auf seine Landsleute zu, um ihnen die Botschaft Jesu anzubieten. In den verschiedenen Landeshauptstädten unterrichtet er jene, die sich von dieser Botschaft angesprochen fühlen, und bereitet sie auf die Taufe vor.

„Wie geht dieses Ansprechen konkret vor sich?", frage ich. „Wenn ich jemanden kennenlerne, sage ich meinen Namen: Robert. Jeder Türke erkennt sofort, dass es ein christlicher Name ist. Dann schau ich, welche Wirkung das auf ihn hat. Erschreckt das meinen Gesprächspartner und will dieser weiter keinen Kontakt mit mir, so lasse ich ihm diese Freiheit. Ist er aber neugierig geworden, so bin ich jederzeit bereit, von meinem Glauben zu erzählen. ‚Warum bist du Christ geworden?' – diese Frage habe ich tausende Male gehört. Dann antworte ich:

‚Weil ich in Christus gefunden habe, was ich gebraucht und gesucht habe.'"

Seine ersten Ansprechpartner sind die hier lebenden Aleviten, weil ihr Glaube eben manche Gemeinsamkeit mit dem christlichen aufweist. Robert meint, die Aleviten seien Nachkommen der alten christlichen Türken, die schon in Zentralasien getauft worden waren und eine christliche Kultur entwickelt hatten.

Was ist nun das Kennzeichen der Aleviten? Sie kommen nicht in Moscheen zum Gebet zusammen, sondern in Privathäusern. Männer und Frauen beten und singen gemeinsam (im Islam nach Geschlechtern getrennt und es wird nicht gesungen). Zum Beginn der Feier fragt der „Älteste", ob alle im Frieden miteinander sind und während der Feier segnet er einen Becher mit Wein und reicht ihn jedem mit dem Wort „Dem", das Blut bedeutet. Niemand weiß allerdings, wessen Blut es ist.

Für Aleviten gilt generell die Einehe und Ehescheidung ist nicht denkbar (im Islam hingegen genügt es, wenn der Mann ausspricht: „Ich scheide mich von dir!"). Aleviten kennen die Heiligenverehrung und am Ende des Winters streuen sie Asche auf ihr Haupt. Und Mitte April färben sie Eier!

Alevitische Frauen, so erfahre ich, tragen außerdem keine Kopftücher. Auch Marienbilder findet man bei ihnen zu Hause. Die „Dreifaltigkeit", die sie verehren, hat allerdings mit der unsrigen nichts gemeinsam: Es sind Allah, Mohammed, und dessen Vetter Ali.

Somit gibt es allerdings bei den Aleviten auch Vorstellungen, die ihnen trotz der Bräuche aus urchristlicher Zeit eine Hinwendung zum Christentum erschweren. Robert strahlt jedoch einen so tiefen, geradlinigen und ehrlichen christlichen Glauben aus, dass Suchende in ihm sicher einen wunderbaren Lehrer haben.

Voller Hochachtung höre ich diesem Mann zu, der für den Schatz, den er gefunden hat, in seiner Heimat so mutig eingetreten ist und bereit war, dafür alles, was ihm bis dahin wichtig gewesen war, zu verlassen: Beruf und Karriere, auf die er sich gefreut hatte, seine Familie und sein Heimatland.

Ob er es nie bereut hat, fern von zu Hause in einer fremden Sprache ganz von unten neu zu beginnen? Überzeugt meint er: „Wenn man die christliche Botschaft einmal verstanden und Jesus als seinen Herrn angenommen hat, dann hat man ein Feuer im Herzen, das einen zwingt hinauszugehen und den anderen diese Botschaft, diese Freude weiterzugeben." Und er fährt fort: „Seit der Taufe bin ich nicht Herr meines Lebens. Wenn ich etwas geplant oder gewollt hatte, so hatte Gott oft einen anderen Plan. Den habe ich dann ausgeführt."

Lachend fügt er hinzu: „Ich bin jetzt froh, dass Er die Verantwortung für mein Leben hat. Mir hat immer schon das Wort gefallen: „Ich kenne Seine Wege nicht, aber Jesus kennt den Weg für mich." Robert durfte erfahren, dass ihn Gott in allen Schwierigkeiten immer gestärkt hat: „Wenn ich das mache, was Er will, werde ich auch glücklich sein. Unser Leben soll immer Er steuern, dann wird es keine Enttäuschungen geben. Er wird uns in allen schweren Phasen helfen." Mit „uns" meint er einerseits seine Frau, die seit 2 Jahren in Österreich ist und in der Osternacht des Vorjahres getauft worden ist ‚und das Kind, das die beiden nun erwarten.

Robert ist für mich einer der, leider nicht sehr zahlreichen, wirklich hoffnungsfrohen Menschen, die ich kenne. Ein gutes Vorbild. Sein großes Vorbild ist Maria.

Über sie spricht er mit besonderer Liebe: „Sie war die Mutter Gottes und niemand war ihm je so nahe. Doch sie hat sich nie in den Vordergrund gedrängt, ist immer demütig im Hintergrund geblieben, obwohl sie immer in Seiner Nähe gewesen ist. Maria hat die Nähe zu Gott gelebt." Er bedauert, dass hierzulande so viele nach Ämtern, Titeln, Würden oder nach der Anerkennung der Menschen streben statt nach der Nähe Gottes. Wie recht er doch hat.

Den Taufwerbern empfiehlt er daher die Nähe Gottes zu suchen, immer wieder eine Kirche zu betreten und dort so oft es geht die Hl. Messe zu besuchen: „Das ist viel wichtiger als alles Lesen und Lernen. In der Kirche, in der Messe müssen sie sich einnisten: Hier finden sie die Nähe Gottes, den direkten Draht zum lieben Gott. Schließlich wird man Christ, wenn man Ihn anerkennt und bezeugt."

Wie schaut nun so ein Tag bei ihm aus: Er übersetzt Bücher, Texte, Gebete oder Lieder aus dem Englischen und dem Deutschen – wie sprachbegabt er ist, durfte ich ja feststellen. Derzeit arbeitet er an einer Übersetzung des kleinen Katechismus von Kirche in Not. Ganz wichtig sind natürlich die Stunden mit den Katechumenen, die er regelmäßig trifft. Dauernd kommen auch Anrufe: Dringend wird er gebeten (unentgeltlich) für Flüchtlinge bei Ämtern oder bei der Polizei zu übersetzen. Oder er eilt zu einem Kranken, der im Krankenhaus Probleme hat, den Ärzten seine Beschwerden klarzumachen.

Er betont, dass diesen Menschen sehr geholfen wäre, wenn sie unentgeltlich Sprachkurse besuchen könnten. Für die meisten ist das zu teuer. Und dabei würde das so manche Barriere zwischen Türken und Österreichern abbauen helfen. Auch fanatische Gruppierungen fänden dann nicht so leicht Anklang unter Zuwanderern.

Man merkt einfach, wie sehr die Menschen, natürlich vor allem die Flüchtlinge und die Menschen aus seiner alten Heimat Robert ein Anliegen sind. Doch in allem, was er tut, macht er im Grunde genommen nach wie vor das, was er schon am ersten Tag nach seiner ersten Bekehrung gemacht hat: Er verkündet und bezeugt die Größe von Gottes Liebe und Gnade und Seine erlösende Botschaft.

P. S.: Aus Angst vor Repressalien hat Robert K. gebeten, kein Bild von ihm zu veröffentlichen.

Sr. Marie-Catherine Kingbo
Missionarin unter den Ärmsten

*D*u warst für mich ein offenes Evangelium und nun, während Deiner Abwesenheit, betrachte ich Jesus weiterhin durch dich", schreibt eine junge Mitschwester an Mutter Marie-Catherine, die derzeit nach Krebsoperationen in Wien eine Chemotherapie über sich ergehen lassen muss. Dass sie in Wien operiert werden konnte – und nicht im Niger, einem der ärmsten Länder Afrikas, wo sie kaum Überlebenschancen gehabt hätte –, zeigt, dass Gott noch einiges mit ihr vorhaben dürfte.

Wie ich sie kennengelernt habe? Meine „Uralt"-Freundin Christine rief mich aus Tirol an und bat mich, mich ein wenig um eine afrikanische Ordensschwester zu kümmern. Sie sei gerade in Wien operiert worden und spreche kein Deutsch, aber Französisch. Dieser Bitte kam ich gerne nach. Schon beim ersten Besuch im Spital stellte ich fest, dass Schwester Marie-Catherine ohne viel Worte, aber mit selbstverständlichen, liebevollen Gesten die Dankbarkeit ihrer Zimmergenossinnen erworben hatte. In unseren französisch geführten Gesprächen haben wir uns, Marie-Catherine Kingbo und ich, obwohl aus so verschiedenen Welten kommend, dank des gemeinsamen Glaubens und einer spontanen Zuneigung rasch gefunden.

Ich bewundere diese Frau, die nie ihr eigenes schweres Schicksal beklagt, sondern in unseren häufigen Treffen immer voll Anteilnahme an andere denkt und sich um sie sorgt: um ihre Mitschwestern, die nun alle Arbeit allein tun müssen, um die ihr anvertrauten Menschen im Niger, um ihre Freunde hier, denen sie so dankbar ist, aber auch um jedes meiner Familienmitglieder. Bei der Gastfamilie in Wien, bei der sie zwischen den Behandlungen wohnt, hat sie mir viel aus ihrem Leben erzählt.

Sie wird 1953 im Senegal in einem großen Dorf 200 km von Dakar entfernt als Tochter eines Zollbeamten geboren. Sie hat zehn Geschwister. Die Eltern leben in einer harmonischen Ehe, obwohl der Vater evangelisch, die Mutter katholisch ist. Jeder respektiert den Glauben des anderen. Sonntags begleitet der Vater seine Frau und die Kinder in die Heilige Messe. Vor seinem Tod bittet der Vater darum, katholisch begraben zu werden.

Marie-Catherine hat ihre Kindheit und Jugend in sehr schöner Erinnerung. Nach der Schule macht sie eine Sekretariatsausbildung und arbeitet dann bei einer Agentur, die für die Sicherheit im Luftverkehr tätig ist. Schon damals ist sie sehr ins kirchliche Leben eingebunden, singt im Chor der Kathedrale, ist in der Christlichen Arbeiterjugend engagiert, organisiert verschiedene Pfarraktivitäten. Sie trifft sich mit Freunden, geht gerne tanzen und ins Kino, freut sich über ihren guten Job. Noch denkt sie nicht daran, in einen Orden einzutreten.

Aber dann – sie ist gerade 18 – bei einer Seelenmesse für einen Verwandten fällt während der Predigt, die der Bischof hält, ein Satz, der ihr Leben verändert: „Die Ernte ist groß, aber es gibt nur wenig Arbeiter. Bittet den Herrn der Ernte, Arbeiter für seine Ernte auszusenden." Marie-Catherine fühlt sich bei diesen Worten ganz persönlich angesprochen. Da ist überhaupt kein Zweifel, das weiß sie heute noch genau: „Herr, du rufst mich zu einem Leben als Ordensschwester. Gerade noch hatte ich über den Tod des Freundes geweint. Aber plötzlich war da ein großer Frieden. Ich war ganz in Freude eingetaucht. Träume ich, ist das Einbildung, habe ich mich gefragt. Jedenfalls war ich glücklich über diesen Anruf Gottes – und über meine spontane Reaktion: Ja ich will." Bald stellt sich aber ein innerer Kampf ein: Da ist wohl ihr Ja – aber heißt das nicht: Jetzt musst du alles, was dir lieb ist, aufgeben? Das Zimmer daheim, die Nähe der Eltern und Geschwister, den gut bezahlten Job, die Freunde, das Auto. „Ich war einfach wie alle jungen Mädchen, die das Leben lieben."

Schließlich vertraut sie sich einem mit der Familie befreundeten Priester an, erzählt ihm, was sie erlebt hatte. „Du solltest es deinen Eltern sagen", meint dieser zum Schluss ihres Gespräches. „Bitte begleiten sie mich", ersucht sie den Abbé, überzeugt, dass die Eltern es nie erlauben würden. Ihre Mutter jedoch ist gleich einverstanden, ermutigt sie sogar zu diesem Schritt. „Ich werde es deinem Vater zu einem günstigen Zeitpunkt sagen", verspricht sie.

So günstig dürfte der Zeitpunkt aber doch nicht gewesen sein: Eines Tages vor Weihnachten erklärt der Vater, es komme nicht in Frage, dass sie jetzt ins Kloster gehe. Auch der Pastor, mit dem sie auf Wunsch des Vaters spricht, versucht sie von dem Schritt abzuhalten. Trotz des Vaters Nein bleibt sie bei ihrem Projekt. Der Priester, der sie beraten hatte, rät ihr: „Du musst den Vater verstehen. Sprich nicht mehr darüber. Du hast den Anruf Gottes bekommen, behalte ihn im Herzen. Lebe ihn in deinem Alltag." Und das befolgt sie – vier Jahre lang. Eines Tages ist der Vater dann aber bereit, die Tochter ziehen zu lassen.

Im September 1975 tritt sie in den Orden ein, 1978 hat sie die erste Profess, also vor 30 Jahren – ein Schritt, den sie nie bereut hat. Zunächst wird sie Sekretärin ihrer Ordensoberen und gibt Kindern Erstkommunionunterricht. Es folgen zwei Jahre in Brüssel: Ausbildung in Katechese und Pastoral. Nach ihrer Rückkehr kümmert sie sich vor allem um Frauen in den Dörfern, veranstaltet u. a. Nähkurse, ist Sekretärin im Priesterseminar und bringt dort recht energisch, wie sie lachend schildert, neuen Schwung und eine effizientere Organisation hinein.

Ihr lebendiger Glaube, ihre Managementbegabung und das gute Verhältnis, das sie zu allen Schwestern hat – als eine der wenigen kann sie gut mit den Mentalitätsunterschieden der Schwestern vom Land und jenen aus der Stadt umgehen –, tragen dazu bei, dass sie als jüngste im Kapitel – sie ist gerade 35 – zur Ordensoberin gewählt wird. In den 12 Jahren, die sie diese Aufgabe wahrnimmt, legt sie großen Wert auf eine solide Ausbildung der jungen Schwestern. Einige werden zu Kinderärztinnen, Gynäkologinnen, eine als Doktorin des kanonischen Rechts – zum Teil auch in Europa – ausgebildet. Die junge Ordensoberin kümmert sich auch um die Infrastruktur der Häuser der Gemeinschaft, renoviert einige und baut andere neu, dankbar für die Hilfe von Caritas Innsbruck, Caritas Italia und „missio".

Recht erschöpft – 10 Jahre ist sie auch Vorsitzende der weiblichen Ordenskonferenz des Senegal und ganz Westafrikas – beendet sie ihr Mandat im Jahr 2000. Über die vielen Belastungen und Schwierigkeiten in und außerhalb der Kongregation in dieser Zeit möchte sie kein Wort verlieren.

Nach Beendigung ihres Mandats erkrankt sie und muss operiert werden. Das hält sie nicht davon ab, auch ihre schwer erkrankte Mutter – gemeinsam mit zwei ihrer Schwestern – zu betreuen und sie beim Sterben zu begleiten. Dankbar für diese Erfahrung erzählt Marie-Catherine: „Eine halbe Stunde vor ihrem Tod – mitten in der Nacht – habe ich gemerkt, dass ihr Atem sich verändert. Meine Schwestern und ich begannen, den Rosenkranz zu beten. Nach dem dritten Gesätzchen ist die Mutter ganz ruhig gestorben. Wir Schwestern haben dann das Magnificat gebetet." Der Vater, der nebenan schläft, wird nicht geweckt aus Rücksicht auf seine angegriffene Gesundheit. Er stirbt 2006. Und auch ihn können die drei Schwestern in seinen letzten Stunden liebevoll begleiten.

2001 bekommt die ehemalige Ordensoberin ein vierjähriges Stipendium, unter anderem wird sie in Paris als Katechistin für Muslime ausgebildet. Sie kommt ja aus einem mehrheitlich islamischen Land. Eines Tages nimmt sie wahr, wie ihr der Herr sagt: „Jetzt, da du all das begriffen hast, mach Mein wahres Antlitz unter Muslimen erfahrbar."

Am ersten Adventsonntag des Jahres 2002 offenbart ihr Gott noch deutlicher Seinen Ruf: Es ist der Tag der Sendungsfeier. Sie steht neben dem Altar wie die anderen Katechisten. Neben ihr ein Häuschen – und nicht wie sonst ein Kranz – mit 4 Kerzen. Aufmerksam betrachtet sie es. Nach der Kommunion, als die Katechisten sich zu ihrer Beauftragung bekennen sollen, ist wieder die innere Stimme da. Sie hört: „Bau Mir ein religiöses Haus, das Mein Antlitz und Meine Liebe unter Muslimen leuchten lässt." Im selben Moment ist die Gewissheit da: Als sie ihr „Ja, ich will" spricht, drückt sie nicht nur ihre Bereitschaft aus, als Katechistin zu wirken, sondern sie ist sicher, dass einer neuer Ruf an sie ergeht, der in der Kontinuität ihrer Berufung liegt.

„Ich glaube, der Herr möchte, dass ich eine neue Kongregation aufbaue. Hilf mir zu unterscheiden", sagt sie kurz darauf ihrem Seelenführer. Und dieser bestätigt: Sie habe keine Halluzination, keine Einbildung gehabt. „Der Herr bittet dich, etwas Neues zu beginnen." Aber wie und wo, sind Fragen, die sie ein Jahr lang mit sich trägt. Eines Abends bekommt sie im Gebet die Antwort: „Geh in den Niger!" – und sofort zieht tiefer Friede in ihr Herz ein. Bewegt erklärt mir Marie-Catherine: „Der tiefe Frieden ist für mich immer ein Zeichen. Wenn keine Unruhe mehr da ist, sondern Freude und tiefer Friede, ein Friede, der anhält, keinen Zweifel zulässt, und ich noch tiefer Seinen Willen erfüllen möchte, so ist das vom Herrn."

Und dennoch, auch dieses Zeichen bedarf nochmals einer Unterscheidung. Ein weiterer geistlicher Begleiter, ein Jesuit, sagt ihr kurz darauf: „Klar, der Herr bittet dich um eine neue Mission. Lehne sie nicht ab. Und noch eines: Sie sollte außerhalb des Senegal stattfinden." „Weißt du, mon père, genau das habe im Gebet gespürt", antwortet die Schwester froh. Und noch eine Bestätigung: Msgr. Ambroise, ein Bischof aus dem Niger, – sie hatte ihn zufällig in Paris getroffen – freut sich bei einem Telefongespräch bei dem Gedanken an eine neue Kongregation in seiner Diözese. Schon lange habe er nach einer Hilfe in diesem armen Land gesucht.

Ihrem Ansuchen um Austritt aus ihrem Orden wird ohne Probleme stattgegeben: ein weiteres Zeichen. Und bei einer Einkehr in Frankreich wird während des Essens, das im Schweigen eingenommen wird, in dem Speisesaal, in den man sie gesetzt hat, eine CD abgespielt. Marie-Catherine berichtet ergriffen: „Es waren Zeugnisse von Afrikanern: vor allem aus dem Niger. Mein Herz hat gebrannt. Vor allem das Zeugnis eines Imam, der sich zum Christentum bekehrt hatte. Er erzählte davon, wie groß die Sehnsucht dieses Landes nach der Guten Nachricht, dem Wort Gottes, sei." Welche Bestätigung ihres Rufes für ihre neue Missionsarbeit!

Seit März 2006 ist sie nun im Niger. Die relative Bequemlichkeit und Sicherheit ihres bisherigen Ordens hat sie gegen ein neues unsicheres Leben eingetauscht. Am 22. Oktober 2006, dem Welttag der Missionen, hat Msgr. Ambroise Ouédraogo die „Fraternität der Dienerinnen Christi" feierlich als diözesane Kongregation anerkannt und Mutter Marie-Catherine zur Ordensoberin ernannt. Gemeinsam mit einer jungen Frau aus dem Senegal beginnt sie ihre Arbeit.

Begleitet von einer Dolmetscherin, einer konvertierten Muslimin, besucht sie zunächst einmal die einzelnen Dörfer ihres Einsatzgebietes. So lernt sie langsam den Alltag und die Probleme der Menschen dort kennen. Die meisten leben in Hütten, oft nur aus Stroh. Geschlafen wird auf Strohmatten, gekocht wird im Freien. Zunächst wendet sie sich an die Frauen: „Wollt ihr eine Ausbildung haben, Informationen bekommen?", fragt sie in den Dörfern. Die Frauen applaudieren. Worüber wollt ihr unterrichtet werden? „Über unsere Rechte und Pflichten, die Ausbildung der Kinder, über Hygiene ..."

Also beschließen die beiden Schwestern, ein Informationswochenende zu veranstalten mit jeweils 10 Frauen aus verschiedenen Dörfern. Tatsächlich kommen dann 150 für drei Tage. Tagsüber sitzt man unter Planen, die gegen die Sonne aufgespannt werden, nachts schläft man auf diesen direkt auf dem Boden. Es wird über das Eheleben gesprochen – viele muslimische Männer sind mit mehreren Frauen verheiratet –, über die Rechte und Pflichten der Frauen, über Hygiene, die Tradition und über die Kinderheirat (viele Mädchen werden schon mit 10 verheiratet, etwa dem Alter mit dem Aischa, dritte Ehefrau Mohammeds, diesem angetraut wurde). Für die Frauen ist es das erste Mal, dass jemand sie informiert, über Ausbildung mit ihnen spricht und ihnen zuhört (!). Es ist auch das erste Mal, dass sie sich mit anderen Frauen treffen können.

Die Veranstaltung ist ein großer Erfolg. Die Teilnehmerinnen sollen nun ihr neu erworbenes Wissen an die anderen zu Hause weitervermitteln. Der Vorschlag, so ein Wochenende für ihre Töchter zu veranstalten, begeistert alle. Diese werden von Aufsichtspersonen, Patinnen, begleitet: Noch ein großer Erfolg, wie meine neue

Freundin froh berichtet: „Ich war überrascht, wie frei die Mädchen vor den Patinnen über ihre Lage gesprochen haben, davon, dass sie gegen ihren Willen Männer heiraten müssen, die sie nicht lieben. Aber auch davon, dass sie gerne in die Schule gehen würden."

Bald nach diesem Wochenende sind die 15- und 16-Jährigen Burschen, manche schon polygam verheiratet, an der Reihe. Auch sie wollen ein Informationswochenende haben, über Aids, über die Ehe sprechen. Sie berichten übrigens, dass sich eines der Mädchen bereits gegen eine erzwungene Ehe ausgesprochen habe. Und wieder ist die Veranstaltung ein voller Erfolg.

Nun ist den Schwestern klar: Sie müssen auch mit den Verantwortlichen, den Dorfchefs, die ja die Ehen vollziehen, und mit den Imams ins Gespräch kommen. Kein leichtes Unterfangen in einem muslimischen Land. Lachend meint Marie-Catherine: „Ziemlich gewagt, diese Männer einzuladen, auch den Bürgermeister der Gemeinde, wo wir arbeiten. Wir informierten auch den Chef des Kantons." Und was geschieht? 12 Chefs, 12 Imame und der Vertreter des Bürgermeisters kommen, folgen der Einladung. Aus Neugierde?

Mutter Marie-Catherine informiert sie über die einzelnen Veranstaltungen mit den Frauen, den Mädchen und den Burschen. Die Männer hören zu. Dann folgt eine fast unglaubliche Feststellung eines Imam: „Wir wissen eigentlich gar nicht, warum wir unser Dorf, unsere Frauen und Familien verlassen und die Nächte hier am Boden verbracht haben. Ihr seid Frauen, Ausländerinnen, habt nicht unseren Glauben. Aber wir vertrauen euch." Und scherzhaft fügt er hinzu: „Wenn ihr sagt, wir sollen da in dieses Loch hineinkriechen, dann werden wir auch das tun."

„Wir waren sehr betroffen von den Worten eines Imam", erzählt die Schwester. „,Was wollt ihr, dass wir weiter tun?', haben wir gefragt. Die Antwort: ,Wir bekommen zwar kein Geld von euch, aber Wissen. Wir bitten euch, einfach weiterzumachen. Bildet auch unsere Hebammen aus – und wir hätten gerne Schulen.'" Darauf Marie-Catherine: „Schulen sind nicht unsere Sache. Da müsst ihr euch an die Regierung wenden."

Doch das wollten die Männer nicht. Sie vertrauten eher darauf, dass diese Frauen auch weiterhin etwas für sie tun werden. Also entsteht der Plan einer Schule und eines Internates für Kinder, die weiter weg wohnen, vor allem für die Mädchen, die so auch einer frühzeitigen Heirat entgehen könnten. Wenn das nicht Zeichen einer echten Berufung Gottes sind!

Mittlerweile haben die Schwestern auch ein Ausbildungswochenende für Hebammen veranstaltet. Weit mehr als vorgesehen kamen der Einladung nach. Die Probleme sind groß. Viele Mütter und Kinder sterben bei der Geburt. Die Hebammen besitzen nicht einmal Handschuhe, manchmal verwenden sie stattdessen Plastiksackerln.

„Und wie sieht das mit dem Wasser aus?", frage ich. Es gibt keine Wasserleitung, sagt sie. Man muss es an einer Stelle, die Kilometer entfernt ist, kaufen. Das Wasser aus den vorhandenen Brunnen sei oft nicht trinkbar.

Hilfe für Schwangere sowie für unterernährte Babys und deren Mütter ist eine weitere Aktivität der Schwestern. Mit Hilfe eines internationalen Programms (PAM) haben allein in den ersten Monaten seit Juni über 1.000 Kinder die Hilfe der Schwestern in Anspruch genommen. Wie das vor sich geht? Aus Gries, Öl und Zucker bereiten die Schwestern einen Brei zu. Jedes Kind wird gewogen und gemessen. Mit den Müttern werden Grundbegriffe der Hygiene besprochen und jede bekommt 3,5 kg mit – genug für 14 Tage.

Aber da der Hunger in den Familien meist sehr groß ist, wird damit oft die ganze Familie ernährt. Manchmal hat das Kind das Gewicht wohl erreicht, wird aber auf Diät gesetzt, damit es wieder abnimmt und die Mutter wieder Nahrung – für die ganze Familie sozusagen – bekommt. „Du siehst, wie groß die Armut dort ist!", erzählt die besorgte Oberin liebevoll. „Immerhin haben 300 Kinder zugenommen. Auch die Schwangeren bekommen für 14 Tage Nahrung. Als wir die Mütter erstmals mit ihren Babys eingeladen haben, waren die Mütter so ungeduldig, dass sie uns die Kinder durchs Fenster hineingeworfen haben. Auch beim zweiten Mal war so ein Ansturm, dass sie eine Wand zum Einsturz brachten", erinnert sie sich leicht verzweifelt.

Noch eine Initiative haben Marie-Catherine und ihre Mitschwestern – mittlerweile sind sie zu siebent, drei sind aus Burkina Faso, zwei aus Togo dazugestoßen – ergriffen: Sie vergeben an Frauen in den Armenvierteln der Stadt Mikrokredite. Was das ist? Jede Frau bekommt 20 Euro geborgt, um einen kleinen Handel zu beginnen. Innerhalb von sechs Monaten muss der Betrag zurückgezahlt werden, kann aber neuerlich geliehen werden, um weiterzumachen.

Eine Frau hat ihr erzählt: „Als arme Witwe hatte ich meine Söhne dem Koranlehrer anvertraut (dort müssen sie nicht nur stundenlang den Koran auswendig lernen, sondern werden oft – wie die Schwester erzählt – täglich zum Betteln geschickt, um das Erbettelte abzugeben. Wenn sie nichts bekommen, werden sie auch geschlagen). Mit einem Teil des Mikrokredits habe ich einen kleinen Handel aufgemacht. Meine beiden Kinder habe ich vom Marabut weggeholt und ihnen das restliche Geld ebenfalls für einen eigenen kleinen Handel gegeben."

Nicht genug damit: Auch zu den Leprakranken am Stadtrand ist Mutter Marie-Catherine gegangen. Leprakranke, aber auch solche, die schon geheilt sind, leben nur vom Betteln, denn niemand will Handarbeit oder sonst etwas, das sie herstellen, abkaufen. Wie man ihnen helfen könne, hat die Schwester gefragt. Mit Ziegen, von deren Milch sie sich ernähren, die sie auffüttern und deren Junge sie verkaufen könnten. Gesagt, getan: Durch Spenden österreichischer Freunde konnte bereits 80 Familien geholfen werden. 30 Euro kostet übrigens eine solche Ziege.

Bei Marie-Catherine kommt aber auch die Katechese nicht zu kurz. Sie wird an drei Tagen in der Woche an verschiedenen Orten gehalten. Zunächst sind einige Frauen und wenige Männer, meist Animisten, gekommen. Mittlerweile gibt es auch Katechismusunterricht für Kinder, etwa 40 sind es, zwischen 5 und 11 Jahren. Das hat wiederum Erwachsene animiert, sodass nun rund 30 Frauen und Männer den Glaubenskurs besuchen. Lachend erzählt Marie-Catherine: „Die meisten Kinder waren am Anfang sehr schmutzig. Wir haben ihnen versprochen, dass jeder von ihnen einen Rock bzw. eine Hose und ein Oberteil von uns genäht bekommen würde – allerdings müssten sie sich waschen. Und nun sind sie gewaschen."

Wovon sie eigentlich selber leben, will ich wissen. Von 130 Euro im Monat, die sie von kirchlichen Stellen bekommen – für all ihre Bedürfnisse. Daher mangelt es praktisch an allem, und ohne Spenden gäbe es kein Auskommen. Aber darauf komme es nicht wirklich an, wie die tapfere Mutter Oberin mit dem unerschütterlichen Glauben – sie ist mir schon sehr ans Herz gewachsen – versichert: „Ich hatte nie Zweifel an dieser Missionsarbeit. Ich spüre die Kraft des Heiligen Geistes, die Treue des Herrn, wenn man Ihm vertraut. Ich kann Seine Hand spüren und habe nie an Seiner Liebe gezweifelt. So habe ich immer Menschen auf meinem Weg getroffen, die mir geholfen, mir Mut zugesprochen, meine Situation verstanden haben."

Bei jeder Begegnung mit ihr spüre ich: Sie ist ein Mensch, an dem man sich festhalten kann – auch in ihrer schweren gesundheitlichen Krise. Und ich bin sicher: Gott hat sie nach Österreich geschickt, damit sie uns hier stärke. Denn ich sehe, dass sie vielen, denen sie hier begegnet – jedem ganz besonders – Gottes Antlitz, Seine Liebe wiederzuspiegeln vermag.

P.S.: Mittlerweile sind sie schon 15 Schwestern und müssen nun ein Grundstück für ein Mutterhaus, eine Schule und ein Internat erwerben. Sie benötigen dringend Spenden. Das Spendenkonto: Raiffeisenbank Mutters BLZ 36281, Kt. Nr. 30080972 – Sparbuch Maradi.

Gabriele Kuby
Unterwegs mit Maria nach vielen esoterischen Umwegen

*E*ine Gemeinsamkeit mit Gabriele Kuby ist mir gleich sehr angenehm bei unserem ersten Zusammentreffen aufgefallen: Wir gehören zu den Müttern, die immer Fotos ihrer Kinder mit sich herumtragen und auch gerne herzeigen. Ein gemeinsames gemütliches Frühstück, bei dem ich die attraktive, große und auf Anhieb sympathische Frau ein wenig kennenlerne, geht dem Interview voraus.

Nicht erst bei diesem Gespräch beeindruckt sie mich durch die klare und präzise Art, mit der sie ohne Umschweife über die Zeit vor ihrer Bekehrung spricht. Schon bei ihrem Vortrag in der katholischen Hochschulgemeinde am Vortag erwies sich die erst 1997 in die Katholische Kirche eingetretene Frau als engagierte Verfechterin und mutige Bekennerin des Glaubens. Diesen Mut musste sie wohl als Konvertitin aus der Welt der Esoterik und des New Age, wo die Kirche ein Ärgernis ist, in ganz besonderem Maß einüben. Man merkt ihr an, dass sie gern Zeugnis gibt.

Geboren in Konstanz, wächst sie in Weilheim in Oberbayern als eine von fünf Geschwistern auf. Die Kinder sind nicht getauft, bis eines Tages die kleine Gabriele weinend ihre Mutter fragt, ob sie denn in den Himmel kommen könne, selbst wenn sie nicht getauft sei. Daraufhin werden alle fünf Kinder evangelisch getauft.

Im Laufe des Gesprächs kann ich heraushören, dass sie in ihrer Kindheit mehr liebevolle Nähe und Geborgenheit durch die Eltern gebraucht hätte. Das Bedürfnis danach begleitet sie bis ins Erwachsenenalter und belastet die Familienbeziehungen.

Nach der Taufe gibt es im Glauben keinerlei weitere Unterweisung. Und so ist es weiter kein Wunder, dass die junge Studentin während des Soziologiestudiums in Berlin wieder aus der Kirche austritt. In der Studentenbewegung, zu der sie stößt, ist Kirche ja auch wirklich kein Thema. Ein Semester lang ist die Studentin auch politische Referentin. Gabriele Kuby erzählt, was die Studenten damals dachten: Die bürgerliche Kleinfamilie sah man als überholt an, ebenso die Ehe, man stellte die Eigentumsverhältnisse in Frage und rüttelte an den religiösen Festen. Und die Sexualität wird „befreit"! – nicht zur Liebe, wie sie betont, sondern zur hemmungslosen Begierde, die schließlich kriminell wird. Das Ergebnis heute: Über 300.000 sexuell missbrauchte Kinder in Deutschland und jährlich ebenso viele Abtreibungen.

Ihr Studium beendet Gabriele in Konstanz, um dann sozialwissenschaftliche Planerin in Bremen zu werden. Das Milieu, in dem sie sich bewegt, ist links orientiert, macht sie aber nicht glücklich. So beschließt sie eines Tages – wir schreiben 1972 – der Universität den Rücken zu kehren und per Autostopp nach Spanien zu reisen. Obwohl sie damals nicht bewusst auf der Suche nach Gott ist, schickt ihr der Herr ein Zeichen: einen Sonnenuntergang, der ihr tief ins Herz leuchtet und in ihr die Sicherheit erwachen lässt, dass es eine göttliche Dimension gibt.

Von da an begibt sie sich auf die Suche nach dieser Dimension. Sie beginnt bei einer ehemaligen Lehrerin, die sich mit I-Ging, dem chinesischen Buch der Weisheit, befasst. Wenig später hat sie ein weiteres Erlebnis im Ferienhaus der Familie in Kroatien: Auf das Meer blickend hört sie Beethovens Klaviersonate Opus 111 – und plötzlich ist es ihr, als würden ihre Augen neu sehen. Staunend betrachtet sie die Landschaft, die sie seit langem kennt. Erst jetzt entdeckt sie deren Schönheit. Auch ist da plötzlich eine neue Tiefendimension des Verstehens, des Erkennens und die Überzeugung, sie werde nie wieder unglücklich sein können. Dieser Zustand dauert noch an, als sie für sechs Monate am Fließband in München arbeitet – um selbst zu erleben, wovon sie als politisch engagierte Studentin gern gesprochen hat. Schlimm ist dann aber der Tag, an dem sie feststellt, dass dieser wunderbare Zustand plötzlich beendet ist. Die Welt wird wieder grau.

Die esoterische Suche geht weiter: Es folgen zwei Jahre in einer englischen Akademie für innere Arbeit nach der Lehre von Gurdjeff. Dort wird – wie sie mir erklärt – „eine Art Gymnastik in der geistigen Welt" betrieben: „Ausgeflippte Meditationsübungen, spirituelle Tänze, genannt „movements", Selbstbeobachtung, intensive, innere Übungen, eine spirituelle Lehre, die jedoch nicht zu Christus führt, obwohl wir sogar die Bergpredigt bei der Gartenarbeit auswendig gelernt haben." Von Jesus selbst redete man nicht. Vielmehr vermischte man viele Elemente der christlichen Kultur mit anderen Ansätzen und Praktiken, erkennt sie heute. Zwei Jahre bleibt sie an der Gurdjieff Akademie.

Zu ihrer Freude bekommt sie 1977 einen Auftrag der Zeitschrift „GEO", über spirituelle Kommunen in den USA zu berichten. Das kam ihrer Suche nach dem Göttlichen sehr entgegen. In den verschiedenen sektiererischen Gemeinschaften gerät sie in das New Age Fahrwasser: Alle Religionen sind gleich gut, der Glaube an die Reinkarnation ist selbstverständlich, jeder Mensch ist selbst Teil des Göttlichen und muss sich selbst verwirklichen ... Dazu gibt es jede Menge von Kursen und Methoden.

Die junge Journalistin ist zunächst begeistert von diesen Kommunen, vor allem von den Sufis. Sechs Wochen bleibt sie bei ihnen. Doch auch die Zen-Gemeinschaft in San Franciso gefällt ihr gut. Sie lächelt mich an und sagt: „Ich habe alles mitgemacht. Wie ein Chamäleon konnte ich überall gleich einsteigen. Auch eine Yoga-Kommune von Vegetariern fand meinen Zuspruch." Einmal verbringt sie sogar eine Woche alleine in einer kleinen Hütte. Lachend erzählt sie: „Da habe ich ununterbrochen das islamische Glaubensbekenntnis aufgesagt." (Heute wundert sich so mancher Türke, dem sie das aufsagen kann.) Alle paar Tage oder Wochen ist sie in einer neuen Welt.

Wenn Gabriele Kuby heute über New-Age Sekten und Kommunen in ihren Vorträgen spricht, kann man ihr sicher nicht nachsagen, sie wüsste nicht, wovon sie redet. Denn auch nachdem sie ihren Mann kennengelernt und geheiratet hat – eigentlich wollen die beiden eine eigene Kommune gründen –, geht es mit Kursen, Workshops und Gruppen, die einander ablösen, weiter. Wie gerne möchte sie zum Kreis der Erleuchteten, der scheinbar Glücklichen, der Selbstverwirklichten gehören – doch sie findet dieses Glück nirgends. Ob Schamanismus, I-Ging oder Sufis: Nach jedem ersten Aufflackern der Begeisterung kommt der Absturz. Sie bleibt – Gott sei es gedankt – nirgends hängen.

In dieser Zeit bekommt das Ehepaar drei Kinder und gründet einen kleinen Buchverlag. Die junge Mutter übersetzt viele Bücher aus dem Bereich Esoterik und dolmetscht in Esoterik-Seminaren. Auch die Psychologie hat es ihr angetan: Von Bert Hellinger, der die systemische Familientherapie entwickelt hat, erhofft sie sich Rat und Hilfe, als sie mit ihren Problemen und Ängsten nicht mehr zurechtkommt. Doch letztlich findet sie auch hier keine Erlösung. Und weil die Eheleute jeweils den Partner nach eigenen Vorstellungen umkrempeln wollen – erfolglos, wie man versteht – kommt es im Mai 1995 zu einer tiefen Lebenskrise, in der alles zerbricht.

Nach 18 Jahren geht die Ehe in Brüche. Der Mann zieht aus, und Gabriele Kuby ist ab 2. Jänner 1996 allein mit ihren drei halbwüchsigen Kindern.

Zunächst wird ein Jahr Trennung vereinbart. Sie erlebt einen seelischen Zusammenbruch. Eine Nachbarin erkennt den Zustand, drückt ihr ein Heftchen in die

Hand und sagt: „Bete!" Das Heftchen ist eine Novene zu den Verheißungen Christi. Jedes der Gebete hört mit den Worten auf: „Ich bin die Magd des Herrn, mir geschehe nach Deinem Wort."

Zunächst merkt Gabriele Kuby: Zum Beten braucht sie Mut. Meditieren, das kann sie gut, aber gebetet hat sie bisher nie: „Als müsste ich von einem 10-Meter-Brett springen und wüsste nicht, ob unten Wasser ist. Warum war dieses Gefühl da? Auch vorher habe ich an Gott gedacht. Ich hatte Ihn jedoch nie angesprochen. Die Gefahr für mich war, dass keine Antwort kommen könnte", erinnert sie sich.

Die Angst erweist sich als unberechtigt, denn die Psalm-Worte „Ein zerbrochenes, zerschlagenes Herz wirst Du, Gott, nicht verschmähen" werden für sie wahr. Ihr fällt der Entschluss in den Schoß: „Ich werde katholisch!" An der Richtigkeit dieser Entscheidung wird sie nie mehr zweifeln.

Bald nachdem sie zu beten angefangen hat, wird ihr klar: Sie will Christus in ihr Leben einlassen. So wächst in ihr die Sehnsucht nach der Eucharistie bei einer Messe, zu der sie ihre Bekannte einlädt, bei einer Eucharistiefeier im Freiburger Münster, bei einer eucharistischen Anbetung, beim Friedensgruß während eines Kirchweihfestes. „Wie schön ist das, dem Nachbarn einen Augenblick so zu begegnen". Auf den Eintritt in die Katholische Kirche, „dieses große, altehrwürdige Schiff einzusteigen, das seit 2000 Jahren unterwegs ist", wird sie von einem Kaplan vorbereitet.

Als sie von Marienerscheinungen hört und einschlägige Videos sieht, erwacht der Wunsch, ein Buch über dieses Geschehen zu schreiben. Der Goldmann-Verlag, für den sie öfter schon Übersetzungen gemacht hat, erteilt ihr den Auftrag dazu. Am 12. September 1996 weiht sie ihre Arbeit in Altötting Maria und kauft sich die wundertätige Medaille, die Maria bei ihrer Erscheinung 1830 in der Rue du Bac in Paris der Seherin Cathérine Labouré in Auftrag gegeben hat. Sie soll besondere Gnaden erwirken.

Klar erkennt sie nun, dass Gott sie in den mehr als 20 Jahren Suche nie losgelassen hat, sie vielmehr auf allen Umwegen und Verirrungen begleitet und behütet hat. Und es fällt ihr eine Begegnung vor Jahren an einer Supermarktkasse ein: Traurig steht sie in der Reihe, als ein väterlicher Mann sie anspricht: „Es wird schon wieder. Ich passe auf Sie auf." Noch ehe sie sich von ihrer Überraschung erholen kann, ist er schon wieder verschwunden ...

Ihre erste Erkundungsreise führt sie nach Medjugorje: Intensives Rosenkranzgebet und eine massive Predigt sind eine harte Prüfung für die bekehrungsbereite Gabriele. Doch dann folgen positive Eindrücke: Noch nie sah sie so viele Männer kniend mit Rosenkränzen in den Händen beten; dann wichtige Klarstellungen für sie in einem Vortrag von P. Slavko Barbaric, etwa, dass es Satan gibt und dass es gefährlich ist, seine Existenz zu leugnen; die große Herzenswärme der Seherin Vicka, die den Pilgern die Botschaften der Gottesmutter nahebringt ...

Die Gottesmutter, so erfährt Gabriele Kuby, bittet um Gebet, Fastenopfer, um die Feier der Eucharistie und den Empfang des Sakraments der Versöhnung. Und so beschließt auch meine Gesprächspartnerin, hier ihre erste, große Lebensbeichte abzulegen. Besonders in Erinnerung bleiben ihr die Worte des Priesters: „Gott liebt dich." Nur bedingungsweise, weil sie ja noch nicht katholisch ist, erhält sie die Lossprechung. Wie gerne würde sie auch kommunizieren!

Mir gefällt jedenfalls sehr gut, dass sie dieses schöne, besondere Ereignis der ersten Beichte dann bei einem guten Essen und einem Glas Wein feiern geht. Da wäre ich gern dabei gewesen.

Vor ihrer Abreise steigt sie noch einmal allein auf den Kreuzberg. Ein alter Mann, der Kerzen und Andachtsobjekte verkauft, will sie nicht in ihrer Andacht stören und winkt sie vorbei. Als sie jedoch auf dem Rückweg wieder vorüberkommt, geht er auf sie zu und streift ihr seinen Rosenkranz über den Kopf. In diesem Moment fließt ihr Herz vor Glück und Liebe über. Ich bin sicher, dieser Rosenkranz hat einen besonderen Platz in ihrem Heim bekommen.

Zu Hause in Deutschland – es ist ein Sonntagmorgen – trifft sie plötzlich die Liebe Gottes: „Ich setze mich auf, öffne die Arme und empfange. Tränen laufen mir über die Wangen, und es steigt aus der Tiefe meiner Seele auf: Ich glaube. In diesem Augenblick ist aller Zwiespalt vorbei." Ein besonderes Gnadengeschenk nach ihrer langen Suche.

An dieser Stelle muss ich unbedingt festhalten, dass Gabriele Kuby keineswegs den Eindruck einer rein gefühlsbetonten, rührseligen Frau macht. Im Gegenteil: Sie wirkt zunächst eher nüchtern, intellektuell, den Dingen auf den Grund gehend. Das ist wohl auch der Grund, warum sie bei keiner der vielen New-Age-Gemeinschaften hängengeblieben ist.

Der Unterschied zu ihrer früheren Suche und dem jetzigen Geschehen tritt für sie immer mehr hervor. Bisher hatte sie gesucht, um in dieser Welt glücklicher zu werden, um Ängste, Depressionen und Aggressionen zu überwinden. Dafür trug sie viel Geld in Kurse und Workshops von Menschen, die stets nur im eigenen Namen Heil und Glück versprachen, wenn, ja wenn man ihre Methode der Selbsterlösung gewissenhaft praktizierte.

Jetzt aber ist das Einzige, was von ihr verlangt wird, zu beten, sich für die Gnade zu öffnen und Gott die Verwandlung ihres Herzens zu überlassen. Und die Priester, die ihr dabei helfen, wollen weder Geld an ihr verdienen, noch berühmt werden – sie verrichten ihren Dienst im Namen Jesu.

Zurück zu Gabriele Kubys Geschichte: Zu ihrem großen Bedauern schlagen die Versöhnungsversuche mit ihrem Mann fehl. Sein Nein trifft sie hart. Am selben Tag als sie niedergeschlagen nach Hause kommt, steht eine Wandermuttergottes in ihrem Wohnzimmer. Ein Bekannter hat sie vorbeigebracht. Zufall?

Am 12. Jänner 1997 ist es endlich so weit: Gabriele Kuby tritt in die Katholische Kirche ein. Es ist ein sonniger Tag und sie ist glücklich, dass ihre Kinder und ihre Mutter sie bei diesem Schritt begleiten.

Wenige Monate später beschließt sie, sich ganz der Madonna zu weihen. Ich staune und sie erklärt: „Die Hingabe an die Muttergottes ist nichts anderes als Nachfolge Jesu. Denn Jesus hat sich seiner Mutter total ausgeliefert. Niemandem ist ein Mensch mehr ausgeliefert als der eigenen Mutter." Bei Schweigeexerzitien mit P. Buob bereitet sie sich auf diesen Schritt vor. Wer ihn kennt, weiß, dass sie hier in besten Händen war. Trotzdem wird für die frisch bekehrte Katholikin der „religiöse Dauerbeschuss" zunächst ein bisschen viel. Sie erlebt massive innere Anfechtungen, was keinen wundert, der sich für die Muttergottes einsetzt.

Als dann in der Messe das Johannes-Evangelium gelesen wird, kehren die Liebe, die Tränen und der Glaube wieder zurück. Sie hört die Stelle, bei der Jesus den Petrus dreimal fragt: „Liebst du mich?" So kann sie am Ende der Woche überzeugt das Weihegebet an Maria sprechen. Allerdings ist ihr bewusst, dass sie in vieles, wovon während der Exerzitien die Rede war, erst hineinwachsen muss.

Und das Buch, das sie eigentlich über die Marienerscheinungen schreiben wollte, was ist aus ihm geworden? Zunehmend wird es die Geschichte ihrer eigenen Umkehr – zu der Maria ja bei allen Erscheinungen aufruft. Auch berichtet es über die vielen Einsichten, die ihr in dieser kurzen Zeit geschenkt wurden. Nachdem die Lektorin das bis dahin vorliegende Material gelesen hat, gibt sie Gabriele Kuby den Auftrag: „Machen Sie weiter so." Das Buch bekommt den Titel: „Mein Weg zu Maria". Die Lektorin meint noch, dass es ja nicht unbedingt ein Happy End geben müsse, aber es solle doch nicht nur von aufgewühlten Gefühlen, Zweifel, Kummer und ähnlichem die Rede sein.

Die Autorin versteht den Wunsch und gibt ihn an die Muttergottes, der sie das Buch ja geweiht hat, weiter. Sie weiß aber, dass sie nur das schreiben wird, was wirklich vorgefallen ist.

Nebenbei bemerkt: Gibt es überhaupt ein Happy End im Glauben? Ist er nicht jeden Tag eine neue Herausforderung, eine neuerliche Willensentscheidung, ein neues Sicheinlassen, Sichöffnen?

Gabriele Kuby macht jedenfalls von Anfang an die Erfahrung, dass es immer wieder Hindernisse zu überwinden gibt: „Alle Rosenkränze, alle Messen, alle Selbsterkenntnis, alle Wallfahrten, das Fasten, das Beichten und das Bibellesen haben in diesen eineinhalb Jahren nicht dazu geführt, dass ich ein fröhliches Herz habe."

Offen gestanden: Stehen nicht viele von uns unter diesem Erfolgsdruck und meinen, versagt zu haben, weil sie nicht fröhlich genug sind? Da gibt es eben einerseits die Einsicht, andrerseits aber auch den Kampf mit der Realität. Wir Christen haben jedenfalls Jesus, den Herrn, auf den wir auch in dieser Zerrissenheit unsere Hoffnung setzen können.

Gabriele Kuby jedenfalls kommt in dieser Frage zu folgender Antwort: „Geduld üben und warten, bis der Herr das Wort (... doch sprich nur ein Wort, so wird meine Seele gesund) spricht. Ich kann die Gnade nicht manipulieren, durch keine Wallfahrt, durch kein Gebet, so sehr ich mir die Kausalität wünsche, um nicht meiner Ohnmacht vor Gott innezuwerden." Gnade ist eben immer Geschenk. Wir können den Boden bereiten, stellt sie fest, wir können uns öffnen, doch alles andere ist Geschenk.

Und sie bekommt solche Gnadengeschenke. Etwa als ihr bei einer Fußwallfahrt nach Altötting klar wird, dass sie erst ihr nie gestilltes Bedürfnis nach Liebe von Gott heilen lassen muss, bevor sie sich den Menschen zuwendet. Ein anderes Mal erfährt sie in einer Anbetungsstunde andeutungsweise, was Erlösung heißt. Sie fasst es in zwei Worten zusammen: „Es genügt." „Es ist als würde Jesus sagen: Es genügt, dass du Mich liebst. Ich liebe dich, so wie du bist. Es ist wie eine Erlaubnis, Mensch zu sein."

Nach einem Interview, das nach dem Erscheinen ihres Buches im Jahr 1998 in der ARD ausgestrahlt wird – sie erzählt dabei über ihre Bekehrung –, werden fast 2000 ihrer Bücher verkauft. Seither wird sie viel zu Vorträgen eingeladen und gibt Zeugnis für ihren Glauben. Klar und ungeschminkt drückt sie sich dabei aus, spricht gelegen oder ungelegen Dinge aus, die gegen den Zeitgeist stehen, etwa wenn sie sagt: „Wo am Glauben an die Eucharistie, an der Papsttreue und an der Marienverehrung festgehalten wird, da sprudelt der Glaube. Wo diese drei Punkte fehlen ist Verdruss und Depression."

Heute gehört Mut dazu, so etwas auszusprechen. Gabriele Kuby hat ihn.

P. Leo Kuchar
Auch Lausbuben können Priester werden

„Ich hatte das unerhörte ‚Glück', so spät getauft zu werden (mit 11 Jahren), dass die vielen Lausbubenstreiche, die ich vor der Taufe begangen hatte, durch die Wiedergeburt aus dem Wasser und dem Heiligen Geist getilgt wurden, ohne dass ich sie beichten musste", schreibt P. Leo Kuchar – er ist Eucharistiner – in seinem Buch „Auch Lausbuben können Priester werden."

Ob er nun den Auspuff eines Autos mit einem Erdapfel verstopft, Hennen mit in Alkohol getränkten

Brotkrumen füttert, einen Gartenschlauch in den Briefschlitz einer Haustür steckt, um dann den Wasserhahn aufzudrehen, Bahnschranken herunterlässt, um ein Verkehrschaos zu verursachen – die „wissenschaftliche Experimentiersucht" des Buben kennt keine Grenzen. Immer einfallsreicher werden seine Streiche: Da bietet er etwa Nasenspitzeln und Ohrwascheln, die übende Friseurlehrlinge angeblich abgeschnitten hatten, zu günstigsten Preisen Fleischhauern an. Der Einfallsreichtum und der Humor, die der junge Leo bei den Streichen an den Tag legt, helfen dem später erwachsenen Leo, mit Schicksalsschlägen und schwierigen Lebenssituationen besser fertig zu werden.

Zunächst aber zur Vorgeschichte, die mir P. Leo erzählt hat, als ich ihn unlängst in Wien traf: Leo Kuchar wird in Brünn geboren und von seinen Eltern atheistisch erzogen. Die Mutter entstammt einer jüdischen Familie, der Vater ist aus der Katholischen Kirche ausgetreten. Beide sind überzeugte Atheisten.

Weil der Vater immer Recht hat, ist auch Leo überzeugt, dass nur dumme Menschen an Gott glauben. So wird er ein Apostel des Atheismus und gründet den „Club der Ungetauften", der die Menschen davon zu überzeugen versucht, dass an Gott zu glauben vollkommen überflüssig sei.

Da seine Familie deutschsprachig ist, besucht Leo die deutsche Schule. Der Vater ist Schriftsetzer bei einer deutschen Zeitung und erfährt daher früher als andere Landsleute vom bevorstehenden Anschluss an Hitler-Deutschland. Wegen ihrer jüdischen Abstammung verordnet der Vater der ganzen Familie – Leo hat noch einen älteren Bruder – eine Scheinkonversion zum katholischen Glauben.

Wie? Er, Leo, ein überzeugter Atheist, soll katholisch werden? Nie. Im wahrsten Sinn des Wortes: Nur über seine Leiche. So beschließt er, sich vor einen Zug zu werfen. „Ich habe mir allerdings eine Strecke ausgesucht, wo kaum Züge fuhren. Und das Warten auf den Zug ist mir dann zu langweilig geworden", erzählt P. Leo heute amüsiert von seinem missglückten Selbstmordversuch.

Also wird Leo dennoch in der Schule von Katecheten auf die Taufe vorbereitet. Überzeugen können sie ihn nicht: Der eine ist zu brutal, der andere – zu nervös – wird von den Schülern lächerlich gemacht. Seine Mutter und sein Bruder haben es besser getroffen: Sie werden von einem Priester unterrichtet, dem es gelingt, die Taufwilligen zu bekehren. Selbst der Atheismus des jungen Leo bekommt Risse, als er Mutter und Bruder zu Gottesdiensten mit P. Wurzer begleitet.

Auch sein Musiklehrer, ein tiefgläubiger Mann und begnadeter Organist, der für den Buben eine Autorität ist, rüttelt an seinem Atheismus. Als Leo ihm einmal das Credo des Vaters: „An Gott glauben nur Dummköpfe", entgegenhält, antwortet der Lehrer: „Gut, dann bin ich eben ein Dummkopf." Wer hat recht?

„Ein Monat vor dem Anschluss sind wir in derselben Kirche getauft worden wie die selige Sr. Restituta und haben auch die erste hl. Kommunion in einer Nebenkapelle – der Schwarzen Madonna von Tschenstochau geweiht – empfangen. Damals waren meine Mutter, mein Bruder und ich schon überzeugte Christen. Der Form halber hat der Vater, der Atheist geblieben ist, die Mutter auch kirchlich geheiratet. Und so war Mutters weißes Taufkleid zugleich ihr Erstkommunions- und ihr Hochzeitskleid."

Der 8. Februar 1939 ist für P. Leo einer der schönsten Tage seines Lebens. Er ist gerade elf und ein neuer Mensch. „Ich denke oft darüber nach: Wieso bist gerade du so gläubig geworden? Andere haben den Glauben nicht angenommen. Was hat sich da in mir abgespielt? Es ist wohl Sache der Gnade", resümiert mein Gegenüber. Gesucht hat der Bub Gott damals jedenfalls nicht. Ganz im Gegenteil. Doch Gott hat ihn gesucht: einen Menschen, der entschlossen zu seiner Überzeugung stehen kann. Dieser Neugetaufte, der früher alle Gläubigen lächerlich gemacht hat, beginnt nun in der Kirche zu ministrieren.

Nach Hitlers Einmarsch verlangen die Nazis jedoch von den Kuchars Ariernachweise. Den kann die Mutter natürlich nicht erbringen, aber auch der Vater hat als lediges Kind – wahrscheinlich jüdischer Abstammung – Schwierigkeiten damit. So wird ihm das Messer angesetzt: Entweder er lässt sich von der jüdischen Frau scheiden und bekommt einen Ariernachweis oder er und seine Kinder werden als Volljuden eingestuft. „Die Mutter wusste: Wenn der Vater sich nicht scheiden lässt, wird die ganze Familie ausgerottet. Um uns Kinder zu retten, hat sie den Vater zu einer Scheinscheidung gedrängt, damit aber selbst den Schutz, den ihr eine Mischehe noch bot, verloren. Sie musste wegziehen", erzählt P. Leo von dieser schrecklichen Erfahrung. Über ihrem Wohnhaus stand „Für Juden verboten". „Die Parteien putzten nach mir die Türklinke ab, weil ein ‚Saujud' sie berührt hatte", erinnert er sich.

Die Mutter wird 1942 mit allen jüdischen Verwandten nach Polen deportiert. Da sie, wie ihr Sohn später erfährt, dort aus einem Kreuzweg Romano Guardinis, den sie mitgenommen hatte, Andachten für andere Konvertiten hält, erleidet sie schon früh den Tod in der Gaskammer. Welch unerschrockener Glaube!

Ohne davon Kenntnis zu haben, wächst vielleicht gerade deswegen auch der Glaube des jungen Leo stetig. In ihm entsteht der Wunsch, Priester zu werden. Genährt wird dieser Wunsch durch die Begegnung mit Dr. Hesse, einem von der Gestapo aus Wien nach Brünn verbannten Priester, der eine Gruppe von Priesterstudenten und engagierten Laien – zu ihnen gehören auch Leo und sein Bruder – um sich versammelt.

Als Nichtarier aus der Hauptschule geworfen, arbeitet Leo in dieser Zeit als Hilfsarbeiter in einer Textilfabrik. 1944 wird ihm, dem damals 16-Jährigen, und seinem Bruder mitgeteilt, sie seien zu einem totalen Arbeitseinsatz nach Böhmen eingeteilt. Der Vater ahnt Schlimmes, fürchtet um das Leben seiner Kinder. Als er sich von Leo verabschiedet, küsst er ihn – zum ersten Mal im Leben, wie sich der Ordensmann erinnert.

Tatsächlich werden die Buben in ein Konzentrationslager verschickt. Im „Sonderlager Tworschowitz", einem fiktiven Truppenübungsplatz, müssen sie Munitionsbunker bauen. Später, im Frühjahr, werden die Häftlinge in ziviles Gebiet verfrachtet, wo sie Schützengräben ausheben. Leo Kuchar hat seinen „Schott" bei sich und betet täglich alle Texte der Hl. Messe im Lager. Der Weg zur Arbeit und zurück ist eine gute Gelegenheit, den Rosenkranz zu beten. Dr. Hesse lässt ihm eine deutschsprachige Übersetzung des lateinischen Breviers zukommen. Nun kann er auch das Stundengebet beten. Dank dieser geistigen Kraftquellen wächst sein Glaube – trotz allem.

Leo träumt davon, eine Messe zu besuchen oder vor dem Tabernakel beten zu können. Der etwa drei Kilometer entfernte Kirchturm, den er bei seinem Arbeitseinsatz stets erblickt, übt eine ungemein anziehende Wirkung auf ihn aus. Und so beschließt er – trotz aller Gefahren – heimlich dorthin zu gehen. Unbemerkt entwischt er beim Austreten seinen Bewachern und gelangt unbehelligt in das Dorf. Vom Pfarrer zunächst argwöhnisch beäugt, bekommt er doch die Hl. Kommunion und ein Mittagessen.

Wie durch ein Wunder kommt der Häftling ohne Zwischenfall wieder zurück. Von diesem Erfolg angestachelt, wiederholt er den Ausflug am nächsten Tag in die entgegengesetzte Richtung: Wieder darf er kommunizieren. Auch dieser gefährliche Besuch beim Heiland bleibt unbemerkt. Es ist der 6. April 1945.

Warum er wieder ins Lager zurück sei, frage ich erstaunt. Er hätte sich nirgends verstecken können, wer hätte ihn aufgenommen, ist die Antwort des Paters. Außerdem sei er überzeugt gewesen, er und alle anderen Häftlinge würden überleben, wenn Gott es wolle, dass er Priester werde.

Dass es wirklich dazu kommt, ist ein Wunder, denn in der Kartei steht hinter den Namen der Brüder der Vermerk R.U. – Rückkehr unerwünscht. Ihr Tod ist also beschlossene Sache. Auch der Tag der Hinrichtung ist bekannt: der 15. Mai 1945. Eine Woche davor endet jedoch der Krieg. Das Lager wird befreit!

Die Brüder werden nun in Brünn als Helden gefeiert. Ihre KZ-Vergangenheit verhindert, dass die Kuchars nach dem Krieg als Volksdeutsche abgeschoben werden. Leo kann nun auch das Gymnasium beenden. Über einen seiner Lehrer hatte er schon vor dem Krieg den Orden der Eucharistiner kennen gelernt. Er ist zunehmend sicher, dass sein Platz bei diesem Orden sein wird. Am

27. Juli 1947 übersiedelt er ins Kloster und beginnt das Noviziat.

„Die Eucharistiner – vom hl. Peter Julian Eymard in Frankreich gegründet – haben die Sendung, aus der Fülle des Eucharistiegeheimnisses und für die Eucharistie zu leben: die Eucharistie zu verkünden, zu feiern und zu verehren", erklärt mir P. Leo.

Sein Noviziat wird aber abrupt beendet: 1948 kommen die Kommunisten an die Macht. 1950 – es ist sein zweites Novizenjahr – werden alle Klöster aufgelöst, die Priesterseminare geschlossen.

Leo muss seinen zweijährigen Präsenzdienst ableisten. Dann lässt er sich zum Röntgenassistenten ausbilden. Ab 1958 wird er als solcher an der Universitätsklinik in Brünn arbeiten. Im Geheimen studiert er Theologie – ein für alle Beteiligten gefährliches Unterfangen. Erwischt man einen Professor, wird er wegen Hochverrats – auf den die Todesstrafe steht – vor Gericht gestellt. Als der junge Mann mit diesem Studium fertig ist, sieht er jedoch keine Möglichkeit, zum Priester geweiht zu werden. Alle Bischöfe des Landes sind nämlich eingesperrt.

In dieser Zeit versucht P. Leo, Näheres über den Tod der Mutter im polnischen KZ zu erfahren. Dabei entsteht die Idee, eine Reise nach Polen – wo die Bischöfe nicht eingesperrt sind – dazu zu nutzen, dort zum Priester geweiht zu werden. Bald ist ihm klar: Die Mutter ruft ihn an ihr Grab und öffnet ihm so die Möglichkeit zur Priesterweihe.

Um das Projekt geheim vorzubereiten, beginnt der fertige Theologe nun einen Briefverkehr, der ihn bei den Kommunisten als begeisterten Philatelisten erscheinen lässt. Außer mit echten Markensammlern in der ganzen Welt unterhält er vor allem mit einem angeblichen Arzt in Rom, dem Generalsuperior der Eucharistiner, eine Korrespondenz. Dass die Katalognummern der Briefmarken, von denen in den Briefen immer wieder die Rede ist, eigentlich Paragraphen im kirchlichen Gesetzbuch sind, entgeht den kommunistischen Spürhunden. Endlich ist es so weit: In einem Brief wird die „Briefmarke" mit der Nummer 572/1/6 bestätigt. Es ist die Zulassung zur ewigen Ordensprofess. 1958 kann er das Gelübde vor seinem Beichtvater ablegen.

Weitere „Briefmarken" eröffnen ihm den Weg zunächst zu den niederen Weihen und die Nr. 975 schließlich zu den höheren. Die für die Priesterweihe nötigen Dokumente sollen von Rom nach Polen geschickt werden und der Priesteramtsanwärter muss seine Polenreise organisieren.

Ein schwieriges Unterfangen: Man braucht eine Einladung von einem Gastgeber und einen triftigen Grund. Leo Kuchars Chef im Spital, selbst ein Erzkommunist, gelingt es dennoch, eine Reiseerlaubnis für den jungen Theologen zu bekommen, um über den Tod der Mutter Nachforschungen anstellen zu können.

Diese erste Polenreise 1959 ist jedoch ein Misserfolg: Es gibt Missverständnisse, Hindernisse, und die Dokumente sind auch nicht eingetroffen. Knapp vor Ablauf der Aufenthaltsbewilligung hofft Leo, doch noch von Kardinal Wyszynski persönlich geweiht zu werden. Dieser weiß jedoch, dass der tschechoslowakische Geheimdienst spätestens zwei Stunden nach einer Weihe in Warschau von dieser erfahren würde. Um den Priesteranwärter nicht zu gefährden und um sagen zu können, er habe ihn nie gesehen, spricht der Kardinal mit ihm nur durch das Schlüsselloch.

So viel Aufwand und Gefahren und doch kein Erfolg! Gibt der junge Ordensmann jetzt auf? Nein. Er weiß, dass er auf dem Weg ist, den Gott für ihn vorgesehen hat. Schwierigkeiten schrecken ihn nicht ab. Und den Kommunisten einen Streich zu spielen, kommt dem ehemaligen Lausbuben gerade recht.

Eine zweite Polenreise scheint jedoch ganz ausgeschlossen. Und trotzdem geschieht das Unmögliche: „Wenn du den Genossen Kuchar nicht nach Polen fahren lässt, bekommst du von mir einen Tritt in den ...", sagt ein roter Parteigott zum anderen (in der Annahme, es handle sich nur um Nachforschungen zum Tod der Mutter). Und so kann Leo Kuchar 1960 ein zweites Mal nach Polen reisen. Er wird am 5. April in der Privatkapelle des Bischofs von Lublin empfangen. Am selben Tag empfängt er die vier niederen Weihen. Am 6. April wird er zum Priester geweiht.

Der erste Gedanke des überglücklichen Neupriesters: „Jetzt können mich die Kommunisten lebenslänglich einsperren, das unverwüstliche Merkmal des Priestertums können sie mir nicht mehr von der Seele herunterkratzen!" Blättern wir zurück: 15 Jahre davor, am 5. und 6. April 1945 war er im Lager ausgerissen, um die Hl. Kommunion empfangen zu können. Zufall?

Seine erste heilige Messe möchte der neugeweihte Priester in der Holzkapelle in Sobibor feiern, dem Lager, in dem die Mutter den Tod fand. Nur einige Meter von der Kapelle entfernt standen einst die Gaskammern. Hatte die Mutter die Kapelle mit ihren Blicken gestreift, bevor sie den Tod fand? Zwar wird er dort nicht seine erste Messe feiern, wohl aber seine fünfte. Dabei spürt er deutlich die Anwesenheit der Mutter. Unvergesslich!

Unvergesslich auch, dass er in Tschenstochau trotz gewaltigen Andrangs von Priestern und einer monatelangen Warteliste eine Messe lesen darf. Ein gutmütiger Prälat überlässt ihm seinen Platz, nachdem er von den abenteuerlichen Umständen der Priesterweihe erfahren hat. Ein Primizgeschenk der Schwarzen Madonna.

Nur vier Personen wissen in der Heimat von der Priesterweihe. Jede priesterliche Tätigkeit muss geheim geschehen: Seinen Freund Josef, der ebenfalls Priester werden möchte, unterrichtet P. Leo in einigen theologischen Fächern. Die Treffen der beiden werden aber, mit allem Nötigen ausgestattet, als Zusammenkünfte von Schachspielern getarnt.

1966 geschieht das, womit der Priester seit seiner Weihe gerechnet hat: Er wird an den Geheimdienst verraten. „Jedesmal wenn es geläutet hat, war der Gedanke da: Jetzt sind sie da. Vorsorglich habe ich die ganze Prozessordnung, die Verfassung und das Strafrecht gelernt. Ich kannte sie fast auswendig", erzählt mir P. Leo und ich staune, wie vergnügt er über das Verhör erzählt:

„Es ging um die geheime Weihe. Man wollte mir Hochverrat anhängen. Ich war mit einem Staatspolizisten, allein im Zimmer. Doch es wurde mitgehört. Immer wenn er einen Fehler beging, hat sein Telephon geläutet und er bekam Anweisungen. Einmal sagte der Offizier während des Verhörs: ‚Sie haben die Paragraphen 55 und 110 verletzt?" Ich kannte die Paragraphen und habe ihn gefragt: ‚Paragraph 55? Ein Attentat auf das Staatsoberhaupt?' Und schon hat das Telefon geläutet und er hat nicht mehr mit Paragraphen jongliert."

Zur Freude des Richters bekennt sich der Angeklagte plötzlich gemäß Paragraph 78 schuldig. Dieser besagt: Wer die Aufsicht des Staates über die Kirche umgeht, wird mit zwei Jahren Freiheitsstrafe bestraft. „Nachdem das Protokoll verfasst und unterschrieben war, habe ich ihm gesagt: ‚Genosse Major, ich gehe jetzt nach Hause, wünsche Ihnen schöne Weihnachten. Sie dürfen das Verfahren nicht fortsetzen. Es gab nämlich die Amnestie vom Mai 1960 – also nach der Priesterweihe –, die sich auf Delikte mit einer Höchststrafe von zwei Jahren erstreckt.' Daraufhin ist er aufgesprungen. Jetzt wird er mich verprügeln, war ich sicher. Da läutetete aber wieder das Telefon und zähneknirschend hat er mich hinausgeleiten müssen." Noch heute muss der Lausbub von damals lachen, der seine guten Nerven und seinen Schalk über all die Jahre nicht verloren hat.

Von da an muss er seine Priesterweihe nicht mehr geheimhalten, wird aber ständig überwacht. Würde man feststellen, dass er seinen Priesterberuf illegal ausübt, wäre die Amnestie aufgehoben gewesen. „So musste ich die Messe in meinem Zimmer lesen und im Verborgenen, als Röntgenassistent, mein Priesteramt ausüben." Wenn sich manche im Spital wundern, warum er nicht heiratet, antwortet er: „Ich würde jede Frau glücklich machen, aber ich gönne es keiner." Tja, Humor hat er.

Eines Tages wird ein sichtlich gefolterter Priester bewusstlos, mit drei Bewachern ins Spital gebracht. Um ihm die Krankensalbung spenden zu können, erklärt P. Leo den Bewachern, er müsse für die Röntgenaufnahmen mit einem Kontrastöl auf der Stirn des Patienten eine Markierung anbringen. Die Beamten können daran nichts Verdächtiges finden und ministrieren auf diese Art beim Sakrament der Krankensalbung.

Das Frühjahr 1968, der „Prager Frühling", bringt eine große Erleichterung. Nun soll er den priesterlichen Dienst beim Pfarrer von Altbrünn aufnehmen. Auch verreisen ist nun möglich: Er ist gerade in Rom, als es mit dem Prager Frühling vorbei ist. Da eine Rückkehr in die Heimat Gefangenschaft bedeuten würde, wird P. Leo von den Ordensoberen nach Wien versetzt.

Nun ist vielleicht das Spektakuläre in seinem Leben vorüber, doch nun kann sich P. Leo ganz seiner eigentlichen Aufgabe, für die ihn Gott schwierige Umwege gehen ließ, widmen: den Menschen in Einkehrtagen und Exerzitien – mittlerweile auch in Tschechien –, in Zeitschriften und Büchern zu verkünden, dass die Eucharistie die Mitte unseres Lebens ist. Viele, selbst in der Katholischen Kirche, können dies nicht mehr glauben. Nicht wenige bezweifeln und leugnen die Tatsache, dass Jesus Christus als wahrer Gott und wahrer Mensch im Brot der Eucharistie da ist.

Daher brauchen wir so überzeugte und unerschrockene Priester, die uns das immer wieder verdeutlichen. P. Leo gelingt es sehr gut, durch seine ruhige, liebevolle und humorvolle Art in den Menschen die Freude an einem Treffen mit dem Herrn in der Eucharistie zu wecken. Wie schön, dass es Menschen gibt, die uns durch ihr Leben in so hohem Ausmaß Treue, Ausdauer und Unerschrockenheit in der Nachfolge und im Verkünden vorleben.

Irmgard Lienhart
Ich war immer sicher:
Gott meint es gut mit uns

*I*mmer wieder werde ich gefragt, wo ich die Menschen kennenlerne, die ich porträtiere. Ich glaube, dass ich irgendwie zu ihnen geführt werde. So auch zu Irmgard Lienhart, die ich erst vor drei Wochen kennengelernt habe. Es war in der Festhalle von St. Michael im Lavanttal nach einem Vortrag, den mein Mann gehalten hat. Irmgards Schwester Elisabeth hatte dort einen Tag der Begegnung gestaltet. Die beiden Schwestern saßen mit uns am Tisch und waren uns auf Anhieb sympathisch. Im Laufe des Gesprächs wurde mir klar: Diese hübsche Frau mit den vier Kindern muss unbedingt dein nächstes Porträt sein. So einfach ist das!

Nun findet unser Gespräch bei Irmgard zu Hause in der Nähe von Graz statt. Es geht recht munter und laut zu, wimmelt es doch vor Kindern: Zu ihren vier Kindern kommen zwei meiner Enkel, die mit nach Graz gekommen sind sowie Irmgards dreijährige Nichte. Irmgard erträgt das Getriebe mit erstaunlicher Gelassenheit und Heiterkeit.

Sie ist in Unterpremstätten in der Nähe von Graz geboren, wo sie mit ihren vier Geschwistern, Eltern und Großeltern auf einem Bauernhof gelebt hat. Ihre Kindheit hat sie in sehr schöner Erinnerung: Beide Eltern sind stets erreichbar. „Brauchten wir etwas von unserem Vater, stellten wir uns vor das Haus und haben ‚Vati' gerufen. Von irgendwoher kam dann immer eine Antwort."

So erleben die Kinder einerseits Freiheit – in Hörweite der Eltern dürfen sie sich im Dorf frei bewegen – und Geborgenheit durch die stete Anwesenheit von Eltern und Großeltern. Der Besuch der Sonntagsmesse ist selbstverständlich, der Glaube Grundstein des täglichen Lebens. Irmgard hat damals wohl die nötige Kraft bekommen, um die schweren Zeiten, die sie später erleben wird, durchzustehen. Schon in ihrer Jugend nimmt sie sich vor, auch ihren Kindern einmal eine so schöne und geborgene Kindheit zu bieten.

Nach der Hauptschule bei den Schulschwestern

geht sie ins Oberstufen-Realgymnasium, wo sie 1980 maturiert. Die Pubertät übersteht sie ohne große Glaubenszweifel, da sie in dieser Zeit in der Pfarre Straßgang als Jungscharführerin gut aufgehoben ist. Dort lernt sie auch mit 16 Hubert, ihren späteren Mann, kennen und lieben. Der Anziehungspunkt für die Pfarrjugend ist die Freitagabendmesse mit Kaplan Konrad Sterninger. Gemeinsam mit ihm wachsen die Jugendlichen in die charismatische Erneuerung hinein. Eine schöne Zeit, in der die jungen Leute viel miteinander unternehmen.

„Das Zentrum, das Wichtigste für uns aber war Jesus", betont Irmgard. „Er hat uns durch diese Zeit durchgeführt. So bin ich vom Behütetsein im Elternhaus ins Behütetsein des Pfarrlebens gekommen." Der Großteil der damaligen Pfarrjugend, so erfahre ich, hat sich den Glauben bewahrt.

An der „PädAk" macht sie dann die Ausbildung zur Volksschullehrerin. Nach dem Abschluss – Irmgard ist gerade 21 – heiratet sie. Ihre erste Stelle tritt die Jungvermählte bei den Schulschwestern als Horterzieherin an.

Dort macht sie eine wichtige Erfahrung: „Im Hort habe ich gesehen, wie die Horttante für die Kinder zum Mutterersatz wird, an den sie sich klammern. Und je später der Nachmittag, desto trauriger und leiser wurden die Kinder, die noch nicht abgeholt worden waren. Sobald ich ein Kind habe – so nahm ich mir damals vor – möchte ich für dieses Kind da sein. Es ist ja mein Kind, mein Geschenk und das werde ich nie zu jemand anderem abschieben."

Die ersten eineinhalb Jahre ihrer Ehe wohnt das junge Paar bei Irmgards Eltern in einem Wirtschaftsgebäude. Die Unterkunft ist aber eher einfach und für ein Baby zu kalt. Daher übersiedeln sie vor der Geburt des ersten Kindes zu den Eltern ihres Mannes. Die ganze Familie freut sich schon riesig auf das Baby. Alles ist vorbereitet. Am Tag der Geburt wird Irmgard zu einer Reihe von Untersuchungen geschickt. „Am Gesicht des Arztes, der die Ultraschalluntersuchung gemacht hat, merkte ich, dass etwas nicht stimmt. Ich bin mit kalten Schweiß dort gelegen. Doch erst nach weiteren Untersuchungen durch andere Ärzte sagt einer von ihnen: ‚Das Kind ist abgestorben.'" Verzweifelt betet Irmgard: „Lieber Gott, das darf doch nicht sein! Das Herz muss doch wieder zu schlagen anfangen!"

Nach der Geburt will sie das tote Kind sehen. Aber es heißt, es sei besser, wenn sie es nicht zu Gesicht bekäme. Heute weiß sie, dass es für sie wichtig gewesen wäre, sich von ihrem Kind zu verabschieden. Man sagt ihr, das Kind habe eine Spaltbildung an der Wirbelsäule, MMC genannt, gehabt. Es wäre sehr behindert gewesen.

Eine für Irmgard schwere Zeit bricht an. „Ein Jahr Trauerarbeit war es", erzählt sie mir im Rückblick. „Anfangs hatte ich täglich Weinkrämpfe. Ich dachte, ich würde den Schmerz nicht aushalten. Bei uns in der Kirche gibt es in jeder Messe nach der Kommunion einen Kindersegen. Ein ganzes Jahr lang musste ich beim Kindersegen jedesmal weinen. Mit dem ersten Geburtstag des Kindes aber, an einem Sonntag, war das Weinen aus. Schlagartig."

In dieser Zeit erlebt sie auch, wie gut ihr der Rückhalt und das liebevolle Aufgefangenwerden in der Familie und im Freundeskreis der Pfarre tat: Gespräche, Betreuung und Gebete halfen, den Schmerz zu verarbeiten.

Beruflich nimmt sie eine Stelle bei den Ursulinen an und arbeitet vor allem im Tagesheim. Als eine Lehrerin in Karenz geht, übernimmt sie deren Klasse. Eine schöne Zeit als Lehrerin bricht an.

Die zwei Jahre bis zu ihrer zweiten Schwangerschaft sind eine Periode voller Zweifel und Hoffnungen. Als sie wieder schwanger wird, bedrängt sie die Sorge, ob dieses Kind jetzt gesund sein würde. Bei Thomas – er ist jetzt 14 – geht alles gut. Damals möchte sie es am liebsten in die ganze Welt hinausschreien, wie glücklich sie ist. Ähnlich groß ist die Freude, als zwei Jahre später auch Christoph gesund geboren wird.

Das junge Paar hat also zwei liebe gesunde Buben und ist sehr glücklich. Die beiden sind sich einig noch mehr Kinder zu wollen. Als Irmgard wieder schwanger wird, ist ihre Angst, sie könnte ein behindertes Kind bekommen, weitgehend geschwunden.

Im 5. Monat ihrer vierten Schwangerschaft erkennt der Arzt jedoch am Ultraschallbild eine Auffäligkeit. Er vermutet, es sei eine Zyste im Großhirn, oder das Kleinhirn sei zu wenig oder gar nicht ausgebildet. „Als uns der Arzt das gesagt hat, war mir, als hätte ich den Boden unter den Füßen verloren. Wie sollte unser Leben jetzt weiter verlaufen!?", höre ich mein Gegenüber sagen.

Genauere Untersuchungen folgen: Im Landeskrankenhaus schlägt man ihr eine Fruchtwasseruntersuchung vor. Ob die einzige Alternative bei einem schlechten Befund die Abtreibung sei, fragt Irmgard. „Ja," bekommt sie zur Antwort. Darauf sie: „Das kommt für mich nicht in Frage, dann mache ich diese Untersuchung gar nicht erst." Nun hielt man ihr entgegen, ein zerebral gestörtes Kind sei oft nur im Mutterleib lebensfähig, nicht aber außerhalb. Es wäre ein Irrsinn, sich in einer solchen Situation vier Monate lang zu quälen. Da sei es besser, das Kind gleich abzutreiben.

Darauf gibt Irmgard eine Antwort, die mich sehr beeindruckt: „Wenn mein Kind sterben soll, wird es sterben. Aber ich will diesen Zeitpunkt nicht bestimmen. Das ist Sache Gottes. Er ist der Herr über Leben und Tod. Wie es kommt, so wird es kommen. Wir nehmen das Kind so an, wie es ist." Und außerdem, sagt sie mir jetzt ganz richtig: „Jeder kann im Leben einen Unfall haben oder eine chronische Krankheit bekommen und von daher behindert sein. Dann bleibt das Leben dennoch lebenswert für diese Menschen! Bei den ungeborenen Kindern stellt man das aber infrage und spricht ihnen das Lebensrecht überhaupt ab!"

Als ihr Frauenarzt von der Entscheidung der Mutter erfährt, bewundert er ihre Haltung. Er hätte wohl in ihrer Lage ebenso entschieden, meint er. Das wiederum bestärkt das junge Paar in ihrer Entscheidung. Auch die Familien stehen 100-prozentig hinter ihnen.

Wie Irmgard mir das erzählt, wird mir klar, wie wichtig es ist, dass Familie, Freunde und Ärzte eine solche Entscheidung mittragen und zu verstehen geben, es sei für sie kein Problem, ein behindertes Kind anzunehmen. Besonders zu Herzen gegangen ist Irmgard, was ihre jüngere Schwester gesagt hat: „Gott sei Dank wären wir gar nicht imstande, ein Kind abzutreiben. Der liebe Gott trägt uns da durch."

Nachdem nun diese Behinderung in Aussicht steht, empfängt Irmgard für das Kind im Mutterleib eine Krankensalbung. Das stärkt sie und gibt dem Paar für die nächste Zeit Kraft. Eine gewisse Beruhigung kehrt auch ein, als ein Gehirnspezialist feststellt, dass jedenfalls mit dem Gehirn alles in Ordnung sei. Dennoch stehen die Eltern bis zur Geburt viele Ängste aus.

Ob sie nicht mit Gott gehadert habe, frage ich. Ruhig und umwerfend selbstverständlich antwortet sie: „Nein. Behinderungen und Leid gibt es nun einmal in der Welt. Wir sind ja noch nicht im Himmel. Ich denke mir, ja, es wird seinen Sinn haben … Ich war mir auch sicher: Eigentlich meint Gott es gut mit uns. Was Er uns schickt, ist wohldurchdacht. Wenn ich Gott etwas im Gebet hinlege, nehme ich schon an, dass es in Seiner Weisheit gut aufgehoben ist."

Bei der Geburt stellt sich heraus, dass der Bub dieselbe Behinderung hat wie das totgeborene Kind: eine Spaltbildung an der Wirbelsäule. Eine halbe Stunde darf Irmgard das Baby bei sich haben. Dann bringt es die Rettung weg. In derselben Nacht wird es vier Stunden lang operiert.

Der kleine Simon muss drei Monate im Spital bleiben. Es stellen sich Komplikationen ein: Er braucht eine Kanüle im Kehlkopf und eine künstliche Ableitung seiner Gehirnflüssigkeit. Ein Problem ergibt das nächste. Gott sei Dank passt Irmgards Schwiegermutter auf die größeren Kinder auf und so kann sie ein- bis zweimal täglich ins Spital fahren. Ihre Kinder bestehen sogar darauf. Das Baby dürfe nicht allein bleiben, sagen sie. So kann sie Simon streicheln, ihm Lieder vorsingen und mit ihm sprechen, damit er weiß: Seine Mama ist jetzt da und er ist nicht allein. „Wie ein Froscherl ist er dagelegen, angehängt an so vielen Schläuchen. Da wollte ich ihm so viel Liebe und Geborgenheit vermitteln wie nur möglich", erzählt sie.

Mit drei Wochen wird er auf der Intensivstation getauft. Mit zweieinhalb Monaten kommt Simon für zwei Wochen nach Hause. Welch ein Glück – und sie kann ihn stillen! Doch dann muss er wieder ins Krankenhaus. Als er schließlich heimkommt, hat er eine Kanüle in der Luftröhre. Sie muss mindestens alle zwei bis drei Stunden abgesaugt werden. Man kann auch nicht hören, wenn er weint. Ein eigenes Gerät überwacht Simons Schlaf. Immer wieder gibt es Alarm. Bei leichten Infekten muss die Kanüle bis zu 15-mal in der Nacht gereinigt werden.

Wenn jemand mit dem Kind aus dem Haus geht, muss er stets die schwere Absaugpumpe, sterile Sonden und Handschuhe mitschleppen. Drei Jahre hat Simon die Kanüle. Als sie endlich entfernt wird, stellt sich heraus, dass er eine beidseitige Stimmbandlähmung hat. Nun stehen die Eltern vor der furchtbaren Alternative: entweder wieder eine Kanüle für den Rest seines Lebens oder eine Operation, die dem Kind zwar das Atmen ermöglicht, das Sprechen aber verwehrt.

„Eine schreckliche Entscheidung", erinnert sich die Mutter: Ihrer Stimme höre ich heute noch an, welche seelische Belastung das gewesen sein muss. „Wir wollten auf keinen Fall, dass er nicht sprechen kann. Es war ja damals ziemlich sicher, dass er nicht gehen können würde." Nicht gehen und nicht sprechen – eine zu schreckliche Vorstellung!

So drängen sie die Ärzte nach einer anderen Lösung zu suchen und tatsächlich wagt der Spezialist in Graz einen Versuch, um dem Kind Sprechen und Atmen ohne Kanüle zu ermöglichen.

Wie vor jeder Operation bisher bekommt Simon auch diesmal die Krankensalbung. Die Pfarrgemeinde betet für ihn. Und tatsächlich: Nach der Operation bekommt Simon besser Luft und hat auch seine Stimme. Doch es bilden sich Narben, das Atmen fällt schwer. Oft klingt es, als würde er ersticken. Also noch eine Operation, die letzte, wie der Arzt erklärt. Gelingt es nicht, bleibt endgültig die Kanüle. Die Erstickungsgefahr sei sonst zu groß.

Nach der Operation erfolgt die alles entscheidende Untersuchung. Irmgard steht vor der Tür und betet wie kaum je zuvor in ihrem Leben: „Wenn Du ihm helfen willst, dann bitte jetzt, Herr!" Und der Arzt kommt von der Untersuchung mit den Worten: „Optimal, besser hätte es nicht sein können." Das Wunder war geschehen: Simon kann atmen und sprechen.

In all den Jahren im Spital traf Irmgard immer wieder auf Ärzte und Schwestern, die sie fragten, ob sie vorher schon gewusst habe, dass ihr Kind behindert sein würde? Auf ihr Ja hieß es dann regelmäßig: „Warum ist er dann auf der Welt?" Irmgard ist ärgerlich: „Das ist wirklich schlimm. Mitgeschwungen ist stets ‚Wie kann man nur so dumm sein, so ein Kind zur Welt zu bringen.'"

Seine letzte, die 13. (!) Operation hat Simon mit vier Jahren. Wie hat er diesen Leidensweg bewältigt? Zu meiner Überraschung höre ich: „Er hat eigentlich nie Angst im Krankenhaus gehabt. Ich war ja immer dabei, habe auch bei ihm geschlafen. Und mit der Kanüle zu leben war für ihn selbstverständlich."

Gehen konnte Simon damals nicht, war er doch von der Hüfte abwärts praktisch gelähmt. Nur mit einem Gehwagerl konnte er sich fortbewegen. Auch mit Physiotherapie gelang es nicht, ihm das Gehen mit Krücken beizubringen. Sinnlos, meinen die Ärzte, aussichtslos, auch weil die Muskeln fehlen.

Zu Pfingsten 1997 fährt die Familie nach Medjugorje. Auf dem Weg zur Messe möchte Simon wissen, warum sich alle so beeilen. Die Mutter erklärt ihm, dass die Muttergottes kurz vor der Messe erscheint. Auch wenn er sie nicht sehen könnte, so sei sie doch da. Darauf Simon: „Also schnell. Ich möchte ihr sagen, dass ich gehen möchte."

Die Familie verbringt schöne Tage in Medjugorje

– ohne besondere Vorkommnisse. Zurück in der Steiermark versuchen die Eltern es noch einmal mit den Krücken: Simon nimmt sie und geht mit ihnen quer durchs Zimmer und wieder zurück! Für die Familie ist es eindeutig ein Wunder.

Seither braucht Simon das Gehwagerl nicht mehr und geht nur mehr mit Krücken. (Was nicht heißt, dass er nicht manche Wege lieber mit dem Rollstuhl zurücklegt.) Die Ärzte wissen keine Erklärung. Lächelnd meint Irmgard: „Wir haben uns immer vorgenommen Zeugnis von dem Wunder zu geben, waren aber zu feig. Und nun hat es mich erwischt." Gott sei Dank, kann ich da nur sagen.

Nachdem Simon nun mobil ist, kommt er in den Kindergarten und in die normale Schule, in die auch seine Brüder und Cousins gehen. Er wird von Schülern und Lehrern liebevoll aufgenommen. Irmgard strahlt, als sie erzählt: „Bei keinem anderen unserer Kinder haben wir so viele Freunde im Haus gehabt wie bei ihm. Er will auch keinen Tag die Schule versäumen."

Als Simon sechs ist, beginnt ein glücklicher Lebensabschnitt und in den Eltern erwacht der Wunsch nach einem weiteren Kind. Aber alle würden sie für verrückt halten. So wagen sie nicht, darüber zu sprechen, legen aber Gott ihren Wunsch vor. Und Gott wünscht sich offenbar noch ein Kleines.

Kaum wissen die Eltern, dass Florian unterwegs ist, weihen sie ihn der Muttergottes. Ihren Schutz werden sie tatsächlich die ganze Schwangerschaft hindurch brauchen. Denn laufend gibt es Hiobsbotschaften: vom Bluterguss in der Gebärmutter bis zur Vermutung, das Kind wachse nicht mehr. Immer wieder hört sie von Ärzten: „Wissen Sie, worauf Sie sich da einlassen?" „Sie verstehen einfach

nicht, dass eine Abtreibung überhaupt kein Thema ist."
Jeden Tag der Schwangerschaft wird das Kind der Muttergottes ans Herz gelegt. So ist alles in bester Ordnung, obwohl die Geburt ein paar Wochen zu früh stattfindet. Florian ist ein normal großes Kind, vollkommen gesund. „An der ganzen Panikmache war nichts dran", meint Irmgard kopfschüttelnd.

Waren die schweren Zeiten für ihre Ehe und ihre Familie sehr belastend? Ohne lange zu überlegen, meint die vierfache Bubenmutter überzeugend: „All die Erfahrungen haben unsere Ehe gestärkt und uns zusammengeschweißt. Ich weiß, dass es bei vielen Ehepaaren anders ist, wo die Ehe dann wegen der starken Belastungen auseinandergeht.

Oft sind es die Männer, die es nicht schaffen, ein behindertes Kind anzunehmen, vor allem weil die Mutter ja so viel Zeit für dieses Kind braucht. Doch mein Mann hat einen sehr starken Glauben. Er wäre nie auf die Idee gekommen, ein behindertes Kind nicht mit der gleichen Liebe und Freude anzunehmen wie ein gesundes. Er ist von Natur aus sehr fröhlich und zuversichtlich. Wenn ich einen Tiefpunkt hatte, so hat er mich immer aufgebaut und mir Mut gemacht. Wenn ich nahe am Zerbrechen war, konnte er mir immer Halt geben."

„Die Kraft kommt auch daher", fährt sie fort, „dass man sein eigenes Kind so wahnsinnig gern hat. Aus dieser Liebe erwächst dann Kraft. Und die Liebe, die man von den eigenen Kindern zurückbekommt, ist überhaupt durch nichts zu ersetzen. Auch die beiden großen Kinder sind sehr gereift. Sie wissen, was für ein Glück es ist, wenn man laufen und springen kann. Sie sind dankbar dafür, dass sie gesund sind. Wir haben festgestellt, dass auch die anderen Kinder, die mit Simon zusammenkommen, an dieser Situation reifen. Ein behindertes Kind kann eine enorme Bereicherung für seine Umgebung sein. Für uns ist Simon ein ganz großes Geschenk."

Rückblickend stellt sie fest, dass Simons Leben reiche Früchte getragen hat. Und noch eines: Er ist ein glücklicher Bub, der genauso mit seinen Geschwistern und Freunden lacht, spielt und rauft wie alle anderen Kinder. „Das sind die vielen Gnaden, die wir für ihn im Laufe seines Lebens erbeten haben", erklärt mir Irmgard.

Sie macht auf mich den Eindruck einer starken Persönlichkeit: In sich ruhend ist sie eine aufopferungsvolle, aber auch glückliche und zufriedene Mutter, bereit, Tag und Nacht für ihre Kinder da zu sein. Ihre Erfahrungen haben ihren Glauben gestärkt.

Diesen Glauben gibt sie nun seit Jahren an ihre Kinder zu Hause weiter: beim Bibellesen und Erzählen den jüngeren – ihre Fragen zwingen oft, den eigenen Glauben zu hinterfragen – und bei abendlichen trauten Gesprächen und Diskussionen den großen.

Auf der Heimfahrt mit meiner Tochter Nicole – sie hatte mich nach Graz geführt – frage ich mich, was mir bei dieser bewegenden Geschichte besonders bemerkenswert erscheint: Zum einen wohl, wie wertvoll es ist, wenn eine große Familie zusammenhält. Dann aber vor allem: Was ein tiefer Glaube vermag, vor allem, wenn er in einer lebendigen Pfarrgemeinde eingebettet ist. Ja, so kann man sogar sehr schwere Zeiten annehmen, miteinander durchstehen und gestärkt daraus hervorgehen. Bewunderns- und nachahmenswert.

P.S.: Der mittlerweile 20-Jährige Simon arbeitet als Bürokaufmann und ist gut im Pfarrleben und in die Landjugend integriert.

Msgr. Dr. Leo Maasburg
Ein Abenteurer Gottes

Klar war mir schon im Voraus, dass man über Monsignore Dr. Leo M. Maasburg, Nationaldirektor der Päpstlichen Missionswerke in Österreich, eigentlich einen Fortsetzungsroman schreiben müsste, um seinem abenteuerlichen Leben – „außer in China und Japan war ich in allen Ländern der Welt" – gerecht zu werden. Nach einem gemütlichen Essen bei uns daheim erzählt mir Father Leo aus seinem bewegten Leben.

Geboren ist er am Ostersonntag des Jahres 1948 in Graz. Die Eltern waren aus Slowenien ausgewiesen worden und hatten dort ihren Besitz aufgeben müssen. Er ist das dritte von vier Kindern. Auf die Volksschule in Kitzbühel folgt die Mittelschule in Melk. Je älter er wird, desto unregelmäßiger werden die Kirchenbesuche des ehemaligen Ministranten. Dem Glauben gewinnt er nur mehr wenig ab. Dann kommt die Militärzeit. Da sind ihm vor allem die Appelle in Erinnerung, die er nach durchtanzten Ballsaison-Nächten (schnell raus aus dem Smoking) gerade noch geschafft hat. „Cool" würden meine Enkel sagen.

Dann beginnt die Studienzeit: erste Etappe Jus in Innsbruck. Er will Diplomat werden. Das Studium schleppt sich dahin, die Prüfungen schiebt er vor sich her. Als er wieder einmal mit dem Rad unterwegs ist, trifft er einen Priester, der den eigentlich eher unwilligen jungen Mann zu einem Aufenthalt im Kloster Fiecht überreden kann. Der Student soll sich dort ungestört auf die Prüfungen vorbereiten.

In diesen Wochen kommt er – trotz inneren Widerstrebens – immer wieder in Kontakt mit der Kirche und mit Glaubensfragen. Fr. Leo erzählt: "Eines Tages habe ich den inneren Impuls, die Kirche des Klosters zu betreten. ‚Wozu eigentlich?', frage ich mich. ‚Knie dich auf die Kniebank', geht es weiter. Eigentlich uncool, aber da es sonst keine Sitzgelegenheit gibt (ein Gitter versperrte den Zutritt zum Innenraum), bin ich doch niedergekniet. Und wieder: ‚Übergib Dein Leben Jesus.' ‚Nein, das geht zu weit, da krieg' ich womöglich Watschen für mein bisheriges Leben', schießt es ihm durch den Kopf. Die innere Stimme lässt mit sich handeln: ‚Gut, dann nicht Jesus, aber der Muttergottes. Die geht denselben

Weg, aber garantiert ohne Watschen.'" Damit war der Student einverstanden.

Die nächste Etappe auf seinem Glaubensweg: Vortrag eines Jesuiten, Kaplan bei den US-Forces in Deutschland. Dessen Worte sprechen den jungen Mann an. Der Priester bringt ihn mit der Charismatischen Erneuerung in Kontakt. Diese irritiert ihn zwar, fasziniert ihn aber auch.

Eines Tages fragt er den Jesuitenpater: „Was muss ich tun, um gläubig zu werden?" Dieser antwortet: „Jeden Morgen, wenn du aufwachst, sag: ‚Big Lord, wenn es Dich gibt, dann schenke mir Glauben.'" Fr. Leo befolgt den Rat gewissenhaft. Und eines Morgens wacht er auf und weiß: Ich glaube! Mein Gegenüber fügt hinzu: „Es war und ist ein Geschenk, mit dem ich vorsichtig umgehen muss, denn ich weiß, es kann mir auch wieder weggenommen werden."

Der nächste Schritt: Ein „Life-in-the-Spirit"-Seminar, in dem die wichtigsten Glaubenspunkte vermittelt werden und das mit der Bitte um Ausgießung des Hl. Geistes endet, vertieft diese erste Erfahrung und zeigt überraschende Folgen für seine Umgebung: Bevor er dank eines Stipendiums Innsbruck Richtung Oxford verlässt – dort studiert er „Internationale Beziehungen" –, organisiert sein Bruder eine Abschiedsparty. Und dort erklärt Leo um Mitternacht, er freue sich zwar sehr, dass alle gekommen seien, er werde sie aber nie wieder sehen!

Ein radikaler Schnitt sei nötig, meint er, um von nun an ein Leben ohne Kompromisse zu führen. Daher beendet er auch sein „Kartoffelverhältnis" – wieder ein Wort dazugelernt! Die Ankündigung war jedenfalls prophetisch, wenn man seinen weiteren Weg betrachtet. Er wird ihn ab da in aller Herren Länder führen.

In Oxford wird sein Leben tatsächlich neu: Studieren, Frühmesse, tägliches Lesen der Hl. Schrift und des Buches *Der Gottmensch* von Maria Valtorta, das ihm eine Tante zum Abschied schenkt. Für seine Dissertation zum Abschluss des Studiums wählt er das Thema „Die Vatikanische Ostpolitik nach 1965". Das erfordert viele Interviews mit Bischöfen in Wien und in Rom. Besonders bedeutsam ist sein Zusammentreffen mit Paolo Hnilica, einem unter den Kommunisten in der Tschechoslowakei geheim geweihten Bischof, der nunmehr in Rom lebt.

Nach vielen vergeblichen Versuchen kommt es endlich am Pfingstsonntag zu diesem Treffen. Er wird zum Mittagessen eingeladen. Noch vor dem Essen erkundigt sich der Bischof nach dem Lebensweg des Studenten und fragt ihn: „Leo, warum kommst du nicht nach Rom, schreibst deine Dissertation hier fertig, studierst Theologie und arbeitest für mich?" – und dieser Leo sagt sofort Ja. So schnell können wichtige Entscheidungen getroffen werden! „Es war die richtige Entscheidung. Ich habe sie nie bereut. Bischof Hnilica hat das klar gesehen. Damit war die Richtung zum Priestertum für mich festgelegt," stellt Fr. Leo lächelnd fest.

Neun Jahre Studium in Rom (Theologie, Missiologie, Philosophie, Kirchenrecht) folgen dem raschen Entschluss. 1982 wird er in Fatima, nach einem Schweigemonat in einem Wüstenkloster, zum Priester geweiht. Es folgen zwei Jahre als Kaplan in Wien. Schon als Student arbeitet er bei Bischof Hnilica, von dem er voll Hochachtung und Bewunderung spricht: „Der gütigste Mensch, den ich kenne, von einer unbeschreiblichen Herzensgröße."

Als Assistent des Bischofs versucht er dessen Sekretariat neu zu organisieren. Ein schwieriges Unterfangen, da es keine klaren Regeln gibt außer: zu lieben und sich vollkommen den Menschen zu schenken. Das macht jedes Timing unmöglich. Denn Vorrang hat dort immer das Lindern der Sorgen der Menschen.

Weitere Aufgaben bekommt der junge Mann im Rahmen der vom Bischof gegründeten Priestergemeinschaft „Pro fratribus", die vor allem im Dienste der Untergrundkirchen in Osteuropa steht. Das beschert ihm manches Abenteuer im kommunistischen Osteuropa. Etwa einen Besuch beim Geheimbischof, dem jetzigen Kardinal Korec in Bratislava.

Um nur ja keine Aufmerksamkeit auf Korec zu lenken, muss er dessen Wohnung nur aufgrund von Fotos, die er sich in Rom eingeprägt hatte, finden. In der Nähe wartet er dann in einem Gebüsch im Straßengraben versteckt und folgt dann dem Bischof – dieser arbeitete damals als Straßenarbeiter – nach Hause. „Ein Bote von Bischof Hnilica", erkennt Korec sofort und legt die Finger auf die Lippen. In der von den Kommunisten mit Abhörgeräten verwanzten Wohnung wird dann bei lauter Radiomusik mittels eines Plastikrohrs, von Mund zu Ohr gehalten, gesprochen. Durch Besuche dieser Art wusste sich die Untergrundkirche nicht vergessen und erhielt Unterstützungen und Informationen verschiedenster Art. Jede Reise, vor allem mit verbotenem Gepäck und Büchern, war ein gefährliches Unternehmen.

Durch Bischof Hnilica hatte Fr. Leo schon als Student Mutter Teresa kennengelernt. Eines Tages nimmt ihn der Bischof zum Übersetzen mit. Und von da an wird der junge Priester, den der Bischof an M. Teresa „verleiht", auch für sie übersetzen, nicht nur in Rom. Später wird er ihr Begleiter in viele der ärmsten Länder

der Welt. Sein wichtigster Dienst: Hl. Messe feiern und Beichte hören.

Ich bin fasziniert von den Geschichten, die mir Fr. Leo da erzählt. Auch lassen sie M. Teresas liebevolle Entschlossenheit und ihren Humor erkennen. Da war sie einmal persönlich zu einer Morgenmesse mit Papst Johannes Paul II. im Vatikan eingeladen. Diese Einladung weitet sie gleich auf Fr. Leo aus: Er soll mit dem Papst konzelebrieren, meint sie. Ohne Einladung eigentlich ein Ding der Unmöglichkeit. Doch das Wort „unmöglich" dürfte für M. Teresa nicht existiert haben. Sie, liebevoll „benevolent dictator" (wohlwollender Diktator) genannt, schleust den Padre in die päpstlichen Gemächer ein, vorbei an protestierenden Wachen, Polizisten und Monsignori, bis er in der Sakristei landet, wo der Papst sich auf die Hl. Messe vorbereitet. „Diese Messe war ein umwerfendes Erlebnis. Sie hinterließ bei mir einen ganz tiefen Eindruck", erinnert er sich bewegt. Diese zwei großen Persönlichkeiten, deren Präsenz so stark und deren Andacht so intensiv war, lassen ihn „eine unglaubliche Atmosphäre des Friedens und der Liebe einatmen."

Im Gefolge von M. Teresa hat Fr. Leo aber auch viel Elend gesehen: In Armenien reinigt er mit den Schwestern gemeinsam eine unbeschreiblich dreckige Hütte, in der eine alte, gelähmte Bettlerin einsam haust. „Wir haben ihr eine Matratze und Nahrungsmittel gebracht. Aber ich habe den Gestank kaum ausgehalten." Dass Gott gerade auch hier ist, zeigt sich bald: Die alte Frau erklärt, sie wolle beichten. „Weil sie der armenischen Kirche angehörte und nicht Englisch sprach, dachte ich, dies sei nicht möglich." Lächelnd fügt er hinzu: „Ich war eben noch kein echter Missionar, zu dem mich M. Teresa aber machen wollte."

Die Beichte findet doch statt und es stellt sich heraus, dass die Frau gebrochen Englisch spricht. Sie sei eine katholische Nonne gewesen, sei von ihren Eltern aber gezwungen worden auszutreten und zu heiraten. Mann und erwachsene Söhne hätten sie dann allein zurückgelassen. Nun hätte sie Gott gebeten, noch einmal im Leben beichten zu dürfen. Sehr bewegt erinnert er sich: „Das Strahlen in ihren Augen bei der Lossprechung verwandelte den Raum in ein kleines Paradies. Drei Wochen später war sie tot."

Diese Erfahrung gehört zu den berührendsten seines Lebens.

Doch nicht nur Elend, Krankheiten und unbeschreiblicher Armut ist er begegnet sondern auch dem, was er „Wahrlosigkeit" nennt, nämlich „wenn ein Mensch die Wahrheit nicht mehr erkennen kann, wahr und unwahr nicht mehr unterscheiden kann." Viele Menschen unter dem Kommunismus haben dies erlebt. Sie wissen nicht mehr, was Recht und Unrecht ist. Doch selbst da durfte er erleben, wie sehr Menschen, die Gott in ihr Leben eintreten lassen, verwandelt werden. „Das Geheimnis der unbegreiflichen Vorsehung und Liebe Gottes war dann stets zum Greifen nahe."

Auf meine Frage, ob das Elend, die Armut, die Bosheit und Unwahrheit, die er erlebt hat, seinen Glauben ins Wanken gebracht hätten, antwortet er ohne Zögern: „Nein, im Gegenteil, gerade das hat mir die Notwendigkeit des Glaubens gezeigt." Wie gut so ein unerschütterliches Gottvertrauen tut.

1984, knapp ein Jahr nach seiner Priesterweihe in Fatima, ist Fr. Leo drei Monate mit M. Teresa und Bischof Hnilica in Indien unterwegs. Vor dem Heimflug gibt ihm M. Teresa ein Sackerl mit wundertätigen Medaillen mit. Er soll sie in Moskau „pflanzen", damit die Muttergottes den Schwestern in Russland eine Niederlassung verschaffe. Obwohl sie in Moskau nur im Transit sind, beschließen die beiden Priester, ein paar Tage in der Stadt zu bleiben. Wie sie da ihre verbotenen religiösen Gegenstände aus dem Flughafen schmuggeln, in einem für ausländische Touristen verbotenen Hotel einchecken, verbotenerweise ein Taxi mieten und schließlich die Tasche des Bischofs mit höchst verdächtigem Inhalt („Ach, das ist nur meine Medizin") in den Kreml schmuggeln, ist an sich eine abendfüllende Geschichte.

Kurz und gut: Bischof und Priester betreten mit Tasche und Medaillensackerl die zum Museum umfunktionierte Kirche „Maria Empfängnis" und der Bischof beschließt, dort eine Messe zu lesen. Eine gefährliche Aktion. Der Inhalt seiner Tasche: Phiolen mit Wasser und Wein sowie einige Stück Brot (all das kann bekanntlich bei der Wandlung zur besten Medizin werden). Mit der Zeitung Prawda – hinter der sich die Messtexte verstecken – in der Hand (endlich steht wirklich die „Wahrheit" drinnen, meint Fr. Leo), feiern sie unauffällig die Hl. Messe.

Es ist gerade jener Tag, an dem Papst Johannes Paul II. alle Bischöfe gebeten hatte, die Welt dem unbefleckten Herz Mariens zu weihen, wie es die Gottesmutter in Fatima gefordert hatte, jeder in seiner Diözese. Diese Weihe vollzieht Hnilica nach der Kommunion, mitten im Kreml! Übrigens: Bischof Hnilica hatte bei seiner geheimen Weihe in der Tschechoslowakei das ganze kommunistische Gebiet von Berlin bis Moskau und Peking als „Diözese" zugewiesen bekommen. Somit war er am 24. März 1984 in seiner „Diözese".

Die wundertätigen Medaillen versenkt Fr. Leo – damit sie „wachsen" können – mit einem gezielten Wurf in einem Spalt zwischen zwei Sarkophagen von Zaren. Mitten in die Stille hinein hört man das Kling-Kling-Kling der fallenden kleinen Medaillen. Von überall her eilen Wächter herbei und mustern die Herumstehenden mit scharfem Blick. Der erschrockene Fr. Leo bemüht sich, ebenso erstaunt und unschuldig dreinzuschauen wie alle anderen. Ein Wächter kraxelt auf den Sarkopharg, ein anderer leuchtet mit einer Lampe, doch die Medaillen bleiben unentdeckt. Sehr humorvoll spielt mir Fr. Leo die Anekdote vor: „Die Medaillen können dort noch gut 100 Jahre unentdeckt wachsen", lächelt er. Keine fünf Jahre später entsteht in Moskau die erste Niederlassung von M. Teresas Schwestern in der Sowjetunion!

Um den unermüdlichen Geist dieser Gemeinschaft ein wenig zu erläutern, erzählt mein Gast: „Acht Stunden hin, acht zurück, dazwischen ein Ehrendoktorat für M. Teresa und das bei 45 Grad in Südindien. Ich war schrecklich müde. Zuerst sind wir aber immer in die Kapelle gegangen, den Herrn begrüßen. Mein einziger Gedanke: ein Glas Wasser!" Da spürt er, wie ihm von hinten eine Hand ein Glas Wasser reicht. "Das war diese ‚power of tenderness', von der M. Teresa gesprochen hat: die Macht der Zärtlichkeit, in der ich noch gerne wachsen würde. Das war ihre Stärke und die der Schwestern." Er fügt hinzu: „Heute wird alles härter, alles ist Kampf, da ist gerade jede kleine Aufmerksamkeit so wichtig."

„Hat M. Teresa dich näher zu Christus geführt?"
„Ja, unbedingt. Wer sich ihr genähert hat, ist von ihr zu Christus geführt worden. Das Pauluswort „Nicht ich lebe, sondern Christus in mir", hat auf sie zugetroffen. Diese Ausstrahlung, diese Gegenwart Christi in ihr war sehr, sehr stark spürbar.

Es folgt ein neues Betätigungsfeld: Fr. Leo übersiedelt zu P. Werenfried van Straaten und zu „Kirche in Not". Auch von ihm ist der Priester sehr beeindruckt. „Ein großer Mann mit einer ganz klaren Glaubensvision. Diese Kraft aus der Sicherheit des Glaubens! Er hat die Kirche wie ein Löwe verteidigt, weil sie ihm gezeigt hat, was der Glaube ist und weil sie der Grund und die Stärke seiner Handlungen war."

In seiner ruhigen, ausgeglichenen Art erklärt mir dann Fr. Leo, dass die Kritiken an der Lehre der Kirche letztlich unsere eigene Kraft zersetzen. „Wenn man da nicht mitmacht, hat das nichts mit unkritisch zu tun, denn: Wir lernen die Tiefe und die Richtigkeit des Glaubens nicht dadurch, dass wir unseren eigenen Verstand einsetzen, sondern indem wir in der Heiligkeit wachsen."

Drei Jahre unterstützt Fr. Leo P. Werenfried, organisiert Reisen und Hilfen in und für verschiedene Gebiete der Sowjetunion. Entwirft einen neuen Typus von Kapellenwagen, – ein großer Lastwagen mit Kapelle und Schlafstelle für den Priester.

Zusammen mit Sig. Ferrario folgen sieben fruchtbare Jahre bei Radio Maria, wo er auf die Bitte von Kardinal Schönborn mitarbeitet. Damals lernten wir uns näher kennen. So weiß ich, dass dank seines Einsatzes, seiner Welterfahrung und Sprachkenntnisse Radiostationen in über 30 Ländern entstanden. Für ihn heißt das: vier Tage im Monat zuhause, den Rest der Zeit unterwegs.

„Welches Erlebnis fällt dir spontan ein?", frage ich und er erzählt: „Sehr oft hatte ich überhaupt keine Anhaltspunkte, wenn ich in ein Land kam, um Radio Maria aufzubauen. Eines Tages steige ich in Santa Cruz/Bolivien aus dem Flugzeug, kenne niemanden, weiß nichts und soll mit dem Radio beginnen. Aha, da stehen zwei Schwestern. ‚Kann ich in die Stadt mitkommen?', frage ich. Und: ‚Wissen Sie vielleicht, wer hier für Radio zuständig ist?' ‚Ja, Salesianer, wir bringen sie gleich vorbei', höre ich. Und so hat es in Bolivien begonnen."

Eine Erfahrung prägt Fr. Leos Wirken: „Wenn der Same von Gott ist, geht er auf, trotz unserer Fehler und Schwächen. Letztlich muss es uns darum gehen, nicht den eigenen Willen durchsetzen, sondern im Gehorsam zu stehen." Dass er mit dieser seiner Haltung tatsächlich auch unter Gottes Schutz steht, konnte er mehrfach erfahren: etwa bei einer rasanten Autofahrt in Malawi:

Aus Terminproblemen meint er, einem Polizeiauto, das er überholt hatte, entkommen zu müssen. Später hört er einen Riesenknall. Ein Reifenplatzer? – Aber das Auto schleudert nicht! Also rast er weiter. Stunden später an der Tankstelle entdeckt er ein Riesenloch an der Karosserie. Der Tankwart erzählt ihm: Schon mehrfach seien Touristen aus dem Hinterhalt überfallen, ausgeraubt, ja umgebracht worden, nachdem ihre Windschutzscheibe durch Steinwürfe zerstört worden war. Da Fr. Leo so schnell unterwegs war, hatten die Banditen nicht die Scheibe, sondern nur die Karosserie getroffen. Hatten die Schutzengel dem Auto Flügel verliehen?

Weiter in Father Leos Lebenslauf entdecken wir, dass er ab 2001 beim Seligsprechungsprozess von M. Teresa mitgewirkt hat. Jetzt erst beginnt er, sie richtig zu begreifen. Er lernt sie unter vielen neuen Blickwinkeln kennen. Über 80.000 Seiten entstehen, die bezeugen, „dass sie nicht nur eine normale, sondern eine Jahrtausend-Heilige war und ganz sicher eine Kirchenlehrerin sein wird." Die Seligsprechung von M. Teresa, die er jahrelang begleiten durfte, die sein Priestersein geprägt hat und für deren Orden er an die 100 Exerzitien weltweit gehalten hatte, fand am 19. Oktober 2003 statt. Wie wunderbar!

2004 kommt er auf Wunsch von Kardinal Schönborn nach Wien, um als Nationaldirektor die Päpstlichen Missionswerke zu übernehmen. Zu seiner jetzigen Tätigkeit meint er: „M. Teresa hat immer gesagt: Gleich welcher Rasse oder Religion, ob Kommunist oder Christ, wer immer, wir sind alle dazu geschaffen zu lieben und geliebt zu werden. Das entspricht auch dem Auftrag der päpstlichen Missionswerke, nämlich diese Zusammengehörigkeit der ganzen Weltgemeinschaft in Liebe zu fördern. Die 1.100 Missionsdiözesen sollen diese Liebe Christi in die ganze Welt hinaustragen, damit alle unter dem Haupt Christi in Liebe vereint werden."

„Aber wird die Welt überhaupt noch so lange existieren, wird Gott unserem Treiben nicht ein Ende setzen?" ‚frage ich ihn. Seine Antwort ist eindeutig: „Gott respektiert die Freiheit des Menschen, selbst wenn sie destruktiv ist. Er hat aber eine Möglichkeit, die wir oft übersehen, in diese Freiheit einzugreifen. Das gläubige Gebet eines anderen Menschen. Ich glaube, dann kann Gott mehr Gnaden geben, als Er es aufgrund des goldenen Gesetzes der Freiheit geben könnte. Gott ist angewiesen auf unser Ja."

Zum Schluss kommt er noch einmal auf jene „power of tenderness", die M. Teresa der Welt vorgelebt hat, zu sprechen: „Im tiefen spirituellen Wachstum entdecken wir, dass die ganze Welt der Macht der Zärtlichkeit unterworfen ist. Das war die Kraft des Glaubens einer M. Teresa, eines Bischof Hnilicas und eines P. Werenfried.

Die Gottesmutter lehrt uns, dass liebevoll „Amen" zu Gottes Plan zu sagen, die fruchtbarste Zärtlichkeit ist, die wir schenken können. Denn sobald wir etwas Gott geben, wird es unendlich".

Magnus MacFarlane-Barrow
Ein Essen täglich für die Kinder

$\mathcal{J}$e mehr ich über „Mary's Meals", einer Hilfsaktion für Kinder in Malawi und in 13 anderen Ländern, höre, lese oder auf DVD sehe, desto mehr bin ich begeistert und desto mehr Hochachtung habe ich vor deren Initiator, dem Schotten Magnus MacFarlane-Barrow. Das erste Mal habe ich ihn in der Kirche Maria am Gestade in Wien über dieses Projekt berichten gehört. Es war kalt in der Kirche, doch – um es etwas kitschig auszudrücken – im Herzen ist mir bei seinen Worten warm geworden.

Nach der zweiten Begegnung, einer Pressekonferenz, bei der leider nur sehr wenige Medienleute anwesend waren, hatte ich Gelegenheit, mit ihm über sein Leben und sein Projekt zu sprechen: groß, gut aussehend, bescheiden, humorvoll und sehr engagiert – so mein erster Eindruck. Bei Radio Maria, wo wir noch einmal zusammentrafen, hat sich dieser Eindruck bestätigt.

Zur Welt kommt Magnus in Aberdeen 1968. Gemeinsam mit einer Schwester und vier Brüdern wächst er in den schottischen Highlands auf. Seine Eltern führen ein Jagd- und Fischerei-Hotel. Sie erziehen die Kinder im katholischen Glauben. Eines Tages, wir schreiben 1982, liest Magnus' Schwester in einer Zeitung über Jugendliche, die irgendwo in Jugoslawien Marienerscheinungen haben. Wenn das wahr ist, beschließen die Geschwister, dann wollen sie das selbst sehen.

Tatsächlich machen sie sich zu zehnt, einige Cousins kommen auch mit, nach Bosnien auf. Magnus ist gerade 14. Gerne erinnert er sich: „Wir sind in Medjugorje zur Abendmesse angekommen und waren sehr erstaunt, dass an einem Wochentag so viele Menschen hier versammelt waren. Nach der Messe kam Pater Slavko auf uns zu. Er hatte offenbar gesehen, dass wir Ausländer waren und fragte uns, wo wir übernachten würden. Wir hatten keine Ahnung, gab es doch damals kein einziges Hotel im Ort."

So nimmt P. Slavko sie mit zu seiner Schwester, wo sie eine ganze Woche bleiben dürfen. „Ja, wir waren gesegnet, erfuhren dann alles über den Erscheinungsort und wurden auch zweimal eingeladen, bei den Erscheinungen anwesend zu sein", erzählt er froh. Ob er beschreiben könne, was er dabei erlebt habe, frage ich ihn. Er überlegt: „Schwer zu sagen, was ich da empfand.

Keine äußeren Eindrücke, es spielte sich alles im Herzen ab. Alles rundherum war verschwunden."

Die Jugendlichen fahren sehr beeindruckt und mit der Überzeugung nach Hause, dass die Muttergottes tatsächlich dort erscheint und sie alle einlädt, sich im Leben für Gott zu entscheiden. Magnus will sich von nun an bemühen, Christus in die Mitte seines Lebens zu stellen. Seine Eltern merken gleich, dass sich die Kinder verändert haben. Mussten sie sie bis dahin ans Gebet erinnern, so sind es nun die Jugendlichen, die abends Rosenkranz beten wollen.

Neugierig geworden, fahren die Eltern wenige Monate später ebenfalls nach Medjugorje und auch auf sie hat das dort Erlebte eine große Wirkung: Sie spüren den Ruf ihr Hotel für Gebet und Einkehr zu öffnen. So öffneten sie einfach die Türen ihres Hauses und luden die Menschen ein, im Gebet von den Botschaften der Muttergottes zu lernen. Später kamen Priester und hielten Einkehrtage. Der Bischof gab die Erlaubnis, das Allerheiligste aufzubewahren. Der größte Raum des Hauses wurde in eine Kapelle verwandelt. „Craig Lodge House of Prayers" hieß es ab da. „Craig heißt auf Schottisch Felsen", ergänzt Magnus.

Er wächst heran, erlebt wohl auch, dass es nicht immer leicht ist, das Haus mit Fremden zu teilen, und zieht schließlich aus, um eine Fischzucht zu betreiben. „Als junger Mann habe ich den Glauben zwar nie ganz aufgegeben, aber ich hatte Gott doch in eine Schublade meines Lebens gesteckt, ging zwar in die Kirche, habe auch Rosenkranz gebetet, hatte aber dennoch ein eher wildes, ausschweifendes Leben mit vielen feuchtfröhlichen Pub-Besuchen", erzählt er lächelnd.

Es bricht der Krieg im ehemaligen Jugoslawien aus

und die Geschwister lesen vom Elend der vielen Flüchtlinge. Magnus und sein Bruder Fergus beschließen, eine einmalige Hilfsaktion zu starten. Sie rufen Freunde und Bekannte auf, Decken, Medikamente und Kleidung zu spenden. Dieser Entschluss fällt mit einer anderen Entscheidung zusammen, die Magnus schon lange treffen sollte. Jungenhaft lächelnd erzählt er: „Ich hatte eine langjährige Freundin und wir überlegten, ob wir heiraten sollten. Sie war aber Atheistin. Eines Tages hat sie mir erklärt, dass sie – falls wir heiraten sollten – nie damit einverstanden sein würde, unsere Kinder katholisch zu erziehen. So hatten wir oft hitzige Debatten. Als ich nun 1992 erklärte, ich würde nach Medjugorje fahren, um Hilfsgüter für Flüchtlinge hinzubringen, hatten wir wieder einen großen Streit. Sie kehrte daraufhin an die Universität zurück und ich saß eines Abends da, um ihr einen Brief zu schreiben. Ich wollte den Streit abschwächen und begann also mit: ‚Liebe …,‘ Aber dann schrieb ich plötzlich: ‚Ich glaube an Gott den allmächtigen Vater … – und unversehens habe ich das ganze Glaubensbekenntnis niedergeschrieben und dann nur mehr unterschrieben. Nicht sehr überraschend, dass dies das Ende unserer Beziehung war."

„Das war eine schwere Entscheidung", fügt er nachdenklich hinzu. Unwillkürlich denke ich, dass ich diesen Schritt des jungen Mannes bewundere. Das war ein Beweis dafür, dass Jesus doch nicht nur in einer Schublade versteckt, sondern damals schon Mittelpunkt seines Lebens gewesen sein muss. Magnus spricht nun aus, was ich leise gedacht hatte: „Ich wusste plötzlich, dass ich Gott an die erste Stelle setzen musste."

Nachdem er den Brief abgeschickt hatte, brachte er die Hilfsgüter gemeinsam mit dem Bruder nach Bosnien, in ein Flüchtlingslager in der Nähe von Medjugorje. Wie gesagt, es sollte eine einmalige Aktion sein. Doch wieder heimgekehrt stellen die Brüder fest, dass die Leute nicht aufhören, Hilfsgüter im Haus der Eltern abzugeben. Magnus beschließt also, sich so lange frei zu nehmen, wie Spenden gebracht werden. Nachdem ihm jemand einen Lastwagen schenkt, pendelt er ab da zwischen Schottland und Bosnien. Da der Strom der Hilfsgüter – durch die stark gewachsene Zahl der Pilger in Craigs Lodge mitgetragen – nicht aufhört, verkauft Magnus sein Haus, um sich nur mehr der Flüchtlingshilfe zu widmen.

1993 sei ein besonders gesegnetes Jahr gewesen, erzählt Magnus strahlend: „Damals habe ich meine Frau in Bosnien kennengelernt. Sie ist ebenfalls Schottin und wollte als Krankenschwester den Flüchtlingen helfen. Sehr bald hat sie mit uns Lastwagen nach Bosnien gefahren."

Es folgen Hilfsaktionen für andere bedürftige Menschen: Als Magnus von den erbärmlichen Zuständen hört, unter denen Rumäniens Straßenkinder leben müssen, beginnt er, dort Heime für verlassenen Kinder zu finanzieren. In Liberia errichtet er mit freiwilligen Helfern mobile Kliniken für Flüchtlinge. Auch in Peru und Kolumbien wird geholfen. Magnus erinnert sich an eine Begebenheit, die ihn dort besonders berührt hat: „Wir arbeiteten mit einem Priester, um Straßenkindern zu helfen. Ein kleiner Bub schlief unter einem Pappkarton. Wir brachten ihm eine warme Mahlzeit. Während er diese aß, fragte ihn eine Journalistin, die uns begleitete: ‚Wer ist dein bester Freund?' Der Bub schaute auf und sagte: ‚Gott ist mein bester Freund.' ‚Warum sagst du das?', fragte die Frau etwas irritiert. ‚Weil Gott mir alles gibt, was ich brauche', antwortete der Kleine, ohne zu zögern. Dabei hatte er keine Ahnung, woher sein nächstes Essen kommen würde.

Die Gabe des Glaubens, des Vertrauens, die Gott so oft Menschen schenkt, die sonst nichts haben, berührt mich immer wieder", meint Magnus bewegt. „Ich stelle fest, dass ich viel mehr durch diese Kinder geschenkt bekomme, als ich ihnen geben kann."

So werden es immer mehr Länder, denen er dank des nicht abreißenden Spendenstroms Hilfe bringen kann. Eine eingetragene Hilfsorganisation muss gegründet werden: SIR („Scottisch International Relief"). Die Hilfe für Bosnien und Kroatien geht parallel dazu weiter.

2002 hören Magnus und seine Mitarbeiter von der Hungerkatastrophe in Malawi: Wie immer vor einer Hilfsaktion fährt er auch in dieses Land, um sich ein Bild von der Lage zu machen. Dabei wird die Begegnung mit einer bettelarmen Familie entscheidend für die Entstehung von Mary's Meals. Magnus erinnert sich: „Das Leid der Bevölkerung übertraf alles, was ich bisher gesehen hatte. In einem Dorf traf ich auf eine Familie: Der Vater war schon an Aids gestorben, die Mutter, Emma, hatte offensichtlich auch nur noch wenige Wochen zu leben. Ihre 6 Kinder saßen um sie herum. Sie lag auf dem Lehmboden und sagte: ‚Nun bleibt mir nur dafür zu beten, dass jemand sich um meine Kinder kümmert, wenn ich nicht mehr da bin.' Ich sprach dann mit den Kindern und fragte den 14-Jährigen Edward: ‚Was sind deine Hoffnungen, deine Träume?' Er darauf: ‚Genug zu essen und in die Schule gehen zu können.' Das war alles, was sich der Bursch vom Leben gewünscht hat.

Im Laufe der Jahre sind mir noch viele solche Kinder begegnet. Sie arbeiten auf den Feldern, betteln in den

Straßen (oft geschieht auch Schlimmeres), nur um eine Mahlzeit zu bekommen. So verpassen sie ihre Chance, etwas zu lernen, um aus der Armut herauszukommen." Edwards Antwort lässt Magnus nicht mehr los. Das ist es: Jedes Kind sollte in die Schule gehen können und dort etwas zu essen bekommen.

Wie aber kam es zum Namen Mary's Meals? Magnus holt dazu weiter aus: „Meine Schwester hatte 1982 nach unserer Rückkehr aus Medjugorje einen Artikel in einer katholischen Zeitung über die Geschehnisse dort geschrieben. Andere Zeitungen hatten ihn abgedruckt. Wir bekamen bald tausende Briefe von Menschen, die mehr über Medjugorje wissen wollten. Wir haben alle beantwortet, auch einen Brief aus Malawi, von einer Dame, Gay Russell, von der wir dann nichts mehr gehört haben.

20 Jahre später wurde sie allerdings unsere Ansprechpartnerin bei der Hungersnot. In Gays Haus in Malawi hörte nämlich mein Mitarbeiter und Freund Tony einmal im Fernseher einen amerikanischen Senator, der die Meinung vertrat, man könne die hungernden Kinder in der Welt aus der Armut herausführen, würde man ihnen nur eine Mahlzeit am Tag verschaffen. Das überzeugte Tony und wir beschlosen, damit zu beginnen, hungernden Kindern in Malawi eine gesunde Mahlzeit am Tag zu geben."

Das war der Startschuss zur Gründung des neuen Projekts. Der Jungfrau Maria sollte es geweiht sein, Mary's Meals (Marias Mahlzeiten) sollte es heißen. Unter dem Schutz Mariens stehend werde es sicher erfolgreich sein, davon waren sie überzeugt. "Wir baten die Muttergottes für dieses Werk einzutreten und uns zu zeigen, wie wir es durchführen sollten. Es ist Marias Werk. Deswegen wächst das Projekt so. Es ist ein Zeichen für Gottes Barmherzigkeit mit der Welt."

Die Jahre haben ihnen Recht gegeben. „Gott hat uns immer wieder mit Leuten zusammengebracht, die sich mit uns für andere Menschen engagieren." Am Ende des Jahres 2002 beginnen sie also mit der Umsetzung des neuen Projekts: „Wir haben die Erwachsenen eines Ortes im Süden des Landes, der von der Hungersnot besonders betroffen war, eingeladen und ihnen erklärt, dass wir in ihrer Schule den Kindern täglich eine Mahlzeit anbieten wollten. Wir könnten dies allerdings nur tun, wenn sie es als ihr eigenes Projekt betrachteten und es eigenverantwortlich abwickelten. Mary's Meals würde für die nötigen Zutaten (Soja, Mais, Zucker, Vitamine) sorgen, sie müssten die Mahlzeiten, einen schmackhaften, nahrhaften Brei, ehrenamtlich zubereiten und austeilen. Viele waren sofort bereit mitzumachen."

Magnus und seine Mitarbeiter beginnen dort also damit, 200 Kindern eine Mahlzeit zu ermöglichen. Sofort wollen Schulen aus Nachbarorten auch so ein Essen haben. Mittlerweile, sechs Jahre später, bekommen sage und schreibe 300.000 Kinder in Malawi täglich ein Essen in der Schule. Trotzdem sind das aber auch erst 10% der hungernden Kinder des Landes. Viele Kinder, die vorher für ein Essen schwer arbeiten mussten und weder Zeit noch Kraft hatten zu lernen, gehen mittlerweile in eine Schule. Magnus und seine vielen ehrenamtlichen Mitarbeiter sorgen auch dafür, dass Mädchen, die eher selten eine Ausbildung bekommen, ebenfalls in die Schule gehen können.

Jedes Kind bekommt einen großen bunten Becher, für sein Essen: Er wird wie ein Schatz gehütet. Das Essen hat positive Folgen: Die Kinder können sich besser konzentrieren, erhalten bessere Noten und können in höhere Schulen aufsteigen. Magnus' unmittelbares Ziel: „Wir würden gerne alle Volksschulen Malawis erreichen, als Zeichen für die Welt, was machbar ist." Derzeit ist dies allerdings wegen Geldmangels noch nicht möglich, obwohl die Pläne schon vorhanden sind. Dieses so wie das große Ziel: Alle 300 Millionen hungernde Kinder der Welt zu erreichen, liegt in unser aller Hände.

10.000 freiwillige Helfer arbeiten bei dem Projekt mit, vor allem natürlich Mütter, die oft von weit herkommen und für die es eine große Freude ist, für ihre Kinder in der Schule ein Essen kochen zu dürfen. – Wenn ich daran denke, wie man in den Industrieländern über Mütter spricht, die ihren Kindern gerne etwas kochen!

Malawi ist allerdings nicht das einzige Land, in dem Mary's Meals für Kinder sorgt: „Mittlerweile sind wir so gewachsen, dass wir in 14 Ländern für Kinder sorgen, auch in Asien, Lateinamerika und Osteuropa. Über 360.000 Kinder betreuen wir: u. a. in Rumänien, Albanien, Bosnien, in der Ukraine, in Burma." Magnus und die Mitarbeiter passen sich den Lebensumständen der Kinder an: In Liberia gilt es, ehemalige Kindersoldaten ins normale Leben zu integrieren und Waisen zu versorgen. Etwa die kleine Fatima, die wieder lächeln kann, seitdem sie in der Schule zu essen bekommt und der Großvater Arbeit hat. Mit Bussen werden Straßenkinder in Rumänien mit Essen und Medikamenten versorgt.

In anderen Ländern werden Aidswaisen, Kinder, die Sex-Händlern weggenommen werden konnten, Flüchtlings- oder ausgesetzte Kinder betreut. Stets wird mit lokalen Partnerorganisationen und den jeweiligen Gemeinden zusammengearbeitet.

Besonders gefallen haben mir die „Back Pack Projekte": Schulklassen in Europa sammeln alte oder neue Rücksäcke für Kinder in Afrika und füllen sie mit all den Dingen, die man für die Schule braucht. So werden Kinder animiert, ganz konkret bedürftigen Altersgenossen zu helfen. 30.000 Schultaschen sind schon auf diese Weise verschickt worden. Unglaublich, was da weltweit in wenigen Jahren an Gutem entstanden ist! Ja, die Liebe kann sehr lange Arme bekommen, sie reicht so bis an die Enden der Welt.

Aber wie war das möglich? Magnus lächelt: „Vieles durch Mundpropaganda, durch Auftritte in verschiedenen Ländern. In Schottland sprechen wir jeden Sonntag in drei verschiedenen Kirchen über unsere Arbeit. Übrigens rede nicht nur ich über das Projekt vor Journalisten, in Kirchen und Schulklassen: Weltweit halten Ehrenamtliche Vorträge, gehen in die Medien und sammeln Spenden. Wir haben kaum Angestellte, wohl aber eine Armee von freiwilligen Helfern. Da geschehen viele kleine Taten der Liebe: von den Müttern, die das Essen zubereiten und austeilen, bis zum globalen Netzwerk von Freiwilligen mit Sachkenntnissen auf so vielen Gebieten. Wir haben keine teure Marketingabteilung. Nur so können 98 Prozent der Spenden tatsächlich in die Ernährung und Versorgung der Kinder gehen."

Bekanntgeworden ist Mary's Meals zunächst über Craig Lodge House of Prayers: Denn die Leute, die dort Einkehr halten, kommen ja nicht nur aus Großbritannien, sondern auch aus vielen anderen Ländern. Zu Hause erzählen sie dann von Mary's Meals und sammeln Spenden. „Von Anfang an war das Projekt vor allem die Frucht des vertrauensvollen Gebets der Menschen, die zur Einkehr und Umkehr zu uns gekommen sind."

Magnus lebt immer noch in den schottischen Highlands. „Hier im Ort hat sich eine kleine Gemeinschaft gebildet. Die Eucharistie ist das Zentrum unseres gemeinsamen Glaubenslebens. Jede Familie wohnt in einem eigenen Haus rund um das House of Prayers. (Dort können Jugendliche auf Zeit mitleben und mithelfen.) Jeder geht seiner eigenen Arbeit nach. Ich kümmere mich um die Organisation des Projekts hier in Argyll. Meine Frau und ich sind gesegnet: ein gemeinsamer Glaube und das gemeinsame große Anliegen von Mary's Meals."

„Sie ist eine wundervolle Frau und Mutter", erklärt mir Magnus mit strahlenden Augen. Er ist froh, dass seine Frau zu Hause bei den 6 Kindern – zwischen einem und 11 Jahren alt – sein kann. Ob er sehr viel unterwegs sei, frage ich ihn. „Nicht mehr so viel wie in der Anfangszeit. Was ergäbe es auch für einen Sinn, wenn ich mich um alle möglichen Kinder in der Welt kümmere, aber nicht um meine eigenen", gibt er mir lächelnd zur Antwort.

Das viele Elend, das er auf der Welt gesehen hat, hat seinen Glauben nicht geschwächt, wie der sympathische Magnus klarstellt: „Ich hatte so viele Gelegenheiten, Jesus zu vertrauen, zu sehen, wie Er sich um uns alle sorgt und kümmert. Er macht das oft durch die unglaubliche Großzügigkeit vieler Menschen, die große Opfer bringen, um den Kindern zu helfen. Die Geschichte ist immer die gleiche: Wir rufen im Namen der Armen auf und die Menschen antworten. So sehe ich Gott ununterbrochen am Werk und das stärkt meinen Glauben."

„Was möchtest Du unseren Lesern gerne sagen?", frage ich ihn. „Betet für dieses Werk! Ich bin sicher, dass das alles ein Werk des Gebetes ist. Beten Sie dafür, dass wir dieses Werk weiterhin so führen, wie die Muttergottes es möchte. Dann wird es weiter wachsen und möglichst viele hungernde Kinder erreichen. Sprecht darüber mit anderen. Sagt ihnen, dass in Malawi mit 10 Euro einem Kind für ein ganzes Jahr Nahrung und Schulbildung ermöglicht werden kann – ein Essen, das den Unterschied zwischen Leben und Tod ausmachen kann. So ein Werk braucht aber Ausdauer. Es ist nicht damit getan, nur in einer akuten Hungersnot zu helfen. Es ist wichtig, die täglichen Nahrungsbedürfnisse der Kinder konsequent zu stillen, da sie unauflösbar mit einer Ausbildung verknüpft sind, die enscheidend für die Weiterentwicklung eines Landes ist. Mary's Meals ist eine ganz einfache Antwort, um den Kreis der Armut zu durchbrechen."

Näheres siehe: www.marysmeals.de

Maurizio und Paola
Eltern von 55 Straßenkindern

Mehr als 5.000 Zuschauer verfolgen fasziniert das Fest der Freude der Gemeinschaft Cenacolo – Szenen aus dem Leben Jesu – im Steinbruch von St. Margarethen. Wunderbar inszeniert, mit tollen Lichteffekten, originellen Einlagen, vor allem mit unglaublich viel Engagement der Laiendarsteller, Mitglieder der Gemeinschaft. Man merkt es am Auftreten der jungen Leute: Sie haben in ihrem Leben die Wunder erlebt, von denen hier die Rede ist, und sie bezeugen dies mit Freude und Dankbarkeit an diesem Abend. Auch Maurizio und Paola geben in einer Pause öffentlich ein beeindruckendes Zeugnis solcher Wunder in ihrem Leben.

Es sind Wunder, wie sie in der von Schwester Elvira Petrozzi vor 21 Jahren gegründeten Gemeinschaft Cenacolo laufend geschehen: Mit Gottes Hilfe finden in den rund 50 Häusern der Gemeinschaft junge Menschen aus einem Leben in Abhängigkeit (vor allem von Drogen und Alkohol) heraus.

Sehr angetan von dem Zeugnis des Paares bitte ich die beiden nach dem Fest um ein Interview für den nächsten Tag. Pünktlich kommen mein Mann und ich Montag in der Früh in Kleinfrauenheid an. Gott sei Dank kann ich gut Italienisch, denn das Gespräch mit Maurizio Alesso und Paola Celani, ein fesches Paar, wird sich in dieser schönen Sprache abwickeln. Sie beginnen mit einem Ave Maria. Und dann erzählt Maurizio aus seinem Leben.

Er stammt aus einer wohlhabenden Turiner Familie mit fünf Kindern. Materiell fehlt es ihm an nichts. Doch schon sehr früh ist eine Unruhe in ihm. Er sucht das große Glück, jene Freiheit, die von den Medien vorgegaukelt wird. Er meint, sie in einem ausschweifenden Leben, in Dingen, die ihn unmittelbar und rein äußerlich befriedigen, zu finden: dem Moped, der Disco, dem Alkohol, dem leichten Sex, den Modegags. Das große Glück findet er damit nicht, und so versucht er es mit Drogen: Erst mit leichten, dann mit härteren.

Mit den Eltern, vor allem mit dem Vater, gibt es schon seit langem Streit wegen seines lockeren Lebenswandels. Mit 13 läuft er zum ersten Mal von zu Hause weg, mit 14 verlässt er das Elternhaus endgültig und bricht die Schule ab. Auch den Glauben an Gott verliert er zusehends. Als Kind ist er noch aus Tradition mit den Eltern in die Sonntagsmesse gegangen, hatte sich sogar einige Zeit einer kirchlichen Jugendgruppe angeschlossen. Doch das ist nun Vergangenheit.

Die nächsten Jahre lebt der Teenager bei Freunden oder er mietet irgendwo ein Zimmer. Hat er denn Geld? „Ja", erinnert sich Maurizio, „denn neben meinem ausschweifenden Leben am Wochenende, wo ich alles probiert habe, was es zu probieren gab, hatte ich ständig kleinere Jobs, von denen ich leben konnte." Meist arbeitet er als Vertreter. Später besucht er eine Abendschule der Handelskammer.

So lebt er zwei Leben: unter der Woche mit Anzug und Krawatte als Vertreter und zum Wochenende in Diskotheken, wo er sich mit Alkohol, Zigaretten, Drogen und Sex betäubt. Außerdem betreibt er intensiv Sport, Karate, und nimmt an nationalen und internationalen Wettkämpfen teil. Daher verzichtet er unter der Woche auf Drogen und Zigaretten. Weil ihm das zunächst gelingt, ist er überzeugt, die Drogensucht im Griff zu haben. Das ändert sich, als er zum Militär eingezogen wird: Den Leistungssport kann er hier nicht mehr betreiben. Kein Grund also, auf Drogen zu verzichten, die in diesem Milieu leicht zu haben sind. So schlittert er doch in die Drogenabhängigkeit. Als er mit 21 abrüstet, haben die Jahre, die er mittlerweile ohne jede Moral- und Wertvorstellungen verbracht hat, deutliche Spuren in seinem Leben hinterlassen. Immer öfter vernachlässigt er die Arbeit, dann auch den Sport, denn sein Bedarf an harten Drogen wächst und wächst – bis zu dem Tag, an dem er – wie er heute sagt – Gott Sei Dank eingesperrt wird.

„Ich hatte einen Drogenhändler bei mir, dem die Polizei auf den Fersen war und den sie ausgerechnet in meiner Wohnung aufspüren konnten. Trotz aller Beteuerungen, dass ich nichts mit dem Dealen zu tun hätte, habe ich die gleiche Strafe wie er ausgefasst: ein Jahr strenge Haft." Ein schlimmes Jahr für Maurizio.

Das hatte folgenden Grund: Maurizios Bruder, ebenfalls drogensüchtig, war damals schon im Cenacolo, um von der Sucht geheilt zu werden. Als nun Maurizio verhaftet wird, wenden sich seine Eltern an Schwester Elvira und diese rät dem Paar Folgendes: Weil Maurizio sich dieses Jahr „redlich verdient" habe, solle er es auch „auskosten". Also kein Rechtsanwalt, der ihn heraushaut, und keine Besuche der Eltern.

Der Ex-Häftling erinnert sich an diese Zeit: „Es war schlimm: keine Gespräche mit den Eltern, niemand, der mir geholfen hätte, ganz isoliert war ich. Eine harte Wirklichkeit. Doch es war genau das, was ich gebraucht habe, um zur Besinnung zu kommen, um nach jedem Strohhalm zu greifen. Als mir Schwester Elvira zu Beginn dieses Jahres einen Brief geschrieben hatte, um mir für die Zeit nach der Entlassung die Gemeinschaft anzubieten, war ich noch nicht reif für das Angebot. Ich dachte: Das brauch' ich nicht, ich komm' schon allein klar. Doch bald sah ich das anders: Die Verzweiflung wuchs. Und so bin ich, kaum dass ich entlassen wurde, freiwillig zu Schwester Elvira gegangen. Damals war ich 25."

Im Cenacolo sieht Maurizio, wie die Burschen dort beten: „Schwester Elvira", ist seine Reaktion, „das ist nichts für mich. Ich glaub' ja nicht an Gott!" Die Schwester kennt solche Reaktionen seit langem. Ihre Antwort: „Vertrau' mir nur, ich habe genug Glauben auch für dich. Alles, was du brauchst, ist Vertrauen."

„Ja, ich habe die große Gnade bekommen, von Anfang an vertrauen zu können", stellt Maurizio fest und fügt hinzu: „Vertrauen war das Einzige, was ich zu meiner Genesung beigetragen habe. Keine Frage: Das ist eines der großen Wunder in meinem Leben."

Schon nach kurzer Zeit in der Gemeinschaft wird ihm

bewusst, dass das Leben hier eigentlich genau das ist, was er gesucht hatte: ein einfaches, reines Leben mit Gott, den er nun im Gebet zu finden beginnt. (Tief im Inneren vergraben war da wohl noch etwas vom Kinderglauben erhalten geblieben, denn nichts Gutes geht verloren.) Maurizio strahlt mich an: „Ich spürte, wie Gott mir meine Fehler verzieh und mich tröstete und mir sagte, ich sollte mir keine Sorgen machen. Gott schenkte mir viele ‚Zuckerln' im Gebet, was ich dringend brauchte. Täglich suchte ich diesen intensiven Kontakt mit Gott. Das ist heute nach 17 Jahren – ich bin jetzt 44 – noch genauso: Ich habe eine starke Sehnsucht nach dieser wunderbaren Begegnung, nicht nur in einzelnen Gebets-Regentropfen, sondern im tiefen Eintauchen ins Gebet."

Dreieinhalb Jahre bleibt der junge Mann in der Gemeinschaft. Viele innere Kämpfe müssen ausgefochten werden, allein oder mit Hilfe der Gemeinschaft. Aber es gibt auch große und kleine Siege, Freude und Glückseligkeit. Ich meine, sie in Maurizios strahlendem Blick zu erkennen, einem Leuchten in den Augen, das das Markenzeichen der jungen Männer dieser Gemeinschaft – über 90 Prozent von ihnen werden geheilt – zu sein scheint. Kaum zu glauben, dass diese Burschen meist eine schlimme Vergangenheit hinter sich hatten! Dabei gibt es im Cenacolo keinerlei weltliche Genüsse: kein Fernsehen, kein Alkohol, keine Zigaretten, keine Zeitungen, kein eigenes Gewand. Die jungen Leute sind in allem, was sie zum Leben benötigen, von der Vorsehung abhängig, was auch Entbehrung bedeuten kann. Aber es gibt viel Arbeit, viel Gebet, viel gegenseitige Hilfe, Freude, Humor und Heiterkeit. Hier wird man ohne Wenn und Aber an- und ernstgenommen, eben geliebt. Kurzum: Hier erleben sie, wie Gott zu ihnen ist. Eine neue

Selbstsicherheit wächst und das Wissen, dass man außer Gott und lieben Menschen nicht viel braucht, um im Leben bestehen zu können.

Nicht lange nachdem Maurizio die Gemeinschaft verlässt, wird er von einem Kirchenchor – junge Leute, die singend das Evangelium in die Welt tragen – eingeladen, Zeugnis von seiner Bekehrung und seinem Ausstieg aus den Drogen zu geben. „Dort habe ich Paola zum ersten Mal gesehen. Der Blitz hat eingeschlagen", lacht er und strahlt seine hübsche Frau an, die sein Lächeln erwidert. „Als mich der Chor noch einmal eingeladen hat, bin ich nur allzu gerne wieder hingegangen."

Als sich Maurizio und Paola in der Folge wiedersehen, traut sich der junge Mann aus verständlichen Gründen nicht, diesem offensichtlich braven und soliden Mädchen, das eben das Gymnasium abschließt, seine Liebe zu gestehen. „Es entstand zwischen Paola und mir zwei Jahre hindurch eine Freundschaft, die wirklich ‚nur' eine reine Freundschaft war. Eine wunderbare Zeit. Ich traute mich lange nicht, ihr meine tiefen Gefühle für sie zu gestehen, da ich Angst hatte, zurückgewiesen zu werden. Alles sprach ja dafür: ein ehemaliger Drogenabhängiger, Ex-Sträfling, der außerdem 12 Jahre älter war als sie", schildert Maurizio seine Sorge. Diese zwei Jahre der Freundschaft erleben beide allerdings als Gnade: „Als Freunde kann man freier, ehrlicher sein", erklärt mir Maurizio.

Ob es bei Paola auch Liebe auf den ersten Blick gewesen sei, frage ich sie. „Nein", gesteht sie. „Bei mir hat sich die Liebe zu Maurizio erst in diesen Jahren des Kennenlernens und der tiefen Freundschaft entwickelt, bis mir eben Maurizio nach zwei Jahren seine Liebe gestanden hat."

Immer wieder erzählt ihr der junge Mann von der Gemeinschaft und von Schwester Elvira. Und so lernt Paola eines Tages – wir schreiben 1993 – Schwester Elvira persönlich kennen. „Wir haben ihr erzählt, dass wir heiraten und unsere Ehe auf einer soliden Basis bauen wollten", berichtet Paola. „Und da hat sie uns vorgeschlagen, die Vorbereitungszeit auf eine christliche Ehe in einer, zu diesem Zweck, von ihr gegründeten Gemeinschaft für Verlobte zu verbringen."

Maurizio nimmt sich sechs Monate Auszeit von seiner Arbeit, und Paoletta, wie Maurizio sie liebevoll nennt, die nach der Schule ein Diplom gemacht und eine gute Stelle in Aussicht hat, ist auch bereit, ins Cenacolo zu übersiedeln. Paolas Vater ist allerdings nicht begeistert: Die Tochter sei zu jung – und was solle sie in einer Gemeinschaft, die sich um Drogenabhängige kümmert?

Paola jedoch hat ihre Entscheidung getroffen: Ihre Ehe soll für die Ewigkeit halten und sie meint, hier die Grundlage dafür bekommen zu können. Maurizios Heilung und Bekehrung sind für sie Beweis genug, dass scheinbar Unmögliches hier möglich werden kann! „Eines Morgens habe ich mich von den Eltern verabschiedet und ihnen gesagt, sie könnten mich in der Gemeinschaft Cenacolo wiederfinden."

Für beide werden die folgenden Monate eine sehr wertvolle Zeit. Die Verlobten leben und teilen fast alles miteinander: Arbeit, Gebet, Gespräche, die Gemeinschaft mit den anderen Paaren. Sie lernen, Meinungsverschiedenheiten auszutragen, den anderen wichtiger als sich selbst zu nehmen, sich zu versöhnen … Doch nachts sind sie getrennt in zwei Häusern untergebracht, eines für die Burschen, eines für die Mädchen. Lächelnd erklärt mir Maurizio: „Durch diesen Verzicht – in vielen anderen Dingen auch – haben wir gelernt, das Fundament unserer Ehe auf etwas sehr Stabilem aufzubauen. Auch spätere Probleme im Leben überwindet man leichter, wenn schon eine gute solide Basis in der Beziehung zum anderen da ist. Es war eine wunderschöne Zeit."

Im Mai 1994 heiraten die beiden. „Dass ich Paola als Frau bekommen habe, ist eines der großen Wunder meines Lebens", stellt Maurizio dankbar fest.

Als Schwester Elvira das Paar nach seinen Zukunftsplänen fragt, erklären beide, sie möchten in die Mission nach Brasilien zu den Ärmsten, den Straßenkindern, gehen. Maurizio ergänzt: „Paola hatte schon immer eine besondere Liebe für Kinder. Mittlerweile habe ich sie auch." Die Schwester ist begeistert – wunderbar, ein Haus in Brasilien, das habe sie schon lange gewollt! So bleiben die beiden in der Gemeinschaft.

Nach einer Vorbereitungszeit im Cenacolo in Medjugorje, wo sie der Muttergottes für alles danken und sie um die Gnade bitten, dem Ruf, den sie erhalten haben, und ihrem Ehegelöbnis treu zu bleiben, übersiedeln sie im Jänner 1996 nach Brasilien. „Unser ganzes Leben war wohl eine Vorbereitung auf Brasilien", erklärt mir Paola. „In der Zeit, die wir in Medjugorje verbrachten, haben wir besonders gelernt, Geduld zu haben, zuzuhören, zu lächeln, dich dem Nächsten zuzuwenden, auch wenn dir gerade hundert andere Dinge durch den Kopf gehen, einfach in der Gegenwart zu leben und Gott tiefer zu begegnen."

Nun lebt das Ehepaar seit zehn Jahren in der Nähe von Sao Paolo. Wie denn dort ihre Arbeit aussieht, interessiert mich und ich bekomme Erschütterndes zu hören: „Wir kümmern uns um Kinder, die auf der Straße leben. Ihre Eltern sind entweder verstorben, haben sie ausgesetzt oder können sie einfach nicht ernähren. Manche der Eltern sind Alkoholiker oder drogenabhängig oder verdienen ihr Geld durch Prostitution. Oft haben diese Kinder Schreckliches mitgemacht. Etlichen wurde Gewalt angetan, viele wurden auf vielerlei Art ausgebeutet. Wenn sie uns vom Richter zugesprochen werden, übernehmen wir das Sorgerecht."

Voll Liebe fährt Paola fort: „Wenn die Kinder zu uns kommen, sind sie voller Wut, ohne jede Hoffnung. Sie haben nie erfahren, dass ihnen jemand Gutes tun möchte, nämlich Gutes, das ohne irgendein anderes Interesse ist als das, sie glücklich zu sehen. Wenn sie dann aber entdecken, dass sie – selbst wenn sie nicht folgen, frech sind oder sonst etwas anstellen – trotzdem geliebt und nicht fortgeschickt werden, dann verändern sich ihre Gesichter: Sie werden entspannter, beginnen zu lächeln, mit uns zu reden, ohne uns zu misstrauen. Dann hören sie zu und fassen endlich Vertrauen."

„Aber", fügt die junge Frau hinzu, „wir müssen stets darauf achten, dass unser Leben das widerspiegelt, wovon wir reden." Immer wieder lädt Paola daher die Kinder in ihre eigene kleine Wohnung ein. Hier können sie bei ihr sein, mit ihr über alles Mögliche plaudern, während sie bügelt, wäscht oder andere Arbeiten erledigt. „Natürlich scheint die Zeit immer zu kurz zu sein, aber in Wirklichkeit genügt sehr wenig Zeit für eine Geste der Liebe. Manchmal machen sie ihre Aufgaben bei mir und ich helfe ihnen dabei oder sie helfen mir bei der Hausarbeit. Beim Zusammenlegen der großen Wäschestücke können wir uns in die Augen schauen und einander anlächeln."

„Wie sagen denn die Kinder zu Ihnen, Papa und Mama?", möchte ich wissen. „Einige haben das Bedürfnis, uns so zu nennen. Die dürfen das natürlich", erklärt mir Paola, „aber eigentlich lassen wir uns Tante und Onkel rufen. Wir wollen nämlich, dass die Kinder wissen, dass sie eigene Mütter und Väter haben, auch wenn diese im Himmel sind oder sich nicht in rechter Weise um sie kümmern können. Sie sollen einfach wissen, dass sie nicht als Waisen auf die Welt gekommen sind."

Derzeit leben in Mogi 55 Kinder. Innerhalb der großen Hausfamilie werden sie in Einheiten von sieben bis acht Kindern von jungen Männern und Frauen betreut. Immer wieder verpflichten sich auch junge Ehepaare für eine gewisse Zeit zur Mitarbeit. Die Mahlzeiten, Gebetszeiten sowie die Ausbildung finden gemeinsam statt. Die Kinder schlafen in Mogi, gehen von dort in die Schule, werden in verschiedenen Berufen ausgebildet.

„Wie alt sind ihre Schützlinge?", frage ich. „Wir nehmen sie oft schon als Babys auf", erklärt mir Maurizio. „Meist bleiben sie bis sie 17, 18 sind. Wir helfen ihnen dann, im Leben Fuß zu fassen: bei der Suche nach einem Job, einer Unterkunft …"

Mittlerweile haben Paola und Maurizio auch fünf eigene Kinder – was gar nicht selbstverständlich war, wie sie mir erzählen. Die Ärzte meinten nämlich, dass bei Paola keine Schwangerschaft länger als drei Monate dauern könnte. Die Kinder würden ab dann nicht mehr weiterwachsen.

Anfangs schien das zuzutreffen, bis Paola gegen alle Prognosen dann doch einen Sohn austragen kann. Für die Eltern steht fest: Sie sind Zeugen eines Wunders. Dankbar erzählt Paola: „Von dem Moment an habe ich Jesus täglich in der Eucharistie zu mir genommen und allen erzählt, dass ich die ‚Medizin' gefunden hätte, die Kinder wunderbar gedeihen lässt. Und so war es auch", ergänzt sie. Das große Wunder hat mittlerweile fünf Bubennamen: Francesco M., Stefano M., Tommaso M., Filippo M. und Lorenzo M. – der älteste acht Jahre, der jüngste 10 Monate alt.

Im Rückblick auf ihr Leben meint Paola: Dass sie die Gemeinschaft kennenlernen durfte, sei das größte Geschenk gewesen, das ihr Maurizio machen konnte. „Dort habe ich erst richtig beten gelernt. Nicht, dass ich vorher nicht auch schon gebetet hätte, etwa am Sonntag in der Messe. Aber das war mehr eine Sache des Gefühls. Ich habe bis dahin auch die Kommunion bekommen, ohne aber recht zu wissen, was das bedeutet. Ich hatte einen sehr oberflächlichen Glauben. Nun bekam ich jedoch die Möglichkeit, täglich zur Anbetung zu gehen, mich jeden Tag vor Christus zu stellen. Meine Oberflächlichkeit musste sich ändern, das war mir bald bewusst. Konkret hat das z. B. verlangt, in der Früh an etwas Gutes zu denken, um die anderen mit einem fröhlichen Gesicht begrüßen zu können. Oder: mit anderen Mädchen eine Gemeinschaft aufzubauen, Stille halten zu können, sich entschuldigen zu lernen, wieder anzufangen, wenn man Fehlschläge erlebt hat."

Und sie fügt hinzu: „Wie mein Vater schaffte ich es nicht, über Verletzungen, die mir zugefügt wurden, zu sprechen. Ich versuchte immer, es allen recht zu machen. In der Gemeinschaft habe ich gelernt, über die Dinge zu reden, nicht vor Problemen davonzulaufen, auszuhalten unter dem Kreuz. Das und vieles mehr hat mir die Gemeinschaft vorgelebt und mir Kraft und Energie gegeben. Das einfache Leben hatte ich schon als Kind gelernt. Ich komme nicht wie Maurizio aus einer wohlhabenden Familie. Wir waren zu Hause arm. Verzichten gehörte immer dazu: Manchmal haben wir Kinder – ich habe zwei Brüder – die Mutter angebettelt, wenn wir meinten, etwas dringend zu brauchen. Dann hieß es oft, dies sei nicht möglich, sonst wäre am Monatsende nicht genug zum Überleben da. Daheim haben wir also gelernt, mit Würde die Armut zu leben – und, dass das meiste entbehrlich ist. Dafür bin ich meiner Familie sehr dankbar. Aufgrund dieser Erfahrung wollte ich immer heiraten und Kinder haben, eine schöne Familie."

Nun, Kinder haben Paola und Maurizio jede Menge. Werden sie für den Rest ihres Lebens in Brasilien, im Cenacolo bleiben? Paola lächelt: „Wir sind in den Händen Gottes und der Schwester Elvira. Wir haben versprochen, in Vertrauen und Gehorsam für immer in der Gemeinschaft ‚Cenacolo' zu bleiben. Daher: Was immer für uns entschieden wird, werden wir tun."

Eindrucksvolle Worte von einem außergewöhnlichen Ehepaar, die ich mitnehme, als ich mich von beiden verabschiede und sie mich herzlich nach Brasilien einladen. Wie gerne würde ich die beiden wiedersehen, denke ich, während ich diese Zeilen schreibe, und ihr Leben mit den Straßenkindern von Sao Paulo aus der Nähe kennenlernen.

Birgit und Hannes Minichmayr
Kinder werden Missionare

*W*iener Stadtfest 2005: Eine Gruppe von rund 40 Kindern – die jüngsten wohl erst vier oder fünf Jahre alt – und einige Jugendliche tragen am Stephansplatz mit viel Schwung, Überzeugung und Gestik christliche Lieder vor. Viele Leute bleiben stehen, hören zu, etliche Kinder versuchen mitzusingen. Am besten gefällt uns das gesungene Glaubensbekenntnis, denn die jungen Akteure haben keinerlei Hemmung, ja sie scheinen sichtlich stolz darauf zu sein zu bekennen: Ich glaube an Jesus Christus, „Ja, das glaube ich", singen sie, indem sie mit einer ausholenden Armbewegung auf sich selbst zeigen.

Es stimmt, was ich wiederholt schon gehört hatte: Diese Kinder haben die Gabe, Menschen das Herz zu öffnen durch das, was sie singen und durch die Art, wie sie es tun. Viel Herz und Liebe ist da dabei. Die Rede ist von den Kisi-Kids, einer christlichen Kindersinggruppe: Allein im Vorjahr haben sie 85 Mal Musicals aufgeführt, in 39 Workshops andere Kinder zum Singen animiert und sie waren 25 Mal bei Puppentheateraufführungen in ganz Österreich und in den Nachbarländern im Einsatz. Auch Gottesdienste haben sie gestaltet und Singtage abgehalten. Mehr als 28.000 Besucher kamen zu ihren Musicalaufführungen. Eine beachtliche Bilanz.

Ich hatte schon öfter von den Kisi-Kids gehört und sie auch schon dreimal bei Auftritten erlebt. Vor kurzem bekamen wir nun vom Wiener Pastoralamtsleiter Michael Scharf den ausgezeichneten Tipp, Birgit und Hannes Minichmayr, die diese Initiative ins Leben gerufen haben, als Porträt vorzustellen. Scharf hat die beiden lächelnd folgendermaßen beschrieben: „Sie sind spontan, kreativ, chaotisch, begeistert, liebenswert – und sie sind von der Nachfolge des Herrn begeistert." Na, wenn das keine Empfehlung ist, die neugierig macht.

Und so habe ich unlängst das Ehepaar zu einem Interview in der Nähe von Linz getroffen, in der Ikea-Cafeteria, wo die beiden ihre jüngste Tochter im nebenan gelegenen Kinderspielplatz unterbringen konnten. Mein erster Eindruck: beide jung, groß, sehr gut aussehend. Ihre offene und herzliche Art des Umgangs mit anderen – wie könnten sie auch sonst so viele Kinder und Jugendliche für Christus begeistern – macht unser Gespräch sehr schnell zu einem freundschaftlichen Treffen.

Zunächst erzählt Birgit aus ihrem Leben: 1969 wird

sie in Linz, wie sie sagt, in eine Bilderbuchfamilie hineingeboren und verbringt gemeinsam mit dem jüngeren Bruder eine sehr glückliche Kindheit. Zwar geht sie zur Erstkommunion, wird auch gefirmt, doch mehr Glaubensleben gibt es nicht daheim. Also verabschiedet sie sich nach der Firmung von der Kirche. Birgits ganze Freude ist das Reiten. Jeder Schultag endet im Reitstall und auch die Wochenenden und Ferien verbringt sie mit den Pferden im Freundeskreis, der sich dort gebildet hat. Das bewahrt sie auch vor der Gefahr, von Alkohol oder Drogen verführt zu werden.

Eine Freundin aus der Gruppe findet zu einem Bibelgebetskreis und es gelingt ihr nach einigen Monaten – der Gebetskreis betet mittlerweile schon für Birgit –, diese zum Mitkommen zu bewegen. Birgit ist von dem Geschehen dort berührt, vor allem davon, dass sich alle über ihr Kommen freuen, während die Reiterclique eher ein geschlossener Kreis ist. Von da an nimmt Birgit jeden Freitag an den Treffen teil, sogar als die Freundin nicht mehr kommt.

In diesem Kreis bekommt sie ihre christliche Grundausbildung und stellt entsetzt fest, was sie trotz jahrelangen Religionsunterrichts alles nicht weiß. Nach einem Jahr beim Bibelkreis bekehrt sich Birgit. „Bei einem Vortrag, bei dem darüber gesprochen wird, dass der Glaube nicht im Kopf bleiben, sondern ins Herz rutschen müsse. Es ginge um eine Entscheidung: Es genüge nicht, alles theoretisch über das Christentum zu wissen."

Birgit ist jetzt 18 und übernimmt eine Jungschargruppe in der Pfarre, hilft mit, Gottesdienste zu gestalten. Nach der Matura beschließt sie, Theologie zu studieren. Sie hat nun schon viele Heiligenbiographien gelesen und Bücher über den christlichen Glauben, doch sie will ein wirklich fundiertes Wissen erwerben. Neben Theologie studiert sie auch noch Englisch.

Während ihres Studiums lernt sie Hannes – ebenfalls Jahrgang 1969 – kennen, der eine doch recht andere Geschichte hat: Seine Kindheit ist vom Glauben geprägt. Der Vater ist Eisenbahner und die Mutter im Pflegedienst des Krankenhauses tätig. Die Minichmayrs leben zunächst in Frankenmarkt und übersiedeln dann nach Attnang-Puchheim, wo Hannes die Kindergarten- und Schulzeit verbringt.

Die Eltern sind traditionell gläubig und die Gottesbeziehung des Buben ist eher die zu einem strengen Vater, der genau aufpasst, ob sich das Kind auch gut benimmt. Die beiden Kapläne, die nacheinander in der Pfarre wirken, werden dieses Vaterbild positiv verändern. Zu ihnen baut Hannes eine sehr gute Beziehung auf. Beim ersten lernt er ministrieren und darf ihn auch sonntags beim Austragen der Krankenkommunion begleiten. Hannes bewundert den Kaplan und würde einmal gerne so wie dieser werden.

Als dann ein neuer Kaplan in die Pfarre kommt, nimmt dieser den engagierten Teenager zu Seminaren der Glaubenserneuerung mit, die P. Anton Gots hält. Hier trifft er Jugendliche, denen der Glaube ebenso wichtig ist wie ihm. Endlich eine Gemeinschaft! In der Schule ist er, der jeden Sonntag dreimal ministriert, ebenso ein Außenseiter wie unter den Ministranten, die ihn wegen seiner guten Beziehung zum Kaplan beneiden. Erstaunlich, dass er das durchgehalten habe, sage ich meinem Gegenüber. Ich weiß ja von meinen Kindern und Enkeln, wie schwer es ist, in diesem Alter gegen den Strom zu schwimmen.

Hannes nickt: „Sonntag Abend war immer eine eher

depressive Phase. Denn wochentags konnte ich nicht ministrieren gehen. Wirkliche Freunde hatte ich nicht. Das war nicht einfach. In unserer jetzigen Arbeit versuchen wir die Kinder zu ermutigen, gegen den Strom zu schwimmen und suchen gemeinsam mit ihnen nach Wegen, wie das gehen kann. Es funktioniert vor allem dann, wenn du eine starke Gemeinschaft hast, die deine Außenseitersituation auffängt."

In Losensteinleiten bei Pf. Gots wird ihm auch bewusst, dass Beten ein persönliches Sprechen mit Gott, nicht nur ein Aufsagen von Gebeten ist. Dort lernt er auch, kleine Gruppen zu leiten. Gott bereitet ihn schon auf sein jetziges Tun vor. Weil er schön singt, bittet ihn eines Tages eine Frau, doch eine Kassette für den Geburtstag ihrer Schwester zu besingen. Ganz erstaunt erzählt er das einem Freund. Auch dieser findet, Hannes sei musikalisch talentiert und schenkt ihm eine Gitarre. Mit 16 beginnt er somit Gitarre zu spielen, in der Oberstufe lernt er auch noch Schlagzeug und besucht auf Wunsch seines Vaters, der Kapellmeister ist, auch noch eine Gesangschule. Die Vorbereitung für Kisi-Kids läuft auf Hochtouren.

Bei Pater Gots fühlt er sich weiterhin wohl und arbeitet bei Sommerwochen für Kinder und jugendliche Behinderte mit. Er überlegt, ob er hier nicht bei den Kamillianern eintreten soll: „Wer vollkommen sein will, der lasse alles zurück und folge mir nach – diese Schriftstelle hat mich bewegt. Ich wollte ja vollkommen werden und Gott gefallen. Daher dachte ich, ich müsste ins Kloster gehen. Andererseits konnte ich mir nicht gut vorstellen, ohne Familie zu leben."

Nach der Matura entscheidet er sich zunächst für ein Theologiestudium. Die Frage, ob er Priester werden soll, ist immer noch offen. Mit einer Karmelitin spricht er öfter über seine Berufung. Hannes erinnert sich an ihre Worte: „Eine Berufung legt Dir Gott ins Herz. Er stülpt sie Dir nicht über. Sicher musst Du Gott nachfolgen, aber das kann ebenso gut in der Ehe wie im zölibatären Leben sein."

Im dritten Studienjahr lernt er Birgit kennen: Sie musizieren gemeinsam, nehmen an den Sommerwochen in Losensteinleiten teil, gehen ins Altersheim oder singen im Behindertendorf Altenhof. Hannes macht auch ein Praktikum im Krankenhaus und bei geistig behinderten Kindern, um herauszufinden, ob ihm Krankenpflege – die Tätigkeit der Kamillianer, deren Orden er immer noch überlegt beizutreten – überhaupt liegen würde.

Nach Beendigung ihres Studiums beginnen beide jungen Leute als Pastoralassistenten: Hannes in Altmünster, Birgit in Bad Ischl. Er ist für die Kinder- und Jugendarbeit zuständig und unterrichtet Religion, möchte mit den Kindern Lieder singen und ein Musical einstudieren. Birgit hilft ihm dabei. Sie hat während ihres Studiums ein halbes Jahr in einer Bibelschule in England verbracht und bringt von dort Kinderlieder mit, die mit Gesten gesungen werden. Hannes erzählt temperamentvoll: „Wir haben die Lieder gleich in der Schule ausprobiert und gemerkt: Das gefällt den Kindern. Mit ihnen habe ich dann ein Weihnachtsmusical einstudiert. Das war eigentlich der Start unserer jetzigen Arbeit. So haben wir den Kindersingkreis der Pfarre Altmünster gegründet. Und Birgit hat das Gleiche in Bad Ischl begonnen. Das Interesse war von Anfang an beachtlich. Im Dezember 1993 haben wir die erste Aufführung gehabt. Das Stück ‚Die sonderbare Nacht' ist dreimal aufgeführt worden."

Die Begeisterung ist groß, die Kinder wollen nicht,

dass diese Arbeit wieder aufhört. Also wird weitergeprobt und das nächste Musical einstudiert.

Am 16. Juli 1994 heiraten die beiden engagierten jungen Leute und entscheiden sich für Altmünster als gemeinsamen Wohnort. Birgit hatte mittlerweile ihr Schulpraktikum für Englisch und Religion gemacht und ist nun zur Hälfte in der Pfarre angestellt. Hannes ist Religionslehrer in der Hauptschule und Dekanatsjugendleiter.

Die Jugendarbeit wächst rasch. Immer mehr Kinder von auswärts stoßen dazu – auch aus freikirchlichen und evangelischen Familien – und so wird die Arbeit bald zu viel: 70 bis 80 Jugendliche und gleich viele Kinder gilt es zu betreuen und zu beschäftigen und außerdem ist da auch noch Religionsunterricht zu halten.

1998 fahren die Minichmayrs zu einer Veranstaltung von „Campus für Christus" in die Schweiz. Hier erhoffen sie sich eine Antwort auf Fragen wie: Sollen wir Kinder oder lieber Jugendarbeit machen? Wie soll die Verkündigung aussehen? Unter anderem ist das Zeugnis mehrerer Teilnehmer, die sich schon als Kinder für Jesus entschieden hatten, für das Paar eine klare Antwort auf diese Fragen. Sehr überzeugt meint Hannes: „Ich hatte immer gedacht, für Gott könne man sich erst als Jugendlicher entscheiden. Heute weiß ich, dass das falsch ist. Schon als Kind kann man sich für Gott entscheiden. Wer schon als Kind die Entscheidung trifft, Jesus nachzufolgen, dem bleibt im Leben viel erspart. Man muss solche Entscheidungen sehr ernst nehmen und nicht denken: Ach, das sind ja nur Kinder!"

Machen wir nicht alle mit unseren kleinen Kindern und Enkeln die Erfahrung, dass sie als kleine noch einen ganz natürlichen Zugang zum Glauben haben, ohne

Vorbehalte? Dadurch können sie leicht für das Evangelium gewonnen werden.

Das junge Ehepaar entscheidet sich also für die Arbeit mit Kindern. Doch wie lässt sich das finanzieren, wenn dann der Religionsunterricht, der ja ein großes Engagement – auch außerhalb der Schule – verlangt, aufgegeben werden müsste? Bei Birgits Eltern wird über die Idee einer Stiftung debattiert, also eine Einrichtung, bei der Geldmittel gebunden werden, um von deren Erträgen bestimmte Anliegen zu finanzieren. Schön wäre das, denken die beiden auf der Heimfahrt, aber ...

Zu Hause angekommen, finden sie einen Brief von einem englischen Geschäftsmann vor. Er habe von ihrer Arbeit erfahren und biete seine Unterstützung an. Er verfüge über Geld – aus einer Stiftung! Das ist kein Zufall! Auf diesem Weg wird ihr Projekt für fünf Jahre finanziell unterstützt. Das erlaubt Hannes, nur mehr halbtags in der Pfarre zu arbeiten.

Die Arbeit mit Musicals wird nun forciert. Zunächst schreiben die Minichmayrs die Werke einer deutschen Künstlerin so um, dass immer auch ein Bezug zum Leben der Kinder hergestellt ist. Das ergibt Probleme mit dem Urheberrecht und sie dürfen die geschützten Werke nicht mehr aufführen. Da springt ein deutscher Verlag ein, der Kindermusik verbreitet. Obwohl es sich um eine evangelische Einrichtung handelt, nimmt er die beiden unter Vertrag, und Birgit beginnt ihr erstes Musical selbst zu schreiben. Das Thema: die Auferstehung. Der Titel: „Lilli und das unglaubliche Comeback."

Das Musical wird ein Hit. Mittlerweile haben die Kisi-Kids es mehr als 150 Mal aufgeführt. Hannes erzählt lächelnd: „Durch den Titel kommen auch Fernstehende. Sie merken dann: Hups, da bin ich in einer frommen Veranstaltung! Da das Stück aber viel Freude atmet, gefällt es ihnen dann doch. Außerdem haben wir zu Beginn immer ein paar Songs, in denen es um Spaß und ums Mitmachen geht."

Plötzlich kommt für Hannes die Einberufung zum Zivildienst. Da er immer noch Jugendarbeit in der Pfarre macht, beschließt er, diese halbe Anstellung aufzugeben, damit sie ein anderer übernehmen kann. Kaum ist die Übergabe erfolgt, erfährt er jedoch, dass er noch ein Jahr Aufschub bekommen hat. Die fixe Anstellung ist nun allerdings verloren.

Hannes wird nun das Singen mit Kindern in Schulen und Pfarren in ganz Österreich forcieren. So kommt es, dass er ab nun wöchentlich 1.800 Kilometer im Auto zurücklegt, um Gruppen im ganzen Land zu betreuen. Die Sache wird ein Erfolg: Im selben Dezember wird das Auferstehungs-Musical 33 Mal von insgesamt 700 Kindern aufgeführt. Es entsteht eine richtige Kisi-Kids-(Kindersingkreis)-Euphorie.

Ordensgemeinschaften, Pfarren, aber auch eine Baptistengemeinde machen mit und überall wollen die Kinder weitermachen. Das schafft auch Probleme. Für die Minichmayrs wird dieses Laufen auf Hochtouren langsam zu viel. Denn mittlerweile – wir stehen im Jahr 1999 – ist Tochter Tabea nach dem großen Bruder Johannes geboren (2001 wird Rahel, die zweite Tochter, folgen).

Als Hannes nun doch den Zivildienst antreten muss, ist das eine gute Gelegenheit, etliche Gruppen abzugeben. Einige machen sich selbständig, gründen einen eigenen Chor. Und der Zivildiener selbst behält die Gruppen in Altmünster, in Kirchdorf und in Vorchdorf.

Den Zivildienst leistet er beim Roten Kreuz. Es stellt ihn nach ein paar Monaten frei, mit den Kisi-Kids ein

Musical für das Rote Kreuz einzustudieren. So kann Hannes wieder seine Arbeit machen und wird sogar vom Staat dafür bezahlt. Wenn das nicht ein lieber Gruß vom Herrn ist! Tatsächlich sehen Minichmayrs in all den „Zufällen" sehr wohl Gottes Handschrift.

Und auf das Wirken Gottes haben Birgit und Hannes auch tatsächlich ihr Leben gebaut. So sieht es auch Michael Scharf: „Dass sie so viele Gnaden bekommen, hat sicher auch damit zu tun, dass sie ihr Leben in die Hände der Vorsehung gelegt haben", ist sich der Wiener Pastoralamtsleiter sicher. Und tatsächlich fragen die beiden auch immer wieder, wohin Gott sie führen möchte.

Auf diese Weise sind sie auch zur Einsicht gelangt, dass aus den Kisi-Kids eine Bewegung werden soll. Bei dem Managementseminar einer christlichen Organisation, an dem Hannes nach dem Zivildienst teilnimmt, wird ihm klar, dass die Kisi-Kids bei ihren Auftritten nicht weiterhin eine „One-Man-Show" bleiben können. Er muss sich selbst mehr zurücknehmen, mehr in jugendliche Mitarbeiter investieren, damit dieses Anliegen der Glaubensverkündigung durch Kindergesang zu einer Bewegung werden kann. Und dieses Konzept wird nun umgesetzt: Derzeit haben sie fünf 18-Jährige Mädchen als Mitarbeiterinnen, wodurch der Wirkungsbereich der Kisi-Kids erheblich erweitert werden konnte. Und die Sache scheint zu funktionieren. Zurzeit wirken 120 Kinder an den Musicals mit, und weitere 400 in verschiedenen Projekten. Hannes freut sich: „Während wir jetzt in Israel waren, haben hier zu Hause schon die 15-Jährigen Jugendlichen die Proben und sogar Auftritte übernommen."

Ich staune. Und wie wird das alles finanziert? Die Frage drängt sich mir auf, schließlich haben doch beide ihre Pfarrarbeit aufgegeben. Nach dem Auslaufen der Finanzierung durch die Stiftung gibt es nur mehr den Verein. Er finanziert sich aus Mitgliedsbeiträgen, Aufführungsrechten, Konzerthonoraren und dem CD-Verkauf. Bei diesem Verein ist Hannes angestellt mit einem Gehalt, das „weitaus höher sein müsste, wenn man bedenkt, was er alles leistet", wie Michael Scharf meint. Die fünf jungen Damen sind Volontärinnen, bekommen eine Aufwandsentschädigung und Taschengeld. Birgit betont allerdings lächelnd, dass sie selbst sich natürlich vor allem als Mutter sieht.

Aus allem, was ich erfahre, wird mir klar, dass die beiden Minichmayrs einander wirklich wunderbar ergänzen. Hannes macht neben den Proben und Auftritten vor allem auch die Ausbildung der Kids in Gesang-, Tanz- und Pantomime-Workshops. Er hat die Begabung, auf der Bühne zu stehen, dort Verkündigung zu machen und Kinder zu begeistern.

Birgit ist der ruhende Pol, sie schaut darauf, dass es den Kindern nicht zu viel wird. Ihre Stärke ist das Komponieren und Texten. Sie hat da ein einmaliges Charisma. Alle 5 Musicals – andere sind gerade in Arbeit – und ungefähr 120 Lieder sind von ihr. Wer ihre Texte liest, entdeckt, wie tief sie sind – und das in einer einfachen und kindgerechten Sprache. Beide ziehen sich auch immer wieder zu Einkehrtagen und Gebet zurück. Ein Beweis dafür, dass die Texte und Produktionen wirklich aus dem Gebet wachsen.

Das zentrale Anliegen beider aber ist das Hinführen der Kinder zu Gott: Gebet, Bibellesen und Katechese sind daher selbstverständlicher und natürlicher Teil der Probenarbeit. Dadurch wird das, was sie auf der Bühne machen, nicht zur Show, sondern zu einer besonderen Art der Verkündigung. Dazu Michael Scharf: „Besonders beeindruckt hat mich, wie die Kinder miteinander umgehen. Wie sie einander das Essen bringen, aufeinander Rücksicht nehmen (zuerst kommen die kleinen, dann die größeren dran), wie sie bei auftauchenden Schwierigkeiten völlig natürlich zu beten beginnen ... Das ist eine Echtheitsprobe." Und so werden die Kinder tatsächlich zu Missionaren. Einige von ihnen beten bespielsweise für die Bekehrung ihrer Eltern.

Dass das Singen der Kinder sogar Erwachsene anspricht, haben die Minichmayrs schon oft erfahren. Viele Zuhörer werden von dem berührt, was sie auf der Bühne vorgesetzt bekommen, und können dazu gebracht werden, sich ernsthaft mit dem Wort Gottes auseinanderzusetzen. Birgit und Hannes sehen es daher als ihre Aufgabe an, nicht nur Kinder zum Glauben zu führen, sie wollen vielmehr mit den Geschichten aus der Bibel, die die Kinder spielen, möglichst vielen Menschen zeigen, dass Gott auch in ihrem Leben wirkt und sie liebt.

Besonders freut sich das Paar über die CD mit Liedern zum Gottesdienst. Hannes meint mit großer Dankbarkeit: „Ich bin überzeugt, dass Gott für diese Lieder eine besondere Salbung gegeben hat. Da schwingt etwas mit, was die Herzen der Menschen berührt." Scharf wundert das nicht, denn „es sind gute kindgemäße Messen, die auch den Texten der Liturgie gerecht werden und nicht Wald- und Wiesenloblieder sind."

Es ist schön, den beiden zuzuhören, weil so viel echte Freude und Begeisterung mitschwingt. Gegen Ende des Interviews stelle ich fest, dass obwohl beide Minichmayrs diese sicherlich auch aufreibende Tätigkeit nun schon so lange machen, ein Funke der Begeisterung für diese Arbeit mit und für Jesus merkbar auch auf mich übergesprungen ist.

Näheres siehe: www.kisi.at

Sr. Elvira Petrozzi
Unsere Spezialität ist die Liebe

Das Haus war verfallen, Türen und Fenster waren kaputt, es gab keine Betten, keine Sessel, kein Werkzeug und kein Besteck – und die Leute im Ort waren nicht glücklich über ihre Anwesenheit. Geld war natürlich auch keines da. So weit der Beginn der „Gemeinschaft Cenacolo" (Zönakel). Heute, 20 Jahre später, gibt es weltweit 45 Häuser der Gemeinschaft. Um die 400 junge Menschen haben dort Heilung von Süchten gesucht und mehr als 80 Prozent bleiben auch nach ihrem Weggang geheilt.

Kann all das in so kurzer Zeit auf die Initiative einer einzigen Frau entstanden sein? Einer Frau, die keine Ärztin ist, kein Psychologiestudium absolviert hat und mit Psychiatrie nichts am Hut hat? Ist das normal? Nun, sie selbst lässt keinen Zweifel daran, dass es nicht ihr Werk ist, sondern dass sie dem Ruf Gottes gefolgt sei, der sie befähigte, all das zu tun, was sie selbst sich nicht hätte vorstellen können: „Ich war mir sehr meiner eigenen Grenzen bewusst. Wäre es auf mich alleine angekommen, hätte ich mich sicher nicht darauf eingelassen, 24 Stunden am Tag mit Drogensüchtigen zusammen zu sein. Doch der Hl. Geist hatte ein starkes Feuer in mir entfacht: Ich hatte die Drogensüchtigen, die Alkoholiker, die Ausgeschlossenen in meinem Herzen. Ihnen wollte ich die Türen öffnen. Und als gottgeweihte Frau wusste ich, dass es möglich ist, dass Gott über meine Zerbrechlichkeit und Unfähigkeit hinaus wirkt." Trotzdem: Normal ist es nicht, dass sich eine Frau, selbst voller Gottvertrauen, auf so ein gefährliches Abenteuer einlässt – es sei denn, sie ist Italienerin und heißt Schwester Elvira.

Endlich hatte ich ein Interview mit ihr in Kleinfrauenheid bekommen. Seit Jahren hatte ich darauf gehofft. Das Leuchten ihrer Augen, das Strahlen ihres ganzen Wesens – es scheint von ganz innen zu kommen – fasziniert wohl jeden, der sie kennenlernt. Unwillkürlich hat man den Wunsch, sie immer in Reichweite zu wissen, um immer wieder ein wenig von ihrer tiefen Freude tanken zu können. Was für ein Glaube! Welche Gnade spiegelt sich in ihrem Leben wider! Hat sie etwa aus einer sorglosen Kindheit ihre Kraft und Ausdauer geschöpft?

Rita (die Perle) Agnes (wie Mutter Teresa) Petrozzi – so heißt Sr. Elvira mit ihrem bürgerlichen Namen –, hatte jedenfalls keine leichte Kindheit. 7 Kinder hatten ihre Eltern bekommen. Der Vater war einfacher Landarbeiter. Als Rita drei ist, wird der Vater zu Beginn der vierziger Jahre in den Krieg eingezogen. Die Familie zieht von Sora, südöstlich von Rom, mit in den Piemont, wo der Vater stationiert ist.

Die Eltern sind gläubig, bemüht in allem, in guten und schlechten Zeiten, den Willen Gottes zu leben. Doch der Vater ist Alkoholiker, ein Quartalssäufer, der alle drei Monate einen Rausch hat und dann jedes Gefühl für Verantwortung verliert. Das kostet ihn nach dem Krieg auch seine Arbeit. Die Familie lebt beengt: Die zwei Mädchen schlafen in der Küche, die Buben „übereinander gestapelt" in einem kleinen Zimmer.

Zwischen den Alkoholphasen ist der Vater den Kindern jedoch ein Vorbild an guter Erziehung, mit großem Respekt vor anderen Menschen. „Nicht einmal einen Zahnstocher hätten wir irgendwo mitnehmen dürfen. Mein Vater hätte ihn wieder zurückgebracht", erzählt mir Sr. Elvira mit einem Lächeln, in dem nicht eine Spur von Vorwurf ist. Und sie fährt fort: "Ich habe auch wunderbare Erinnerungen an meinen Vater. Heute sehe ich, dass dies eine wichtige Schule für meinen späteren Lebensweg war. Gott hat mir mit 4 Jahren den ersten Süchtigen an die Hand gegeben."

Schon früh muss das Mädchen zu Hause die Mutter ersetzen. „Wenn Mutter unter der Woche in der Stadt als Krankenschwester arbeiten musste, waren wir Kinder viel mit dem Vater allein, auch in seinen Alkoholphasen. In diesen Zeiten veränderte er sich sehr. Dann war ihm nicht bewusst, dass ich noch klein war und Angst hatte, wenn er mich mit 6 Jahren spätabends aus dem Bett holte, um Zigaretten zu kaufen. Wenn ich dann im Mondschein den leeren Platz überqueren musste und sich die Bäume unheimlich im Wind bewegten, hatte ich Angst. Aber ich lernte die Angst zu überwinden. Deshalb fürchte ich mich heute vor nichts mehr." Und wenn der Vater Abends zu berauscht ist und gar nichts mehr selbst tun kann, muss ihn eben Rita fürs Bett zurechtmachen. So ist ihre Kindheit in vielem eine gute Vorbereitung für ihre spätere Arbeit mit Suchtkranken.

Auch die Armut lernt sie kennen: Die kleine Rita ginge so gerne sonntags in die Kirche, doch die Schwester des Oratoriums erklärt ihr, sie dürfe das nicht, weil sie – übrigens bis sie 12 Jahre alt ist – keine Schuhe besitzt. Sie sieht wohl wie ein kleines Zigeunermädchen aus. Die Rita von damals sieht ein, dass sie nicht mitfeiern darf, doch die Sr. Elvira von heute meint: „Ich würde so ein Mädchen wohl eher auf meinen Armen in die Kirche tragen." Wenn allerdings niemand in der Kirche ist, geht Rita manchmal hin, setzt sich vor die Statue der Muttergottes von Lourdes und schaut sie an. Und die Muttergottes blickt auf sie hinunter. Diese lautlosen Zwiegespräche prägen sich tief ins Herz des Mädchens ein, wohl auch weil die Mutter besonders auf die Hilfe der Muttergottes vertraut. Hat die Mutter nämlich Sorgen, so öffnet sie das Fenster, blickt auf den Berg zum Heiligtum hinauf und bittet: „Liebe Muttergottes, kümmere du dich darum."

Heute erkennt Sr. Elvira, dass sie in den Licht- und Schattenseiten ihrer Kindheit vieles lernen durfte, was sie innerlich frei werden ließ: dass man mit den noch Ärmeren teilen soll, dass es nicht auf Äußerlichkeiten ankommt, dass man nicht viel besitzen muss, sondern froh und stolz sein kann auf das, was man selbst ist. „Alles ist gut an dir, so wie du bist", sagte ihr die Mutter eines Tages, als sie den wehmütigen Blick der Tochter bemerkt, der am Hut und den Lackschuhen der Freundin hängenbleibt.

„Eine Aussteuer könne sie uns Mädchen nicht mitgeben. Doch das größte Geschenk seien wir selbst, prägte sie uns ein. Meine Mutter hat uns die Selbstachtung, die Nächstenliebe, die Hoffnung und auch das Vertrauen zum Leben gegeben", erinnert sich die Schwester dankbar. Auch auf das Kreuz sollten sie vertrauen: „Immer wieder hörte ich meine Mutter sagen: ‚Heiliges Kreuz Gottes, verlass uns nicht!' Heute noch sage ich das so. Nicht: Heiliges Kreuz geh von mir oder schicke mir ein wenig Vorsehung. Sondern: Heiliges Kreuz Gottes, verlasse mich nicht."

Den Vater hat die Mutter immer wieder entschuldigt und die Kinder ermahnt, ihn stets zu respektieren: Sie sollten lernen, nur gut über andere zu denken. „Wir haben das wahre Licht der Liebe in der Familie gelebt, und auch so manches Dunkel", beschreibt Sr. Elvira die lebenswichtigen Erfahrungen ihrer Jugend.

Mit 19 Jahren, nach Beendigung der Mittelschule, beschließt sie in eine Schwesterngemeinschaft einzutreten. Dienen war Teil ihrer Natur geworden: „Arbeiten, um Freude zu geben, war meine Leidenschaft: das Dienen, die Liebe, die Vergebung, die Armen. All das zog mich besonders an." In der Gemeinschaft der „Schwestern der Liebe" bekommt sie den Namen „Elvira", was etymologisch „die starke Frau" bedeutet. Zufall?

25 Jahre hindurch erfüllt sie in der Gemeinschaft die ihr zugewiesenen Arbeiten. Nebenbei schaut sie sich unter den Familien des Landes um und erkennt, dass viele Jugendliche richtiggehend verlassen worden sind, ausge-

schlossen durch die Konsumgesellschaft, in der beide Elternteile arbeiten gehen, um einen höheren Lebensstandard zu erreichen. Ihre Kinder sollten es einmal besser haben, sagen sie. Doch über all dem Geldverdienen und dem Bemühen, Wünsche zu erfüllen, wird die Sorge vernachlässigt, dass die Kinder gut, verantwortungsbewusst und glücklich werden. Es gibt immer weniger Gespräche in den Familien, immer seltener werden christliche Werte vermittelt. Das Vertrauen zwischen Eltern und Kindern kommt abhanden. Auf sich selbst gestellte Kinder verlieren die Orientierung, werden geistig und seelisch träge und suchen sich die leichtesten Wege, die sie nur allzu oft ins Verderben führen.

Sr. Elvira spürt immer deutlicher: Sie muss einem besonderen Ruf Gottes folgen. Ihr sind besondere Gaben für verirrte, desorientierte und einsame Jugendliche gegeben, für Drogensüchtige und Alkoholiker. Würde sie diese nicht weitergeben, käme sie sich wie eine Diebin vor. „Gerade aus der Situation in meiner eigenen Familie wurde eine besondere Liebe für die Abhängigen und ein feuriger Wunsch geboren, sich ihrer Heilung und geistigen Umkehr zu widmen. Ich hatte meinem Vater verziehen und liebte ihn", bezeugt sie.

So wuchsen in ihrem Herzen durch den Hl. Geist genährte, starke Impulse. „Doch wie erklärt man den Hl. Geist", fragt mich Schwester Elvira lächelnd. „Es war schwer, das meinen Oberinnen zu erklären. Sie meinten zu Recht, ich hätte nicht die notwendigen Qualifikationen und auch nicht genügend Erfahrung mit solchen Jugendlichen."

Sechs Jahre muss sie daher warten, bis es 1983 endlich so weit ist. Sie darf gehen. Der Bürgermeister von Saluzzo, dem sie von ihrem Projekt erzählt, glaubt an ihre Sache. Er gibt ihr ein verfallenes Haus zur Miete. Und so eröffnet Sr. Elvira im Juli 1983, in ihrem 46. Lebensjahr, das erste der heute 45 Häuser. Eine andere Schwester und eine gottgeweihte Lehrerin schließen sich ihr an.

Mein Gegenüber erzählt temperamentvoll: „Das Haus war eigentlich nicht bewohnbar. Es gab nichts darin. Die Ordensoberen haben sich entsetzt an den Kopf gegriffen. Ich aber war glücklich und spürte, dass sich etwas Großes seinen Weg aus mir heraus bahnte. Ich sah schon damals all das Herrliche, das heute existiert. Und ich spürte den Herrn neben mir und welche Kraft und welchen Mut ich von der Muttergottes empfangen durfte." Schon nach einer Woche stehen drei verwahrloste Burschen vor der Tür und fragen, ob sie bleiben können. Sie hätten gehört, hier habe ein Haus für Drogensüchtige aufgemacht. Zunächst schlafen alle am Boden, essen mit den Fingern – auch die Schwestern. Sie lernen das Leben Drogensüchtiger kennen: kein Bett, kein Essen, ausgegrenzt.

Nun stellt sich die Frage: Wie soll man die Jugendlichen beschäftigen? Es gibt ja keinerlei Werkzeug im reparaturbedürftigen Haus. Da beginnt die Vorsehung ihr Werk. Am Samstag ist Markttag und Sr. Elvira geht hin, betrachtet sehnsüchtig das schöne Werkzeug, das sie so dringend brauchten. „Da blieb ein Herr neben mir stehen. Er fragte mich: ‚Schwester, brauchen Sie etwas?' ‚Ja, aber ich habe kein Geld.' ‚Kein Problem', antwortete er, ‚suchen Sie aus. Ich regle all das nachher.' Das war das erste Zeichen der Vorsehung in unserer Gemeinschaft, das mir das Werk Gottes vor Augen führte."

Diesen Weg wollten sie weitergehen. Nur Gott konnte die Drogensüchtigen wirklich heilen und nur von Gott wollten sie abhängig bleiben – und von einzelnen Menschen, die Gott ihnen schicken würde. Daher nimmt Sr. Elvira kein Geld von öffentlichen Institutionen. Die Jugendlichen sollen spüren, dass Gott wirklich da ist, dass Er an ihnen interessiert ist und über sie wacht – 24 Stunden am Tag. „Man kann ihnen das schwer erklären, sie müssen das mit ihren Händen erfassen können."

Matratzen haben sie noch lange keine. Sie schlafen auf dem Gras, das sie tagsüber mähen. Um Gottes Willen und Weg täglich neu zu erfahren, kommen die Schwestern regelmäßig zum Gebet zusammen. Dann stehen die Burschen auf und gehen aufs Feld. „Nach etwa einem Monat kommt einer von ihnen und meint, er würde auch gerne verstehen, was wir da machen, wenn wir uns zusammensetzen. Später kamen auch die anderen und setzten sich dazu. Als die Jugendlichen das Gebetsbuch in die Hand nahmen, um mit uns zu beten, war das ein Moment unermesslicher Dankbarkeit an Gott. Ich wusste, dass wir auf dem richtigen Weg waren", erinnert sich die Schwester voll Freude.

Die Burschen verstanden vielleicht noch nicht die Liebe Gottes, wohl aber die Liebe der Schwestern, weil diese bereit waren, jede Entbehrung für sie auf sich zu nehmen. „Es nützt nichts, über die Barmherzigkeit Gottes zu theoretisieren. Die Jungen müssen sehen, dass wir selbst barmherzig sind." Und wollen später den Grund dafür kennenlernen.

Die Zahl der Jugendlichen, die Hilfe bei den Schwestern suchen, wächst. Mittlerweile ist aber jedes Bett im Haus belegt und kein Platz mehr für Neuankömmlinge. Es herrscht Ratlosigkeit. Die Vorsehung aber lässt sie nicht im Stich. 1986 kommt Vicka, eine der Seherinnen aus Medjugorje, zu Besuch. Sie macht der Schwester wieder Mut. Es wird weitergehen. „‚Macht weiter‘, hat sie wiederholt", erinnert sich die Schwester genau: Und am Tag darauf bekommt sie einen Scheck über 70 Millionen Lire. „Man darf und kann das Gute", erklärt mir Sr. Elvira, „niemals einschränken. Vicka hatte Recht. Das Gute tun ja nicht wir. Gott ist das Gute. Ein wunderschönes Abenteuer."

Unglaublich berührt bin ich von ihrer tiefen Liebe: „Jedes Mal, wenn ich davon erzähle, spreche ich auch zu mir selbst und erkenne erneut staunend das Wunderbare, das Gott gerade macht. Das vermehrt meinen Glauben. So glaube ich immer mehr an diesen Jesus von Nazareth, der gestorben und auferstanden ist, der lebt und gegenwärtig ist, tröstet und Mut macht, der dich umarmt und dir Kraft gibt." Mit tiefer Zuneigung betrachtet sie all die Menschen hier im Cenacolo in Kleinfrauenheid und lächelt: „Ah che bello (Wie schön!), so viel Sehnsucht wird da in mir wach, Ihm zu begegnen" – und es überrascht mich gar nicht, dass gerade da die Kirchenglocken zu läuten beginnen.

Nun gibt es also 45 Häuser der Gemeinschaft weltweit, allein in Brasilien sind es drei und auch in Medjugorje, wo die Jugendlichen „kräftiger und tiefer beten". Wie spielt sich da das Leben ab? Wer heilt dort und wie? All diese Fragen kann ich hier nur kurz beantworten. Wer in die Gemeinschaft kommen will, wird zunächst klar vorinformiert und dann zum Nachdenken nach Hause geschickt. Er hört, dass es keine Zigaretten, keinen Alkohol, kein Geld, keine laute Musik, kein Fernsehen, keine Zeitungen, zunächst auch keine Elternbesuche und keine Medikamente gibt, ja nicht einmal Psychologen zur Betreuung. „All das hatten die Jugendlichen bis dahin, haben aber die Drogen vorgezogen. Nun nehmen wir das weg und sehen was bleibt", erklärt Sr. Elvira jedem. Dafür gibt es Arbeit – mehr als genug.

Wer in ein „Zönakel" eintritt, lernt Demut, wird aber auch frei von Zwängen und Gewohnheiten: Er kann nicht mehr die Kleidung tragen, die er möchte, sich nicht Kaffee machen, wenn er gerade Lust dazu hat, oder Nachrichten schauen. Will bei diesen massiven Beschränkungen noch wer eintreten? Mehr als genug. Wem wird auch anderswo gesagt, „dass wir sein Leben lieben, dieses kostbare Leben, das bleibt, wenn alles andere wegfällt. Außerdem müssen weder er noch seine Eltern auch nur einen Cent für den Aufenthalt hier bezahlen. Auch der Staat nicht."

Sr. Elvira erklärt: Geld war für die jungen Leute bis dahin das todbringende Mittel. Es ist gut, wenn es jetzt keine Rolle mehr spielt. Und Geld schränkt ein, von wo immer es kommt. „Was ist, wenn Eltern nicht mehr zahlen können, der Staat nicht mehr zahlen will, der Jugendliche aber noch nicht geheilt ist?" Ja, um das Geld kümmert sich hier niemand. Und das macht zweifellos frei. Und bis jetzt sorgt die Vorsehung dafür, dass noch jeder so lange bleiben konnte, wie er wollte.

Sr. Elvira meint freudestrahlend: „Unsere Bezahlung ist die Liebe. Schauen Sie die Jugendlichen an: Vorher waren sie todtraurig, jetzt sind sie fröhlich, voll Freude, voll Tatendurst. Das ist unsere Bezahlung!" Genau das habe ich voll Staunen gesehen ob in Kleinfrauenheid im Burgenland oder in Saluzzo: Die Burschen strahlen nicht nur, sie haben fast unschuldige Gesichter und einen offenen Blick. Sind das wirklich ehemals Drogensüchtige, die Schlimmstes erlebt haben? Diese frischen Gesichter sehen natürlich auch die Neuankömmlinge, wenn sie, zunächst nur tagsüber, dort mitleben dürfen. Sie merken die Freude, die Lust am Leben, die Freundschaft, die sie verbindet, die Freiheit, das Lächeln, das sie für den Neuen haben und die Hilfsbereitschaft.

Wer will all das im tiefsten Inneren nicht haben? Wer das erlebt, ist einfach fasziniert. Der fix aufgenommene Neuankömmling wird, solange es nötig ist, 24 Stunden am Tag von einem „Schutzengel", einem ehemaligen Drogensüchtigen, begleitet. Dieser ist für ihn da, weiß um seine Probleme, hilft ihm liebevoll bei den Entzugserscheinungen, weist ihn in alles ein, hilft bei der Arbeit, die ihm zugewiesen wird. Denn jeder arbeitet hier: in der Bäckerei, Wäscherei, als Ikonenmaler, als Koch ... So lernt er schätzen, was er durch Verzicht und Anstrengung mit seinen Händen erarbeitet hat.

Was die Burschen ausstrahlen, was sie leisten, wäre ohne intensives Gebet ebenso wenig möglich wie die enorme Erfolgsquote. Sie ist unvergleichlich höher als sonstwo. Denn der Hauptgrund für die Sucht ist die Gottferne. Also besteht die Medizin gegen die Droge in Gottes Anwesenheit: In jedem der Häuser ist daher eine Kapelle, in der sich alle mehrmals am Tag zum Gebet versammeln. Noch ein Angebot: drei Rosenkränze pro Tag. Die Kraft zu bleiben und erfolgreich durchzuhalten, schenkt nur das Gebet. Das ist die Überzeugung aller Jungen, die hierher kommen. Dieses Erbe geben sie seit 20 Jahren weiter.

„Eines Tages sagte mir einer der neu aufgenommenen Burschen, dass er noch nie gebetet habe und auch nicht glauben könne", erzählt Sr. Elvira. „Da habe ich ihn beruhigt: ‚Mach du es nur den anderen nach. Knie dich einfach hin. Das Glauben übernehme ich für dich." In jeder Kapelle gibt es die ewige Anbetung. „Denn in der Anbetung geschieht die Wandlung der Seelen. Nur wenn wir nahe bei Jesus sind, können wir Ihn lieben lernen", ist Sr. Elviras Erfahrung.

Ich bin sehr froh über diese Begegnung mit dieser unglaublich mutigen Frau, die in all den Jahren auch nicht vor Schwierigkeiten mit Behörden, Polizei und Gemeinden zurückgeschreckt ist. All diese Widrigkeiten konnten ihr nicht die Liebe zu den Menschen nehmen. Ich sehe es auch hier in der Gemeinschaft: Jedem wendet sie sich sehr liebevoll und persönlich zu. Kennt sie wirklich den Namen jedes Schützlings weltweit, wie behauptet wird? Auch will hier jeder mit ihr sprechen, spricht sie doch diese Sprache der Liebe, von der sie sagt, dass jeder sie braucht, jeder sie sehen und verstehen kann. Es stimmt: Ihre Spezialität und die der Gemeinschaft Cenacolo ist die Liebe.

Näheres siehe: www.cenacolo.at

Sr. Marese Ramsl
Ein Privileg, für Gott zu wirken

Mit gesenktem Kopf, still Rosenkranz betend: So kennen sie viele, die in Wien bei der Abtreibungsklinik am Fleischmarkt vorbeikommen. Schwester Marese Ramsl selbst hätte allerdings nie gedacht, dass sie eines Tages diesen scheinbar undankbaren Dienst, für ungeborene Kinder und deren Mütter in aller Öffentlichkeit zu beten, übernehmen würde. Als geistliche Schwester hatte sie nämlich einen anderen Weg eingeschlagen. Welcher das war, erzählt sie mir auf eine erfrischende, sehr lebendige und interessante Art im Lebenszentrum gleich ums Eck, neben der Abtreibungsstätte.

Geboren ist sie im salzburgischen Kuchl – und zwar in eine große Familie: Sechs ihrer sieben Geschwister leben noch. Sie ist das dritte Kind. Auf Kinderfotos sehe ich, was für ein süßes Mäderl sie war. Sie wird in eine schwere Zeit hineingeboren. Die Eltern sind Bauern. Der Vater hat im I. Weltkrieg ein Bein verloren, es gibt kaum Hilfskräfte, die Mutter verrichtet die Arbeit im Stall, der Vater kocht.

Nach der 8-Jährigen Volksschule besucht Marese einen Koch- und einen Nähkurs, damit sie eine gute Bäuerin wird. Allerdings entspricht das nicht ihren Vorstellungen, denn, seit sie 11 ist, möchte sie Missionsschwester werden. Den Glauben leben ihr die Eltern vor, denen es gelingt, den Kindern trotz aller materiellen Nöte eine wunderschöne Kindheit zu ermöglichen.

Oft dürfen die Kleinen auf dem Schoß des Vaters sitzen, während er Geschichten aus der Bibel erzählt. Jeden Herz-Jesu-Freitag geht er beichten und kommunizieren. Liebevoll, ohne Schlagen und Schreien strahlt er eine natürliche Autorität aus, der – meist jedenfalls – gefolgt wird! Die Schwester erzählt heiter: „Geht's mir nur ja jeden Tag in die Kirch' hat er uns immer g'sagt. Wir haben das aber nicht eingesehen: Warum täglich in die Messe – und die anderen Kinder nicht! Da haben wir dann die Kirche oft nur durchquert und waren Auslagen anschauen. So konnten wir auf die Frage: ‚Wart ihr in der Kirch?' mit ja antworten", lacht die Schwester.

So sicher die 11-Jährige Marese war, Missionsschwester zu werden, so sehr kommen ihr dann Zweifel, als sie älter wird. Der Vater ist einverstanden, dass die jungen Leute tanzen gehen. Den Töchtern aber rät er, genau zuzuhören, was die jungen Männer miteinander reden, vor allem wenn sie Alkohol getrunken haben. Dann könnte man hören, was sie wirklich denken. „‚Werft euch nicht weg, ihr seid kostbar‘, hat er uns gesagt", fügt die Schwester hinzu. Für sie ist ohnedies klar: „Der Herrgott sieht uns überall, Er geht immer mit uns. Da möchte ich mich nicht in Seiner Anwesenheit blamieren. Das hätt' ich nicht fertig gebracht."

Als sie sich verliebt, scheint der Wunsch, Ordensschwester zu werden, in weiter Ferne. Eine Familie zu haben, wäre doch sehr schön – und der Herrgott kann sich ja eine andere Missionsschwester suchen. Allerdings: Immer wenn eine Beziehung ernster wird, kommt in ihr Unruhe auf, ihr innerer Friede geht verloren. Nach langer, reiflicher Überlegung ist sie endlich sicher: Sie will in die Mission. „Wenn Du, Jesus, mir den Hof machst, was sind dann alle anderen Männer neben Dir?", ist die entscheidende Frage, die sie sich selbst beantwortet. Eine Pilgerfahrt nach Lourdes löscht endgültig alle Zweifel.

Am 8. September 1958 sucht sie um Aufnahme bei den Dienerinnen des Hl. Geistes an: „Jetzt hast du den Frieden gefunden", spürt sie, als sie das Kloster betritt.

„Wie haben die Eltern reagiert?", frage ich. „Als ich weggegangen bin, hat der Vater gemeint, das sei so schlimm, wie wenn man ihm sein zweites Bein ausgerissen hätte. Und sollte ich draufkommen, dass dies doch nicht das Richtige sei, stünden alle Türen immer für mich offen. Die Mutter war sicher, ich würde nicht mehr wiederkommen. Ich hätte ja lange genug Zeit gehabt, mich zu entscheiden. ‚Wer die Hand an den Pflug legt und zurückschaut, ist des Himmelreichs nicht würdig‘, hat sie gemeint und: ‚Mir war auch oft nach Davonlaufen von euch, Bande. Aber wo wärst du jetzt, wenn ich davongelaufen wäre?!‘" Noch ein anderer Ausspruch der

Mutter hat sich dem Mädchen eingeprägt: „Wenn wir etwas beginnen, führen wir das auch zu Ende."

Diese mütterlichen Worte haben ihr im Leben öfter geholfen – als sie z. B. als Postulantin in Stockerau war und schrecklich Heimweh bekam. Damals tröstet die Oberin: „Freu dich, dass du so ein schönes Zuhause hattest – und das Heimweh haben alle am Anfang. Es geht vorüber." So war es auch: Als die Eltern sie besuchen kommen, ist das Schwerste schon überwunden. „Da taugt's dir, da g'hörst her", weiß sie von nun an.

Auch in ihrem ersten Jahr in den USA, schon nach dem Konzil, fallen ihr die Worte der Mutter ein. Damals verlassen Mönche und Schwestern scharenweise ihre Klöster und es hieß: Die Dummen bleiben, die Gescheiten gehen, die Heiligen sterben … Hatte sie damals Zweifel? „Ich habe meine Wahl nie bereut. Es hatte mich viel gekostet, sie zu treffen und ich dachte mir damals: Ich habe mich für Dich entschieden und dabei bleib' ich."

Wie war nun ihr Ordensleben verlaufen? Ein Jahr Postulat, zwei Jahre Noviziat. In dieser Zeit macht sie den Hauptschulabschluss in Wien. Gar nicht so angenehm mit 14-Jährigen die Schulbank zu drücken. Weil sie aber Krankenschwester werden möchte, muss sie da durch. Dann folgen die Gelübde: dreimal für ein Jahr, einmal für drei Jahre. Dann darf sie die ewigen Gelübde ablegen. 2011 wird sie die „goldene Hochzeit" feiern. Schließlich schickt man sie in die USA, nach Illinois, um dort die „secondary school" – wieder mit weitaus Jüngeren – zu absolvieren und dann die Krankenpflegeschule. Warum auf Englisch? „Weil die Chancen, dass man dann in einem anderen Land arbeiten kann, größer sind."

Schon im ersten Jahr in Amerika geschieht ein Unglück: Bei der Arbeit im Park wird sie von einer Spinne, der gefährlichen „Schwarzen Witwe", gebissen, ein Biss, dessen Folgen sie bis heute spürt. Sie kann von Glück sagen, dass sie dabei nicht ihr Bein verliert. Die Ärzte in der berühmten Mayo-Klinik geben ihr Bestes, später wird sie operiert, aber es heißt, sie werde nie einen Beruf ausüben können, bei dem sie längere Zeit stehen müsse. Jahrelang kann sie keine normalen Schuhe anziehen.

Trotz dieser schweren Beeinträchtigung geht sie den Weg konsequent weiter: Nach der Krankenpflegeschule ein Jahr Praxis in den USA, dann ein Jahr Hebammenschule in Irland. „Die Schwestern dort haben mir alles Wichtige beigebracht, auch das, was sonst ein Arzt macht. Sie wussten: In Afrika, wohin ich kommen sollte, ist nicht immer ein Arzt bei der Hand."

Und dann geht es auf nach Ghana, wo sie insgesamt 21 Jahre bleiben wird. Zunächst wirkt sie vier Jahre in einer Klinik im Süden des Landes: Die drei Schwestern sind dort auf sich allein gestellt, pro Monat bis zu 230 Geburten und kein Arzt in der Umgebung. Dankbar blickt Sr. Marese zurück: Keine Mutter starb, obwohl sie wohl bei tausenden Geburten in dieser Zeit assistierte. „Jede Geburt ist ein neues, wunderbares Erlebnis", strahlt sie.

Die Verantwortung für die Station lastet auf ihr. Es mangelt an so vielem, anfangs sogar an Wasser. Eine Begebenheit wird sie wohl nie vergessen: Als sie gerade eine Frau entbunden hatte – ohne Handschuhe, weil es keine gab –, bittet sie die Helferin, ihr Wasser über die blutigen Hände zu schütten. Aber auch Wasser gibt es keines. „Ich war dann richtig frech mit meiner Bemerkung nach ‚oben'. Erbost habe ich gesagt: ‚Da habe ich in Amerika die Krankenpflege-, in Irland die Hebammenschule gemacht, und jetzt gibt es nicht einmal Wasser für meine blutigen Hände?! Ich bin viel zu gut für diesen Platz!' In meinem Inneren hörte ich plötzlich eine klare Botschaft: ‚Es ist für Dich ein Privileg, für Mich zu arbeiten, egal wo!' – Das hat gesessen."

Wo immer sie seitdem für den Herrn arbeitet – sie weiß: Das ist ein besonderes Privileg. Und das bestätigen die vielen kleinen und größeren Wunder, die sie erleben darf: Bei einer Zwillingsgeburt liegt ein Baby verkehrt. Ein Kaiserschnitt ist nicht möglich. Was tun? Ein Stoßgebet um Hilfe – das Baby dreht sich, die Kinder kommen normal zur Welt. Auch bei drei Drillingsgeburten geht alles gut, und, und ...

In Ghana tragen heute viele Mädchen dankbarer Mütter den Namen Marese.

Eine Fülle von Aufgaben gilt es zu bewältigen: Opfer von Verkehrs- und anderen Unfällen werden in der Klinik versorgt, die Schulen werden medizinisch von den Schwestern betreut, in einer Hebammenschule wird unterrichtet, interessierten Leuten Buchhaltung beigebracht. Weiters pflanzt die Schwester hunderte Bäume mit den Frauen: Mango, Orangen, Grapefruit, Zitronen. Damit bringt sie auch die Bienenzucht in Schwung ... Schön ist, dass hier viele katholisch sind und dass die Schwestern in einer Kapelle, die ein österreichischer Priester betreut, täglich die Heilige Messe mitfeiern können.

Da das kranke Bein der Schwester schlimm aussieht und dick ist, bekommt sie den Namen „The sister with the leg" – die Schwester mit dem Bein. Aber es bleibt nicht bei dieser Behinderung, hinzu kommen Erkrankungen: unter anderen zweimal Typhus, dann Malaria, die immer wieder in Schüben auftritt.

Nach diesen vier Jahren meldet sie sich für einen Einsatz in einem Spital im Norden des Landes, dessen

Leitung sie übernimmt. Es gehört zwar der Regierung, wird aber auch von geistlichen Schwestern betreut. Pro Tag 250 Patienten: Malaria, Fieber, Geschwüre, Unfälle, schwangere Frauen ...

Hier im Norden kommt sie erstmals mit dem Problem Abtreibung in Berührung. Im großteils katholischen Süden war das kein Thema gewesen. Doch hier erfährt sie eines Tages von einem Mitarbeiter, dass ein Arzt heimlich im Operationssaal des Spitals Abtreibungen durchführt und dafür Geld kassiert. Da kennt die entsetzte Schwester kein Pardon. Bei uns nicht! Dem Arzt wird das Handwerk gelegt. Nach diesem Einsatz übernimmt Sr. Marese für sechs Jahre die Leitung des Ordens in Accra. Dann aber reicht es ihr: genug der Leitungsaufgaben, als ganz normale Hebamme will sie arbeiten.

Aber es kommt anders: Nach einem Heimaturlaub heißt es: Wir brauchen dich dringend für ein Spital. Sr. Marese ist unglücklich. Wieder die Sorgen: Werde ich einen Arzt bei der Hand haben, wird es Gas geben, Mittel zum Sterilisieren, genug Infusionen, Medikamente, für jede Abteilung eine Schwester, ist Wasser in den Tanks, gibt es Sprit fürs Auto?

In ihrer Verzagtheit erlebt sie eine wunderbare Gotteserfahrung: „Was sorgst du dich so um das Spital, versuche nur, mir Freude zu bereiten", hört sie eine Stimme. Und plötzlich ist ihr klar: „Ja, warum nimmst du dich so wichtig?" Schließlich sagt sie sich: „Der ganze Laden ist ja für Dich und nicht für mich." Und da fällt eine schwere Last von ihr ab und sie macht die Erfahrung, dass der Herr tatsächlich sorgt, nicht zuletzt durch die Unterstützung, die ihr von ihrer Heimatpfarre zuteil wird. Aus Kuchl bekommt sie Medikamente, Geld für das Bohren von Brunnen für das Spital und vieles mehr.

Besonders deutlich merkt sie diesen Schutz, als sie eines Tages besonders flott mit einem VW-Bus unterwegs ist. Mit vier Insassen saust sie über einen Steinhaufen, einen Busch und haarscharf an zwei Bäumen vorbei und landet in einem Graben. Keiner ist verletzt! Aber wie herauskommen? Da kommt ein Landrover mit acht jungen Leuten vorbei. Sie heben den Bus einfach wieder auf die Straße. In der Werkstätte, wo das Auto überprüft wird, heißt es: „Schwester, jemand hat den Bus beim Fliegen gehalten, das muss ihr Schutzengel gewesen sein. Nirgends ein Kratzer!"

Die 21 Jahre in Ghana gehören zu den schönsten ihres Lebens, beteuert die Schwester mit ihren strahlenden Augen. Die Menschen dort, ihr starker Glaube, ihr Gottvertrauen, haben es ihr angetan: „Der Herrgott spielt im Alltag jedes Einzelnen eine große Rolle. Vor Beginn der Arbeit wenden sich die Menschen immer an Gott, mit Lobpreis und Gebet."

1993 verlässt Sr. Marese Ghana und geht nach Deutschland. Dort braucht man eine Schwester für die afrikanischen Asylanten. Ein schwerer Abschied. „I have decided to follow Jesus", singt ein blinder Patient bei der Abschiedsfeier. Vier Jahre wirkt sie nun in Aachen, hilft den Afrikanern, wo sie kann: wenn sie krank, im Spital sind, Probleme mit dem Einschulen der Kinder haben, wenn sie ins Gefängnis kommen. Einmal gelingt es ihr, einen Mann – er war aufgrund einer falschen Zeugenaussage inhaftiert – aus dem Gefängnis zu holen. Wieder hilft die Heimatgemeinde, kommt für die Kosten des Anwalts auf, der den Fall des Afrikaners neu aufrollt.

Schließlich landet Sr. Marese 1997 in Wien. Sie soll sich hier selbst eine Arbeit aussuchen. Erst macht sie Krankenhausseelsorge (nach wie vor einmal wöchentlich in der Rudolfsstiftung). Gerne würde sie auch seelsorglich im Gefängnis arbeiten. Das klappt aber nicht. Schließlich nimmt eine Mitschwester sie zu einer Gebetsvigil für ungeborene Kinder mit. Sehr angetan, erkundigt sie sich, ob sie hier mitarbeiten könnte. „Sie sind ein Geschenk des Himmels", bekommt sie zur Antwort. Wie wahr das doch ist, denke ich mir.

Und so bleibt die Schwester bei den Lebensschützern. Sie versucht zunächst den Geist, der hinter der Arbeit der Lebensschützer steht, kennenzulernen: Gebet und viel Liebe zu den Mitmenschen sind Voraussetzungen für diese Arbeit, sonst hält man es nicht aus. Das weiß ich aus Begegegnungen mit Mitarbeitern des Lebenszentrums im 1. Wiener Bezirk.

Seit 11 Jahren ist Sr. Marese nun treu dabei. Zuerst machte sie Straßenberatung: spricht Frauen und Paare, die auf dem Weg zur Abtreibungsklinik sind, an, bietet Informationsmaterial über das ungeborene Kind, über Abtreibung und mögliche Hilfe im Lebenszentrum an. Bald erkennt sie: Entscheidend ist das Gebet.

Ihm widmet sie sich fortan: zunächst in der Kapelle des Zentrums und nun schon seit langem auch draußen auf der Straße, direkt neben dem Eingang zur Abtreibungsklinik. Sie, die eigentlich nie lange stehen sollte, steht nun fast täglich stundenlang auf einem Fleck! Sie erzählt: „Ich bin so dankbar, dass ich so viel Zeit zum Beten habe, weil ich laufend das Gnadenwunder erleben darf, dass sich eine Frau doch für ihr Kind entscheidet. „Herr, geh' mit ihr auf ihrem Weg, schau', dass sie mit dem Kind wieder herauskommt", betet sie da. „Wie herrlich, wenn dann eine heiter und gelöst herauskommt und sich später bedankt: ‚Danke, dass Sie da waren, für mich gebetet haben. Ich konnte es doch nicht tun.'"

Unwillkürlich denke ich mir da: Ist es nicht so, dass für viele Frauen hier vor der Abtreibungsklinik vielleicht zum ersten Mal im Leben gebetet wird? Sollte das ohne Wirkung bleiben? Ich betrachte diese warmherzige, mütterliche Schwester, deren tiefe und echte Liebe zu den Menschen ich deutlich spüren kann. Und daher fühle ich mich bei ihr jetzt so wohl.

Welche Erfahrungen sie da beim Beten auf der Straße macht? Wunderbare, gute, weniger gute, aber auch schlimme. „Man lernt die Gesellschaft recht gut kennen, sieht, wie viele innerlich krank sind", seufzt sie. Entsetzt höre ich, was sie sich alles anhören muss: elende Heuchlerin, Bettelweib, Trampel, um nur das zu nennen. „Frauen, meist ältere, die vorbeigehen und ihren Aggressionen freien Lauf lassen, sind oft Betroffene, vielleicht tiefverletzt, die hier an ihre Geschichte erinnert werden", erklärt Sr. Marese und ergänzt verständnisvoll: „Aber wir verurteilen ja niemanden."

„Betens' lieber für die lebenden Kinder", hat ihr unlängst eine Frau böse zugerufen. „Aber die leben ja, habe ich ihr geantwortet", erzählt die Schwester nicht ohne eine Spur von Humor. Und sie schickt dem Mann, der ihr den Rosenkranz entrissen und ihn dann zerrissen hat, dem, der sie angespuckt hat, oder dem, der sie auf die Straße gestoßen hat, einen Segen, ein Gebet nach. Über diese und schlimmere Erfahrungen spricht sie nicht gerne – sieht darin auch das Gute: „Wenn man das erträgt, entsteht daraus immer auch etwas Gutes, eine Bekehrung vielleicht, eine Frau, die mit ihrem Kind wieder herauskommt, eine Belohnung gewissermaßen für die ausgehaltene Aggression." Man glaubt es ihr, wenn sie ergänzt: „Was hat sich der Herr nicht alles gefallen lassen."

Mir fällt ein, was Paulus sagt: „In meiner Schwachheit bin ich stark", weil Gott stark sein kann, wenn wir Ihm unsere Schwäche schenken.

Es gibt sie aber auch, die schönen Erfahrungen: „Es tut so gut, dass Sie da stehen. Vergelt's Gott", sagt die eine. Ein anderer: „Ich finde das super, was Sie da machen." Und es ist super: Tausende Kinder wurden schon durch die Arbeit im Lebenszentrum gerettet. So spricht eine junge Mutter eines Tages die Schwester ganz glücklich auf der Straße an: „Sie haben mir vor Jahren geholfen, ich habe jetzt geheiratet, einen guten Mann, der das Kind angenommen hat. Wir haben noch zwei Kinder bekommen …"

Ein anderes Beispiel: Einmal kommt ein Nachbarskind vom Kloster zu ihr und sagt, der Mutter gehe es schlecht, sie erbricht. Sr. Marese begleitet das Mädchen und sieht, dass die Mutter schwanger ist, aber meint, das Kind nicht behalten zu können. „Doch, das behalten wir auf jeden Fall. Morgen kommst du mit ins Zentrum", ermutigt die Schwester. Dort wird der Frau wirklich geholfen: mit einer Anstellung als Köchin, einer anständigen Wohnung. Später kommt die junge Mutter zur Schwester und erzählt: „Dieses Kind, das ich nicht wollte, hat uns nur Segen gebracht."

Und eine andere junge Frau erzählt ganz glücklich: Das Kind, das sie ursprünglich abtreiben wollte, habe sie dank des Gebets und der Beratung bekommen. Nun habe sie auch ihre schwangere Nachbarin überzeugen können, sich ebenfalls im Lebenszentrum beraten zu lassen. Auch dieses Kind werde leben. Sehr zu Recht hat diese so mütterliche Frau eines Tages auf die Frage: „Haben Sie Kinder?" mit: „Ja, viele", sehr zutreffend geantwortet.

Die Anliegen aller, die sich Sr. Marese anvertrauen,

sie um ihr Gebet bitten, kommen in ein Plastikrucksackerl, das die Wandermuttergottes bei ihr zu Hause umhängen hat. Die Schwester ist fest überzeugt: Die Mutter des Herrn bringt alle zu ihrem Sohn. Und Ihn bittet die Schwester: „Du gehst einen jeden Weg mit. Du hast für sie Blut geschwitzt. Lass sie nicht fallen." Bei Exerzitien hat sie einmal genau diese Erfahrung gemacht. Sie sollte schriftlich einen Satz vollenden, der mit den Worten begann: „Ich bin getragen von der Überzeugung, dass …" Eigentlich will sie etwas anderes schreiben, doch der Herr gibt ihr ein, was dort stehen soll, nämlich: „… dass ich dich nie fallen lassen werde."

„Und das beweist er mir jeden Tag aufs Neue. Aber wir müssen uns alle einbringen. Als Christen sind wir alle Missionare. Jeder geht uns etwas an." Daher betet sie immer wieder: „Herr segne alle, lass keinen verloren gehen. Du hast ja schon für alle bezahlt."

Wenn ich der Schwester sage, wie sehr ich ihre Arbeit und ihren Mut bewundere, kann sie das kaum verstehen. Fröhlich meint sie und strahlt mich an: „Dass ich für die Ehre Gottes da sein, für Ihn arbeiten darf, egal wo, ist schließlich ein Privileg."

P. Ubald Rugirangoga
Ein Wunder der Vergebung

*M*it P. Ubald durch Rom zu wandern, ist, wie an der Hand Jesu zu gehen, weil er Ihn überall sucht, mit Ihm kommuniziert", meint Traude Schröttner. Ich habe diese wohl erfolgreichste Bettlerin für Gott in VISION 2/01 porträtiert, und seither ist sie meine liebe Freundin geworden. „Er nimmt alles Heilige rund um sich wahr." „Ja", ergänzt Jakob Weitlaner (Porträt 5/02, auch so ein wunderbarer Mensch, der im Dienst an anderen Menschen aufgeht), „für P. Ubald lebt und wirkt Jesus heute genauso wie vor 2000 Jahren. Jeder kann mit Ihm sprechen und Ihn um etwas bitten. Wir wissen das mit dem Kopf, aber P. Ubald hat es im Herzen." Außerdem sei er ein großer Zeuge der Vergebung.

Wenn diese beiden Freunde so von dem Priester aus dem afrikanischen Ruanda sprechen, dann muss ich ihn natürlich kennenlernen, dachte ich und nutzte seinen Österreichbesuch, um ihn zu interviewen. Da ich durch eine Rückgratverletzung noch behindert war, brachte Traude ihn zu mir nach Hause. Den Tee, den ich ihm anbiete, lässt er fast unberührt, da er ganz im Erzählen seiner Geschichte aufgeht – als würde er alles neu erleben. Ihn sehen und ins Herz schließen ist eins.

P. Ubald Rugirangoga kommt aus jenem Land in Zentralafrika, das durch den Genozid, der 1994 stattfand, traurige Berühmtheit erlangt hat: Innerhalb von 100 Tagen wurden etwa eine Million Menschen, jeder achte Einwohner, ermordet. Dort wird Ubald als ältestes von vier Kindern geboren. Die Eltern sind katholisch, beide gehören dem Stamm der Tutsis an. Der Vater ist Volksschullehrer und betet jeden Abend die Abendgebete vor. Gemeinsam besucht man sonntags die Messe. 1963 – Ubald ist sieben – werden eines Abends alle Tutsi-Männer des Dorfes von Männern des Stammes der Hutus – seit 1959 hatten diese die Macht im Land – zu einer Versammlung geholt. Es heißt, sie müssten wegen eines angeblich beginnenden Krieges Wache halten und die Nacht draußen verbringen. Tatsächlich kommt keiner von ihnen wieder: Alle Tutsi-Männer des Ortes werden in dieser Nacht von bewaffneten Hutus erstochen.

„Man weiß kaum, dass es die schrecklichen Übergriffe der Hutus, die ja die Übermacht hatten, schon viel früher als 1994 gegeben hat", erklärt mir mein Gegenüber. „Allerdings wurden damals Frauen und Kinder noch verschont." Die Mutter – sie ist erst 24 – bleibt also mit vier kleinen Kindern, drei Buben und einem drei Monate alten Mädchen alleine zurück. Klar, dass dies die Kinder geprägt hat. Bis dahin waren sie eine glückliche Familie, nun beginnt aber ein Leidensweg.

Wie so viele in Ruanda ist die Mutter Analphabetin und hat also keine große Auswahl in der Arbeit, die sie nun übernehmen muss, um die Kinder zu ernähren und ihnen eine Ausbildung zu ermöglichen. Mit Feldarbeit bringt sie die Familie nur mühsam über die Runden.

Nach der Volksschule kommt Ubald mit 12 Jahren ins kleine Seminar, für den Buben eine glückliche Zeit: Er wird Ministrant, singt im Chor und möchte einmal so werden wie der Priester, der die Kinder ausbildet und sie spürbar ins Herz geschlossen hat. Solange nur Ubald im Seminar ist, hat die Mutter noch genug Geld für die Schule. Als aber der jüngere Bruder zwei Jahre später nachkommt, wird es schwierig. Nun brauchen die zwei Geld für Hefte, Kleidung, Essen, Schuldgeld. Die Mutter breitet alles verfügbare Geld auf dem Teppich aus: „Nehmt, was ihr braucht", sagt sie den beiden. Die Buben nehmen nur das wirklich Nötige, aber für die Mutter und die beiden Jüngsten bleibt dann so gut wie nichts. Ubald sieht, wie die Tränen der Mutter zu Boden fallen. Das bleibt eine Wunde in seinem Herzen. Nicht einmal nach dem Tod des Vaters hatte er ihre Tränen gesehen.

Doch kurz darauf wird die Lage noch schlimmer: Alle Tutsi-Kinder werden von den Schulen verjagt. Ubald und sein Bruder müssen nach Burundi ins kleine Seminar fliehen. Dort erlebt der 15-Jährige eine Glaubenskrise: Fußball und Raufen haben Vorrang. Er erinnert sich noch genau: „Ich hatte den Glauben verloren, war zwar nicht undiszipliniert, wollte aber im Seminar nur studieren. In die Messe ging ich nur, weil es Vorschrift war, Früh- und Abendgebet machte ich, weil es befohlen war, aber das Herz war nicht dabei. Alle anderen freiwilligen religiösen Angebote lehnte ich ab. So ging das zwei Jahre."

Temperamentvoll erzählt er weiter: „Eines Tages spielen wir wieder nachmittags Fußball. Einer von uns, Nazer, sagt plötzlich: ‚Nach dem Spiel gehe ich zum Rosenkranz.' Ich darauf: ‚Rosenkranzbeten? Damit bin ich nicht einverstanden.' ‚Wir beten immer zwischen vier und halb fünf. Es steht ja auf deinem Stundenplan', sagt mir darauf Nazer, und: ‚Du betest nicht Rosenkranz und nennst dich Seminarist?' ‚Das hat doch damit nichts zu tun', entgegne ich verärgert. ‚Ich bin im Seminar, nicht um zu beten, sondern um zu studieren.' ‚Du solltest aber beten', beharrte Nazer."

Ubald erinnert sich lebhaft: „Eine Rauferei war schnell entbrannt, Nazer wurde herumgestoßen und verschwand schließlich. Ich darauf zu den anderen: ‚So ein Heuchler, der gibt ja nur an.'"

Als Ubald dann unter der Dusche steht, hört er eine innere Stimme: „Hat Nazer nicht doch recht? Solltest nicht auch du beten?" Auf seinen Einwand, er sei da, um zu studieren, nicht um zu beten, entgegnet die Stimme: „Das hier ist keine Schule wie jede andere." Mit leiser Stimme geht es weiter: "Ich schaute dann in die Kapelle, um zu sehen, ob Nazer wirklich betete. Tatsächlich: Er und 30 andere – von insgesamt 260 Schülern – beteten Rosenkranz. Und keiner der Priester hat die anderen dazu getrieben. Sie waren freiwillig gekommen. Das hat mich beeindruckt. Diese 30 haben damals mein Leben verändert. Genau genommen die Muttergottes, die mich hingeschickt hatte. Vielleicht solltest du das auch probieren, dachte ich."

Er setzt sich dazu. Das „Gegrüßet seist du, Maria" kennt er, die Geheimnisse hat er alle vergessen. Also nimmt er sein eigenes Leben her: Im ersten Geheimnis meditiert er die Kindheit mit dem Vater. Im zweiten dessen Tod. Das dritte: wie die Hutus kamen und ihre Bananen stahlen, wie verzweifelt, ohnmächtig die Mutter war. Viertes: der Eintritt ins Seminar, wie glücklich er damals war. Fünftes: wie die Mutter weinte, als sie alles Geld brauchten.

„Ich begann mich zu fragen: Wie hatte die Mutter das Geld verdient? Wie viel musste sie dafür arbeiten! Das Schulgeld in Burundi war teurer als zu Hause. Freunde des Vaters, die nach Burundi geflohen waren, steuerten etwas Geld bei. Doch der größte Betrag blieb an der Mutter hängen."

Tief im Herzen wird ihm bewusst: „Herr, Du hast die ganze Zeit für mich gesorgt, obwohl ich weit von Dir entfernt war. Ich habe es Dir nie gedankt. Ab heute werde auch ich beten." Ganz glücklich verlässt er die Kapelle und verspricht: „Ab heute werde ich jeden Tag zum Rendezvous kommen." Wollte er bisher nach der Ausbildung Medizin studieren, sagt er nun zum Herrn: „Du hast die ganze Zeit für mich gesorgt. Was kann ich Dir dafür geben? – Ich gebe Dir mein Leben, ganz." An diesem Tag beschließt Ubald, Priester zu werden, ein Entschluss, den er nie mehr in Frage gestellt hat.

Allerdings möchte er Priester in seiner Heimat werden, „dort die Liebe verkünden", erklärt er einfach. Welch heldenhafter Entschluss für einen 18-Jährigen, der schon so viel Böses erlebt hatte und mit weiterem Übel rechnen musste! Also fragt er bei seinem Bischof an, ob er in Ruanda ins große Seminar eintreten darf.

Dort studiert er – ein Grazer Pfarrer übernimmt die Kosten – und wird 1984 zum Priester geweiht. Sein Ziel bleibt, die Liebe zu predigen.

Es folgen zwei Jahre als Kaplan, dann wird er Pfarrer in zwei Gemeinden, in denen er 10 Jahre wirkt, bevor der offene Völkermord beginnt. Als im April 1994 der Präsident, ein Hutu, Opfer eines Attentats wird, bricht die Hölle los. Ich sehe ihm heute noch das Entsetzen an, als er berichtet: „Ich sah, wie die Menschen auf offener Straße ihre Nachbarn umbrachten, wie sie alles, was sie vom Evangelium je gehört hatten, vergaßen – einfach unfassbar."

Offenbar war der Glaube vieler im Land oberflächlich geblieben. Aus Angst vor dem Einfluss anderer Religionen hatten die Missionare einst die Menschen schnell bekehren wollen und wohl mehr auf Quantität als auf Qualität geachtet. Nun aber bricht vor allem bei den Hutus der Hass durch (die Tutsis waren von der Kolonialmacht bevorzugt gewesen).

Pater Ubald berichtet weiter: „Die Tutsis flüchteten vor den Mördern in die Pfarre. Sie konnten sich nur mit Steinen wehren, als die Miliz kam, um sie zu töten." Der Pater tritt den Angreifern entgegen. Als diese – es sind ja alle Christen – ihn erkennen, zögern sie. Da ist ein Funke von Angst: 10 Jahre hatten sie mit ihm gelebt. Ihn nun öffentlich umbringen können sie doch nicht. Aber loswerden wollen sie ihn, um freie Hand zu haben. So schieben sie ihm den Mord an zwei Hutus in die Schuhe. Er müsse daher sofort den Ort verlassen. Das sei ihre Bedingung, sollten die Tutsis in der Pfarre verschont werden, fordern sie vom Kommandanten.

Das Entsetzen über diese Verleumdung steht P. Ubald ins Gesicht geschrieben, als er weiter erzählt: „Das sagten sie nur, um den Hass der anderen Hutus gegen mich anzustacheln und freie Bahn zum Mord an den Tutsis in der Pfarre zu haben." P. Ubald selbst will nicht auf die Forderung eingehen, sondern bei den Seinen bleiben. Der herbeigeeilte Bischof, ein Hutu, aber nimmt ihn gleich im Auto mit.

Nie wird der Pfarrer die verzweifelten Gesichter der ihm Anvertrauten vergessen, als sie dem Bischofswagen nachblicken. Selbst am Bischofssitz ist P. Ubald jedoch nicht in Sicherheit. Er erfährt, dass einige Hutus seinen Kopf als Trophäe auf einem Stock aufgespießt sehen möchten. Man lauert ihm auf. Was er tun solle, fragt er in dieser Nacht den Herrn im Gebet und vernimmt in seinem Inneren: „Wenn man dich aus einem Ort verjagt, geh' in einen anderen." „Ich kann doch nicht weggehen, Herr", sagt der verzweifelte Priester. „Erinnere dich, dass die Verfolgung der ersten Christen die Verbreitung des Evangeliums nach sich zog. Dafür brauche ich dich", hört er. „So habe ich damals den Auftrag verstanden: zu überleben, um das Evangelium zu predigen."

Mit großer Mühe wird der Pfarrer durch das allgemeine Morden hindurch in den Kongo geschmuggelt. Allein aus seinen Pfarren und deren Umgebung werden 45.000 Menschen den Völkermord nicht überleben. Schaurig, wie er erzählt: „Wir haben das später anhand der Köpfe gezählt, die in der Erde herumlagen." In seiner Familie beklagt er unter den Toten: seine Mutter, einen Bruder, dessen Frau und Kinder, den Mann und die Tochter seiner Schwester – sie wird unter Leichen liegend lebend geborgen –, Neffen, Nichten, Onkeln und Tanten …, insgesamt 84 Ermordete. Weit weg von zu Hause ist P. Ubald nun todunglücklich, dass er nicht bei den Seinen bleiben konnte.

Vom Kongo, in den er gelangt war, geht er dann nach Burundi. Als man in Frankreich erfährt, P. Ubald – er hatte früher schon in Paray-le-Monial Vorträge gehalten – sei noch am Leben, wird er dorthin eingeladen. Er soll zur Ruhe kommen und Zeugnis geben. Nicht lange nach dem Genozid folgt er erschöpft der Einladung.

Von Frankreich aus wird er nach Graz eingeladen, von dem Pfarrer, der seine Ausbildung zum Priester finanziert hatte. Hier rät man ihm, nach Lourdes zu reisen, was er auch tut – um dort ein Wunder zu erleben: „Die Muttergottes hat mich da von meinen seelischen Wunden geheilt: Bis dahin beweinte ich all das Schreckliche in den Nächten, musste dauernd daran denken, wie ich jahrelang über die Liebe gepredigt hatte – und dennoch hatten die Menschen in meiner Pfarre einander grausam umgebracht. Ich hatte Schwierigkeiten, das Vaterunser zu beten: ‚... wie auch wir vergeben unseren Schuldigern' – das war einfach zu schwer. Wozu bin ich Priester geworden?, fragte ich mich. Mein Leben war vergeudet, so empfand ich." Außerdem war ja von seiner Familie kaum noch jemand am Leben. Seine damalige Verzweiflung ist noch heute erahnbar.

Als er nun in Lourdes mit französischen Pilgern den Kreuzweg betet, fällt der Satz: „Jesus, obwohl unschuldig, ist verurteilt worden und hat Sein Kreuz angenommen." – „Da höre ich in meinem Inneren: ‚Ubald, nimm dein Kreuz an.' Und es durchzuckt mich: Das ist es: Ich will dieses Kreuz nicht annehmen. Ein tiefes Erkennen ist plötzlich da. Während ich den Kreuzweg weiterbetete, begann meine innere Heilung. Ich wollte jetzt mein Kreuz auf mich nehmen und bekam dadurch die Gnade, vergeben zu können, wirklich. In Frankreich hatte ich zwar schon viel über Vergebung gesprochen, mein Kreuz aber nicht angenommen. Daher konnte ich bis dahin nicht wirklich verzeihen."

Als er später ins heilende Wasser von Lourdes steigt, weiß er: Sein Platz ist nicht in Europa, sondern in Ruanda, um dort die Vergebung und die Versöhnung zu verkünden. „Die Liebe muss siegen."

Dieses Wunder der Barmherzigkeit wird wohl nie in der Statistik von Lourdes aufscheinen. Und doch ist es an Größe kaum zu überbieten: Er nimmt sein Kreuz an, verzeiht den Mördern, geht wieder voll Hoffnung und Liebe den Menschen entgegen. Ein Neubeginn. Nach sechs Monaten in Europa kehrt P. Ubald nach Ruanda zurück.

Die Lage hat sich noch nicht überall beruhigt. Doch nun weiß er: Wenn er sterben muss, so will er in seinem Land sterben – über den Frieden predigend. Sein Weg führt ihn zunächst in die Hauptstadt Kigali. „Ich wollte den ‚Kopf' evangelisieren. Wenn der Kopf, die Stadt, sich bekehrt, zieht der Rest leichter mit." P. Ubald predigt, evangelisiert also in der Stadt, bis ihn der Bischof in seine frühere Diözese zurückholt.

Ob er erfahren habe, wer seine Familie auf dem Gewissen hat, frage ich ihn. „Ja, ich war in meinem Heimatdorf bei einer der örtlichen, öffentlichen Gerichtsverhandlungen, die überall im Land stattfanden", erzählt er mir. „Einer der Gefangenen, der ehemalige Bürgermeister, steht auf und sagt: ‚Ich möchte P. Ubald um Verzeihung bitten. Seine Mutter und die Mitglieder seiner Familie wurden ermordet, als ich Bürgermeister war. Ich war für die Morde verantwortlich und bitte dich nun um Verzeihung."

Mein Gegenüber beschreibt nun den inneren Kampf, der in ihm stattfand: „Es war schrecklich, das zu hören.

Doch ich sah, dass der Mann echte Reue zu empfinden begann. Sprach ich nicht dauernd über Vergebung und Versöhnung? Also nahm ich all meine Kraft zusammen, ging auf ihn zu und umarmte ihn. Aber ich habe geweint, als ich sagte: Ich verzeih' dir."

Als mein elfjähriger Enkel Pauli dies hörte, meinte er: „Dem hätte ich fest eine reingehauen" – für viele wohl die verständlichere Reaktion. P. Ubald aber geht sogar noch einen Schritt weiter. In Gedanken an die schreckliche Zeit versunken, erzählt er: „Ich fragte mich, wie ich zeigen könnte, dass ich ihm wirklich verziehen hatte. Es geht ja nicht nur darum zu sagen, man habe verziehen. Das sollte man ja an Konsequenzen erkennen." – Das muss ich mir für ähnliche Situationen merken, schießt es mir durch den Kopf.

Was tut P. Ubald also? Als er erfährt, dass die Frau des Mörders während dessen Haftzeit starb und zwei kleine Kinder da sind, die bei einer mittellosen Tante wohnen, beschließt er, deren Ausbildung zu finanzieren! „Und nun zahle ich auch das Studium für diese mittlerweile Jugendlichen, deren Vater meine Mutter umgebracht hat. Viele verstehen das nicht, aber für mich ist das befreiend. In den Ferien kommen sie mich besuchen. Dann teilen wir das Essen miteinander wie mit anderen armen Kinder, die oft zu mir kommen."

Weil P. Ubald lebt, was er predigt, ist er für viele so glaubwürdig, ein wahrer Zeuge gelebten Evangeliums geworden. Er predigt in den Gefängnissen des Landes, fährt in kriegführende afrikanische Staaten, um von Vergebung, Versöhnung und gelebter Liebe Zeugnis zu geben. Kein Wunder, dass da oft Tausende zusammenkommen, um von ihm zu hören, dass das Evangelium lebbar ist. So sagte er etwa im Kongo vor 40.000 Zuhörern:

„Jeder Mensch ist nach dem Abbild Gottes gemacht. Schaut einander in die Augen! Ihr werdet sehen: Euer Nächster ist schön, weil nach Gottes Abbild geschaffen. Trau dich deinem Nachbarn zu sagen: Du bist schön, du bist nach dem Abbild Gottes gemacht. Gebt einander die Hand und sagt dem anderen, dass er von nun an euer Bruder, dass sie eure Schwester ist." Wenn er das sagt, klatschen alle, freuen sich und lachen. „Plötzlich entdecken sie, was sie vergessen hatten: dass sie Brüder und Schwestern vor Gott sind!"

Ich sehe P. Ubald voll Vergnügen zu, wie er mir nun die Begeisterung der Menschen anschaulich vorspielt, in die Hände klatscht, nachahmt, wie sie das Gehörte gleich beim Sitznachbarn ausprobieren. Bei seinen Schilderungen wird alles lebendig: das Leid und die Freude. Ich staune, dass der Pater trotz des erlebten Leids ein so froher Mensch geblieben ist ...

Derzeit bewegt P. Ubald ein neues Vorhaben. Er spürt einen besonderen Ruf, den er schon seinem Bischof vorgetragen hat: Bis jetzt war er immer Pfarrer, nun möchte er frei sein, um ein Evangelisationszentrum zu gründen. „Le secret de la paix", Geheimnis des Friedens soll es heißen, ein Ort, wo denen, die Schweres zu tragen haben, die verzweifelt oder suchend sind, zugehört wird, wo man mit ihnen betet, wo Einkehrtage abgehalten werden: ein Zentrum der Versöhnung und des Verzeihens. Dort möchte er auch ein Zuhause für alte Priester, die zu alt für den Dienst als Pfarrer sind, schaffen. Sie sollten Beichte hören. Über diesen Ort soll die Königin der Liebe, die Muttergottes, wachen.

Bis es so weit ist, will er viele Kapellen im Land errichten, in denen ebenso Anbetung gehalten werden soll, wie in der Kapelle der Barmherzigkeit in seiner Hauptpfarre.

Dort beten Gläubige aus der ganzen Gegend rund um die Uhr an. Viele Wunder, auch die Heilung aussichtsloser Krebsfälle, haben sich da schon ereignet. „Gott heilt durch die Eucharistie", weiß P. Ubald: „Es ist der innere Friede, die Versöhnung, geschenkt in der ständigen Anbetung, die diese Wunder ermöglichen. Die Menschen müssen in aller Stille mit Jesus sprechen können. Wo ständig angebetet wird, gibt es keine Feindschaft."

Eben darum sein Wunsch, viele Kapellen zu bauen: „Ich möchte, dass Jesus den Christen in den Dörfern nahe sein kann. Er lebt dann dort. Ich sehe, dass die Anbetung eine Quelle der Gnade ist. Jeder, der möchte, sollte zur Anbetung gehen können", sagt er eindringlich. Ich spüre wie wichtig das ist. In sechs seiner zehn Außenstellen hat er schon mit Traudes Hilfe, die fleißig für ihn „bettelt", Kirchen bauen können. Aber P. Ubald will weiterbauen.

„Ich habe sehr schmerzhafte Zeiten erlebt", fasst er zusammen. „Aber im Grunde genommen waren sie wie eine Schule, durch die ich gegangen bin: Ich habe viel gelernt." Dankbar für diesen Weg möchte er insbesondere allen von Jesus erzählen, „weil Jesus keine Idee ist, sondern mit uns lebt. Nicht Jesus ist weit von uns entfernt, wie manche meinen, sondern meist sind wohl wir weit von Jesus entfernt. Er aber lebt mitten unter uns."

P.S.: Traude Schröttner (siehe nächstes Porträt) sammelt schon seit einigen Jahren für P. Ubalds Projekte: Steiermärkische Bank und Sparkasse Edeltraud Schröttner BLZ:20815 Konto Nr:01340561 für Konto Pater Ubald.

Traude Schröttner
Bettlerin vom Dienst

$\mathcal{G}$espannt schaue ich in alle Gesichter, als ich am Grazer Bahnhof ankomme. Eine VISION in der Hand ist mein Erkennungszeichen. Dann kommt eine Frau mit einem lieben Lächeln auf mich zu: Das muss sie sein. Ich weiß sofort: Mit dieser Frau werde ich mich gut verstehen. Viel Lebenserfahrung und Güte spricht aus ihrem Gesicht. Kein Wunder bei all dem, was sie erlebt, erfahren und getan hat. Einen ruhigen Platz zum Reden finden wir in der Pfarre Karlau.

Ich hätte viel von ihrem jahrelangen Einsatz für die Flüchtlinge in Kroatien gehört, beginne ich das Gespräch. Lächelnd gesteht Traude Schröttner, sie sei wohl die „Bettlerin vom Dienst". Und so stelle sie sich auch vor, wenn sie wieder einmal für andere Menschen bei Firmen und Geschäften sammeln geht. Und die Menschen geben gerne, wenn sie ihre Stimme hören: „Ja, kommen Sie vorbei", antwortete etwa der Direktor einer Schuhfirma, als sie ihm von ihren Flüchtlingen erzählte.

Ja, was hat sie nicht alles für „ihr" Flüchtlingslager in Kroatien erbettelt, von lebenswichtigen Lebensmitteln bis zu Kindergartenmöbeln! Und die Fotos, die sie mir zeigt, lassen erkennen, wie viel Zuneigung ihr von den vielen Schützlingen entgegengebracht wird. Allerdings hat sie selbst die Geborgenheit und Wärme, die sie heute anderen zu geben vermag, in ihrer Kindheit nicht gekannt.

Während ihre Mutter nämlich schwanger mit ihr ist, stirbt ihre um sieben Jahre ältere Schwester. Ein Schlag, den die Mutter nie mehr verwinden kann. Wahrscheinlich erinnert Traudes Anblick sie immer wieder an das tote Kind. Lehnt sie die Kleine deshalb ab? Vor allem aber gibt es da noch sechs andere Geschwister, drückende Armut in einer Zimmer-Küche-Wohnung und viele Sorgen durch einen kranken, oft betrunkenen Ehemann, die das Leben der Frau sehr erschweren.

Der Vater stirbt an Kieferkrebs, als Traude acht Jahre alt ist. Sie wird ihn hauptsächlich betrunken und Schläge austeilend in Erinnerung behalten. Waren es die furchtbaren Schmerzen, die ihn zum Alkohol verführten? Traude versucht es jedenfalls heute so zu sehen. Obwohl sie also zu Hause keine Geborgenheit kennt, möchte sie doch lieber daheim bleiben, als ihre Mutter die Achtjährige an Adoptiveltern abtreten würde.

Als die Mutter dann noch einmal heiratet, kommen die Kinder mit dem neuen Vater nicht zurecht. Traude leidet unter der großen Armut und fürchtet den Spott der Klassenkameraden. Da sie aber leicht lernt und eine gute Schülerin ist, wird sie geachtet und sogar zur Klassensprecherin gewählt.

Zu Hause wird nie über den Glauben gesprochen. Und doch öffnet sich für die junge Traude in ihrer Hauptschulzeit eine Tür zu Gott durch eine besonders liebevolle Beziehung zu ihrer Religionslehrerin. Wenn sie diese nach der Schule besucht, muss sie in die Kirche gehen, denn die Lehrerin spielt dort Orgel. Und in dieser Kirche, so meint Traude Schröttner heute, beginnt auch irgendwie und unbewusst ihr Glaubensweg.

Nach der Handelsschule macht Traude eine Büroausbildung. Mittlerweile ist sie von zu Hause ausgezogen. Den jungen Mann aus der Nachbarwohnung, den sie kennen und lieben lernt, heiratet sie im September 1962. Sie bekommt zwei Kinder: Karin und Franz. Das Mädchen kommt mit einem Herzfehler zur Welt und muss mit vier Jahren operiert werden. Eine lebensgefährliche Operation. In der Woche, die der Operation folgt und in der das Leben des Kindes an einem seidenen Faden hängt, bittet die Mutter Gott inständig um Hilfe, obwohl sie noch keine persönliche Beziehung zu Ihm hat. Die kleine Karin übersteht die Operation und ist heute selbst Mutter von vier Töchtern.

Von ihrer recht schwierigen Ehe, in der auch sie Fehler gemacht hat, erzählt Frau Schröttner nur, um die spätere Gnade, die Gott den beiden schenkt, deutlich werden zu lassen. Eine Ehe ohne Gott und ohne Gebet hat eben wenig Überlebenschancen. Ihrem Mann ist damals alles Religiöse zuwider. Die Ehe leidet auch unter dem oftmaligen Alkoholgenuss, der Strenge, die er aus seinem Beruf als Unteroffizier nach Hause bringt, und seiner Spielleidenschaft. Für die Familie bleibt kein Geld. Daher muss die Frau arbeiten gehen. Zuerst nur halbtags, um Zeit für die Kinder zu haben.

Für Traude Schröttner wird diese Ehe bald unerträglich. Sie möchte sich scheiden lassen. Der Pfarrer, mit dem sie darüber spricht, rät ihr zunächst, einmal auf einen Glaubenskurs zu gehen, einen Cursillo. Traude erinnert sich: „Hier habe ich zum ersten Mal gespürt, dass es einen Gott gibt, und zwar weil Menschen von ihren Erfahrungen mit Ihm gesprochen haben. In meinem Herzen hab' ich eine Freude erfahren, die man nicht machen kann."

Diese Freude – der Pfarrer nennt es Gnade Gottes – geht aber im Alltag bald verloren, da Traude keinen Gebetskreis findet, in dem sie den frisch geschenkten Glauben pflegen könnte. Doch die Sehnsucht nach Gott war gewachsen.

Die nächste Etappe auf ihrem Weg ist eine Pfarrwallfahrt nach Mariazell. Traude geht mit ihren Kindern mit. Trotz eines beängstigend geschwollenen Knies hält sie bis zum Schluss durch. Am Gnadenort will sie Jesus und Maria um die Rettung ihrer Ehe bitten. Endlich in der Basilika! Und dort wird ihr eine tiefe Liebe zur Muttergottes ins Herz gegeben. Noch heute spürt sie ihre damalige Erfahrung ganz deutlich: „Eine richtige Mutterliebe, wie ich sie bisher nicht gekannt hatte."

Aber noch immer ist der Gedanke an Scheidung ganz aktuell – bis 1981, als sie an einem Seminar bei Pater Gots teilnimmt. Noch bei der Vorstellung der Teilnehmer sagt sie: „Entweder ich lass' mich nach diesen Tagen scheiden oder es gibt einen Gott, der mir hilft." In der

Not sucht sie Gott und macht sich für Seine Wunder auf. Nach fünf Tagen Seminar macht sie eine Lebensübergabe. Nun weiß sie sich endgültig von Gott geliebt, gewollt und begleitet – was immer auch geschehen mag.

Sie begreift: Die Ehe ist ein Sakrament, bei dem Jesus der Dritte im Bunde ist. Sie muss nicht alle Last allein tragen. Jesus ist da und hilft. Sie darf sich alles von Ihm erwarten. Und so legt sie all ihre Sorgen in Seine Hände.

Zunächst geschieht jedoch scheinbar gar nichts! Oder doch? Später stellt sich heraus, dass ihr Mann im Gasthaus bald keine Lust zum Trinken oder Spielen hat. Er wäre lieber zu Hause, will dies zunächst aber nicht zugeben. Die Kassetten von P. Gots, die sich seine Frau zu Hause anhört, interessieren ihn plötzlich. Als Traude Schröttner zum Katholikentag nach Wien fährt, hinterlässt sie ihrem Mann ein Buch über Marienerscheinungen in Medjugorje, obwohl er beteuert, er wolle nichts davon wissen. Während der Papstmesse in Wien – es wird das Evangelium vom verlorenen Sohn gelesen – betet Traude intensiv für ihren Mann. Währenddessen liest dieser das Buch über Medjugorje, schaut sich die Übertragung vom Katholikentag an und hört die Worte des Papstes. Wenn das alles wahr ist, wird ihm plötzlich bewusst, ist eine Beichte überfällig.

In den ersten beiden Kirchen gibt es keine Beichtgelegenheit. Dennoch gibt er nicht auf. Er sucht weiter. Endlich findet er einen Beichtvater. Um Zentner leichter, verlässt er die Kirche. Als seine Frau heimkehrt, erwartet er sie feierlich im dunklen Anzug. Die Bibel liegt auf dem Tisch. Er erzählt von seiner Beichte – was für ein wunderbarer Beweis der Macht des Gebetes!

Als ihr Mann im Jahr darauf ebenfalls an einem Seminar mit P. Gots teilnimmt, erfährt er eine starke Bekehrung: Die Spielleidenschaft verlässt ihn. Hatte er bisher drei Packerl Zigaretten am Tag geraucht, so schenkt er diese Sucht der Muttergottes, als ein Nachbar im letzten Stadium Lymphdrüsenkrebs hat. Gemeinsam mit anderen betet das Ehepaar monatelang intensiv für ihn – und der Patient wird wunderbarerweise geheilt. Eine spontane Heilung, die kein Arzt erklären kann. Franz Schröttner wird übrigens unter keinerlei Entzugserscheinungen leiden. In den folgenden Jahren wird er Zeugnis von seiner Bekehrung ablegen. Natürlich sind nicht gleich alle Probleme des Ehepaars gelöst.

1984 fährt Traude Schröttner zum ersten Mal nach Medjugorje. Sie erkennt hier die große Bedeutung der Anbetung und der Eucharistie. Jahre später bei Exerzitien entschließt sie sich zu einer Ganzhingabe an Maria: „Von dort weg hat mein Leben eine total andere Wende genommen", erinnert sich Traude Schröttner im Rückblick. „Die Muttergottes hat nicht nur den kleinen Finger genommen, sondern die ganze Hand. Ich habe eine große Liebe zu den Armen ins Herz gelegt bekommen." Immer tiefer wird ihr bewusst, dass sie ein Kind Gottes, von Ihm geliebt, ist. All ihre inneren Wunden heilt Er. Sie, die bis dahin nicht gewusst hatte, was Vaterliebe heißt, macht nun die wunderbare Erfahrung beschützender, heilender väterlicher Liebe.

Als der Krieg im Nachbarland beginnt, liest der Pfarrer während eines Gebetskreises die Worte der Schrift: „Du sättigst die Hungrigen." Er kann dann nicht mehr weiterlesen und erzählt von einem Pfarrer aus Kroatien, der ihm von der schrecklichen Not der Flüchtlinge erzählt hat. Traude Schröttner ist sofort entschlossen, möglichst bald nach Kroatien zu fahren. Und tatsächlich macht sich eine kleine Gruppe mit 26.000 Schilling auf die Reise in die genannte Pfarre. Dort führt sie der Pfarrer zu einem Hotel, das als Unterkunft für 1000 Flüchtlinge umfunktioniert wurde. In der ehemaligen Kegelbahn sitzen und liegen Männer, Frauen, Kinder, Alte und Junge zusammengepfercht am Boden. Es mangelt an allem. Eine 80-Jährige Frau kommt auf Traude zu und bittet sie: „Bringen Sie mir ein Bett."

Das Elend und der Hunger der Menschen dort erfordern dringende und rasche Hilfe. Das ist Frau Schröttner sofort klar. Und in den folgenden acht Jahren wird sie täglich Güter für die Flüchtlinge im Nachbarland besorgen. An den Wochenenden wird sie diese – zunächst mit Kleinbussen, später mit einem Lkw – gemeinsam mit freiwilligen Mitarbeitern nach Kroatien hinunterbringen. Ihr großer Einsatz ist nur möglich, weil nun ihr Mann auch hinter dieser Aktion steht.

In der Pfarre helfen jeweils fünf bis zehn Leute mit, die gespendeten Waren zu sortieren und aufzuladen. Eine der ersten Aktionen, die Frau Schröttner startet, ist die Beschaffung von Stockbetten. In Kasernen und Gefängnissen ruft sie an, bis einer der Verantwortlichen ihr zu 100 Stockbetten verhilft, als sie ihm von dem Wunsch der 80-Jährigen Frau erzählt. Seine Mutter sei auch gerade 80, und so käme er dem Wunsch gerne nach, erklärt er.

Da wird zum Beispiel folgende Aktion gestartet: Während des Krieges stellen sich Frau Schröttner und viele Helfer fünf Mal im Jahr vor alle Hofer-Filialen in Graz und bitten die Leute, die einkaufen gehen, ob sie nicht auch etwas für die Flüchtlinge mitnehmen und spenden könnten. Lebensmittel im Wert von bis zu 500.000 Schilling (bis zu 20 Tonnen) kommen auf diese Weise jedes Mal zustande.

So gelingt es, die 1000 Flüchtlinge in Marija Bistrica ausschließlich durch diese Aktionen in all den Jahren mit Lebensmitteln und Gütern über Wasser zu halten. Und von dort aus werden auch noch andere Caritas-Filialen in Kroatien mitbeliefert. 1200 Tonnen Lebensmittel und Waren im Wert von 55 Millionen Schilling werden in diesen Jahren in der Pfarre in Graz auf Lastwagen verladen.

Lächelnd erinnert sich Frau Schröttner: „Ich habe ‚unsere‘ Flüchtlinge immer an den Schuhen erkannt. Wir hatten nämlich 4000 Paar Schuhe von ‚Humanic‘ geschenkt bekommen." Immer wieder gab es wunderbare Erfahrungen der Vorsehung Gottes bei ihren Bettelanrufen. Vor jedem Anruf und während des Gesprächs bittet sie allerdings die Muttergottes konkret um ihren Beistand.

Eine Fülle von Beispielen bezeugen, was dann geschieht: Bei einem ihrer Besuche in Kroatien erkundigt sie sich wie üblich, was denn am nötigsten gebraucht würde. Zwei Tonnen Milchpulver seien von Nöten, heißt es. Zurück in Graz, ruft sie bei einer Firma an und erkundigt sich danach, was das koste: 50.000 Schilling. Der nächste Anruf gilt Pfarrer Sterninger. Ihn bittet sie, bei der nächsten Messe für diese Aktion zu sammeln. Das Sammelergebnis: 38.250 Schilling. Traude Schröttner ruft darauf bei der Firma an und bestellt um diesen Betrag Milchpulver – und es stellt sich heraus, dass die zwei Tonnen doch nicht 50.000 Schilling kosten, sondern nur 38.250 Schilling.

„Die Muttergottes hat mir immer genau das gegeben, was ich gerade gebraucht habe. Wenn ich fünf Tonnen Reis oder Mehl bestellt habe, so hatte ich zunächst nie ein Geld. Immer wieder habe ich die Muttergottes daran erinnert, dass ich das Geld brauche. Und sie hat ein Wunder nach dem anderen gewirkt", erinnert sie sich dankbar. So auch an einem Freitag, als eine Rechnung noch nicht bezahlt ist. Traude Schröttner kommt in die Pfarre. Dort sitzt ein Mann auf der Bank. Im Gespräch mit ihm stellt sich heraus, dass ein Obdachloser (!) ihm ein Sparbuch mit 20.000 Schilling gegeben habe. Für einen guten Zweck. Es ist genau der fehlende Betrag.

Ein anderes Mal sind die Mitarbeiter in der Pfarre beim Sortieren der Waren nach einer Hoferaktion. Da kommt eine Frau auf sie zu: Sie sei aus Kroatien und brauche dringend Stoffwindeln, Medikamente und Verbandmaterial für ein Krankenhaus in der Nähe von Zagreb. Frau Schröttner bedauert. Das hätten sie nicht. Ob sie denn hier nicht bei der Caritas sei, fragt die Frau nach. Nein, bekommt sie zur Antwort.

Als die Frau auf ihrem dringenden Wunsch beharrt, vertröstet man sie auf den nächsten Tag. Und sie kommt, zu Mittag ist sie wieder da. Sie habe dafür gebetet, erklärt sie. Wo denn die Sachen seien? Frau Schröttner erklärt, all das gäbe es hier leider nicht, macht aber dann eine der Garagen auf, in der Waren gelagert sind. Da erblickt sie mehr als 20 Kartons, die sie vorher nicht gesehen hat: Stoffwindeln, Verbandmaterial und Medikamente. Ein eigener LKW wird damit beladen und in das Krankenhaus der Schwestern nach Kroatien gebracht.

Nächste Woche würde sie noch so einen Lkw mit Verbandmaterial brauchen, bittet die Frau. "Aber woher soll ich das nehmen?", entgegnet Frau Schröttner. Ein paar Tage darauf ein Anruf aus einem Spital in Graz: Sie hätten gerade Verbandmaterial für ihr Krankenhaus bestellt. Es sei auch für Frau Schröttner Material im Wert von 100.000 dabei – und die Firma gäbe noch einmal so viel Ware zweiter Wahl dazu. Wieder ein ganzer Lkw voll!

Ein anderer Fall: Für ein blindes, taubes, schwer verkrüppeltes Mädchen wird dringend ein Spezial-Rollstuhl gebraucht, genau auf ihre Maße abgestimmt. Doch das Mädchen ist in einem kroatischen Lager und Traude in Graz. Sie bittet die Muttergottes: „Du kennst die Maße, ich nicht. Hilf, bitte!" Dann der Anruf bei einer Firma, die solche Geräte herstellt und sie bekommt einen nagelneuen kleinen Rollstuhl mit Kopfstützen geschenkt. Wen wundert es nach all dem Bisherigen noch, dass der Arzt aus Kroatien – er nimmt den Rollstuhl mit Tränen in den Augen entgegen – erkennt: genau die richtigen Maße!?

Oder: Ein Anruf aus Zagreb, von Jelena Brajsa, Leiterin der dortigen Caritas: Sie hätten so viele Waisenkinder und Mütter mit Babys und bräuchten dringend Milchpulver, Babynahrung, Windeln usw … Traude ruft bei „DM" an und fragt, ob sie und ihre Helfer zwei Tage vor den DM-Geschäften betteln dürften. Bei dieser Aktion fragt die „Bettlerin vom Dienst" auch einen jungen Mann, der dort einkaufen geht, ob er eine Kleinigkeit für eine junge Mutter in Kroatien beisteuern möchte. Wie erstaunt ist sie, als ihr dieser dann freudestrahlend eine ganze Babyausrüstung schenkt. „Warum so großzügig?" fragt sie. Er sei heute stolzer Vater geworden und möchte nun einer jungen Mutter eine Freude bereiten. Mit seinen Worten wird Frau Schröttner am nächsten Tag in Kroatien einer Frau, die am selben Tag ein Baby bekommen hatte, das großzügige Geschenk übergeben.

Und noch eine ganz erstaunliche Geschichte: Mit 5000 Schilling geht sie eines Tages in eine Schuhfirma und bittet um Schuhe für die Flüchtlinge. Welche Art von Schuhen? Egal, was sie eben geben könnten. Sie erhält 100 Kartons. In Kroatien angekommen, hört sie von der Flüchtlingsbetreuerin, dass dringend hohe gefütterte Turnschuhe für die 96 Schulkinder gebraucht würden. Sie schauen in den Kartons nach. Ob man es nun glaubt oder nicht: Es sind hohe gefütterte Turnschuhe und alle 96 Kinder finden die passende Schuhgröße. Und die restlichen vier Paar Schuhe? Die passen vier Kindern, die später dazustoßen, wie angegossen! „So etwas kann man nicht organisieren," sagt Traude Schröttner auch heute noch mit einer gewissen Fassungslosigkeit in der Stimme. „Ich habe oft weinen müssen, wenn so etwas passiert ist."

„'Das war der größte Gnadenstrom, in den wir jemals alle hineingezogen worden sind, weil wir der Muttergottes helfen durften', sagen noch heute all jene, die in diesen Jahren tatkräftig dabei waren", erzählt mir Frau Schröttner strahlend. „Das Schöne an der ganzen Aktion", fügt sie hinzu, „war, dass viele Menschen die Liebe Gottes in einem Maß erfahren haben, dass sie sich bekehrt haben. Da ist etwa ein Mann, der bei einer ‚Hoferaktion' gemeint hat, all die Dinge kämen sowieso nie in Kroatien an. Ich habe ihn daraufhin eingeladen mitzufahren. Am nächsten Tag ist er wirklich dagestanden und mitgefahren. Oder ein junges Mädchen, das mitgeholfen hat, Barbiepuppen zu sammeln. Heute leitet sie den größten Gebetskreis in Graz."

Dieses Mädchen hat greifbar die Liebe Gottes erfahren und so zum lebendigen Gott gefunden, erzählt mir die unermüdliche „Bettlerin". Jede Firma, die etwas gespendet hat, und davon gab es wirklich viele wie etwa Kastner und Öhler, Humanic oder die Firma Haberkorn, die 60 Sessel und 25 Tische für einen Kindergarten zur Entlastung der Mütter gespendet hat, bekam eine Statue der schwarzen Madonna mit einem Dankschreiben des Pfarrers. Lächelnd meint Traude Schröttner: „Ich glaube die Madonna wollte in all diesen großen Firmen Einzug halten."

Allergrößte Hochachtung vor ihrem Mut habe ich, als ich höre, dass sie einmal sogar einen Mann – seine Familie lebte bereits in Graz – ohne Papiere über vier Grenzen nach Österreich geschmuggelt hat. Er war von den Serben gefoltert, eingesperrt, dann aber geflohen. Vom Beginn der Reise an haben bei dieser Aktion allerdings alle, die in diesem Konvoi mitfuhren, den Rosenkranz gebetet – und an allen vier Grenzen wurden sie durchgewunken, was bei allen 200 Fahrten vorher nie der Fall gewesen war! Bei keiner der Grenzen! Der Name des Mannes war übrigens Josef.

Abschließend sagt Frau Schröttner: „Ich habe durch all diese Jahre so ein Vertrauen in das Gebet bekommen! Wenn der Herr will, dass wir Gutes tun, gibt er uns die Kraft und die Charismen dazu. Mir hat er sicher das Charisma des Bettelns gegeben."

Peter Seewald
Ich bin ein Revolutionär geblieben

*E*s war nicht ein einzelnes großartiges Ereignis, sondern eher eine Art Dauerbeschuss. Viele kleine Geschichten die eine ganz schöne Wucht entfalten können," so erklärt Peter Seewald mit einem Lächeln die Art und Weise wie Gott ihn, der mit 19 aus der Kirche ausgetreten war, wieder zurückgeholt hat.

Seit 2 Jahren schon kenne ich seine wohlklingende, tiefe Stimme am Telefon. Nun endlich habe ich ihn auch persönlich kennengelernt: Peter Seewald ist vielen bekannt durch das *Buch Salz der Erde*: Es ist das Ergebnis eines kritischen und intensiven Dialogs, den er, der damals noch fernstehende Publizist, mit Kardinal Joseph Ratzinger 1996 zu den unterschiedlichsten Fragen geführt hat. In 16 Sprachen ist dieses leicht lesbare, sehr informative, ja spannende Buch übersetzt worden. Diesem ersten Interview-Buch mit Kardinal Ratzinger folgte im Jahr 2000 ein zweites: Gott und die Welt. Allerdings war Seewald mittlerweile wieder in die katholische Kirche eingetreten.

Was war da passiert? Diese Frage haben sich wohl viele Menschen gestellt, und ich bin ihr bei einem Besuch in München nachgegangen. Peter Seewald erzählt gerne von seinem bewegten Leben. Er meint, das könnte vielleicht Menschen ermutigen, sich wie er auf eine spannende – neue – Beziehung mit Christus einzulassen. In seinem Refugium ganz oben unter dem Dach in einem Haus mitten in München erzählt er mir offen – und sehr humorvoll aus seinem abwechslungsreichen Leben.

Zunächst erlebt er eine ganz normale Kindheit. „Normal und vernünftig" heißt damals in Bayern, dass die Familie selbstverständlich katholisch ist. Der Wohnort liegt in der Nähe von Passau, wohin die Familie zieht, nachdem der Vater, ursprünglich Bauer, Postbote geworden ist. Der kleine Peter, einer von vier Brüdern, ist sehr gerne Ministrant – nicht nur weil er Schule schwänzen kann, wenn er bei Versehgängen mitgehen muss. Eine Zeitlang will er sogar Priester werden. Rorate-Messen liebt er besonders und der Dienst in der kleinen Kapelle macht ihm Freude. Es gibt eigentlich nichts in der Kirche, was ihm Ärger bereitet.

Als Jugendlicher besucht er die Mittelschule in Passau und gerät in den Sog der 68er-Bewegung. Peter ist eigentlich für diese neue Jugend- und Kulturbewegung noch recht jung, gerade erst 14, doch sie fasziniert ihn ungemein. Aus dem Ministrantenkittel meint er herausgewachsen zu sein. Er kauft sich den ersten Spiegel, verändert den Haarschnitt, die Klamotten und schließt sich der Jugend an, die alles, was bis dahin als unumstößlich, recht und sicher gegolten hat, wie Moral, Anstand und Traditionen, nun für veraltet, viel zu eng und verlogen erklärt.

Die Eltern müssen sich anhören, wie falsch sie alles gemacht haben. Was die Freiheit zu behindern scheint, wird abgeworfen. So gerät durch „Flower Power" auch die Kirche ins Out: „Die Kirche als Organisation erschien damals zu sehr ans Establishment angepasst und der Glaube wirkte nicht mehr echt", erinnert sich Seewald. „Ich habe mit Worten und Taten rebelliert. ‚Born to be wild', war der Wahlspruch schlechthin."

Mit 18 nach der Mittelschule möchte er auf der Oberschule ein Fachabitur ablegen. Streetworker möchte er werden. Er mietet einen Laden, über dem das Wort „Join" prangt. Dort soll Beratung für Kriegsdienstverweigerer stattfinden und dort gibt es dann auch ein antiimperialistisches Aktionskommitee und eine Schülerorganisation, die „rote Zwerge" heißt. Eigentlich wollen sie vor allem Gerechtigkeit, eine bessere Verteilung der Güter, Frieden in der Welt. Kurz: „love and peace".

Die Kommunisten werden auf die Jugendlichen aufmerksam und können sie davon überzeugen, dass ihre Sache zu wenig Perspektiven zu bieten hat, solange sie sich nicht zum Marxismus-Leninismus bekennen. Das Beispiel China sei nachzuahmen. Die jungen Leute engagieren sich: Eine kleine Druckerpresse wird angeschafft, Betriebszeitungen gegründet. Plakate mit Kampfparolen überschwemmen die Stadt. Sie beginnen jeweils mit: „Nieder mit ...", „Kampf dem ..."

Peter Seewald im Rückblick: „,Macht kaputt, was euch kaputt macht', mag eine pfiffige Parole gewesen sein, ein Zukunftskonzept war es nicht." Die Staatsmacht gibt den Jugendlichen vorsichtshalber gar nicht die Chance, das selbst herauszufinden. Der junge Maoist wird mehrmals verhaftet, wenn er Flugblätter verteilt. Hausdurchsuchungen finden statt. Auch den Eltern – die ohnedies genug gestraft waren – wird hart zugesetzt. Zunächst fliegt er aus der Schule, später durch Intervention der Gewerkschaft aus dem Lehrvertrag. Keine andere Schule in Bayern darf ihn aufnehmen.

Tja, und mit seinem Glauben steht es auch nicht zum Besten: „Wer sich für den Kommunismus entscheidet, stuft die Kirche als feindlich ein. Kirche, als ‚Opium fürs Volk', gehört einfach nicht mehr dazu. Nichts in der Kirche war revolutionär, alles schien abgestanden. Sich am Heiligen Stuhl zu orientieren, war einfach indiskutabel", erinnert sich mein Gegenüber. Die Konsequenz: Austritt. Ein politischer Akt, der ihn überglücklich macht. Endlich frei. Das Himmelreich ist weit weg, sein Paradies heißt jetzt China, Albanien oder gar Rumänien! Und Gott lässt ihn ziehen ...

Schon nach fünf Jahren trennt er sich jedoch von den Kommunisten. Der demokratische Zentralismus hat sich als Diktatur entpuppt. Mit seinem freiheitlichen Ansatz passt das einfach nicht zusammen. Er gilt als Abweichler und man unterzieht ihn einer Art Gehirnwäsche. Protokolle mit Selbstkritik soll er unterschreiben. Lächelnd erinnert er sich: „Da bekommt man nicht einmal eine Absolution wie bei der Beichte, wo man erleichtert weggeht – und wieder frisch mit dem Sündigen anfangen kann."

1976 gründet er in Passau eine linksliberale Wochenzeitung gegen die rechte Presse, die dort eine Monopolstellung innehatte. Er und seine Leute kümmern sich um Bürgerinitiativen und wollen zeigen, dass es auch andere Meinungen gibt. Zwei Jahre kann sich die Zeitung halten. Wieder reagiert das „reaktionäre" Umfeld. Man versucht, die Redaktion vor Gericht zu bringen. Zuletzt kündigt die Druckerei den Auftrag.

Schließlich gibt er auf. Er bewirbt sich als Journalist und bekommt zu seiner großen Freude 1981 vom Spiegel (!) eine positive Antwort. Das bedeutet Freiheit und frische Luft für den jungen Mann. So zieht er nach Hamburg und bleibt sechs Jahre bei dem Magazin. 1982 heiratet er Isolde, ein Mädchen aus Passau, und die beiden bekommen zwei Söhne: Paul und Jakob.

Seewald arbeitet gerade bei der Illustrierten Stern in München, als er 1989 erfährt, dass die Süddeutsche Zeitung ein Magazin (die Farbbeilage der Zeitung) aufzubauen beginnt. An einer freien Mitarbeit interessiert, schlägt er dem Chefredakteur, vor, Beten zum Thema zu machen. Das Thema reizt ihn – nicht aus religiösen Gründen. Dem Chefredakteur, gefallen die Vorschläge, die ihm Seewald unterbreitet, und er nimmt ihn in das neu aufgebaute Team. Interessante Diskussionen, viel Freiheit in der Gestaltung und vor allem keine Berührungsängste mit religiösen Themen, für die er in gewisser Weise zuständig geworden ist, zeichnen diese Zeit aus. Das wird ein wichtiger Punkt in der Geschichte seiner Rückkehr zur Kirche sein.

Völlig unverdächtig, da kirchenfern, kann er über die Themen berichten. Objektiv soll es geschehen, nicht im üblichen Stil der Medien, die voneinander abzuschreiben scheinen. So kommt es, dass er eines Tages gefragt wird: „Wär' das nicht was für dich, ein Porträt über Kardinal Ratzinger zu schreiben?" Zu diesem Zeitpunkt hat er schon herausgefunden, dass die Kirche nicht immer unrecht hat, es eine Menge neuer Aufbrüche in ihr gibt und dass ihr Oberhaupt ein sehr interessanter Mensch ist. Er greift also die Idee, den Kardinal zu porträtieren, auf und freut sich damit provozieren zu können. Er ist eben ein Revolutionär geblieben!

„Mit keinem Thema kann man so provozieren, wie wenn man sich auf die Seite der so verachteten Kirche stellt. Vor allem in meinem damaligen Umfeld, aber überhaupt in den deutschen Medien", weiß er aus Erfahrung. Da er aber dem Mann, „der so viele zur Raserei bringt und als rotes Tuch für theologische Stierkämpfer herhalten muss", gerecht werden möchte, studiert er, was Ratzinger so alles in den letzten Jahren über die Gesellschaft und deren Entwicklung gesagt hat. Und dabei stellt er überrascht fest: Der Kardinal liegt mit seinen Vorhersagen richtig. Die Positionen, die da vertreten werden, kann Seewald teilen – ja die würde er gerne selbst so formulieren. Der Journalist bekommt also sein Interview: Ratzinger wirkt abgekämpft, aber humorvoll. Er nimmt sich Zeit für sein Gegenüber ...

In diesem ersten Porträt des Kardinals steht dann allerdings nicht nur Schmeichelhaftes, gesteht mir jetzt Peter Seewald. Er selbst hätte sich an der Stelle des Kardinals keine zweite Chance gegeben. Dieser willigt jedoch ein paar Jahre später ein, mit demselben Autor ein Buch über die zentralen Probleme des Christentums und der Kirche zu machen.

Es vergehen dann allerdings einige Jahre, bis das Buch *Salz der Erde* 1996 erscheint. Ein ungeahnter Erfolg! Auch Papst Johannes Paul II äußert sich lobend.

So ist es wohl kein Zufall, dass Peter Seewald im Dezember desselben Jahres wieder in die Kirche eintritt. Vieles hat er damals schätzen gelernt, zum Beispiel die Wahrhaftigkeit, um die sich dieser weise Mann aus Rom, aus dem Glauben an den lebendigen Christus heraus, bemüht. Und so war wohl die Arbeit mit dem Kardinal ausschlaggebend für diesen letzten Schritt.

Vorher hatte es jedoch schon unzählige kleine Schritte gegeben. Es war, so würde ich sagen, wie eine jahrelange, zarte, sich langsam entwickelnde Liebesgeschichte, die ihn zu Christus und Seiner Kirche geführt hat. Was hat Gott nicht alles inszeniert, um Seinen verlorenen Sohn zurückzugewinnen! Es bedurfte aber auch eines Sohnes, der in diesen Begebenheiten, in hingeworfenen Sätzen in Gesprächen oder anderen kleinen Dingen Gottes Zeichen zu erkennen wusste.

Eine solche, für ihn besondere, wenn auch scheinbar nebensächliche Begebenheit aus seiner Revoluzzerzeit in Passau erzählt mir Peter Seewald jetzt: „Es war bei einer offiziellen Gelegenheit, der ‚europäischen Woche'. Da ist doch der Passauer Bischof demonstrativ auf mich, den halbverrückten Bürgerschreck, zugekommen, um mir die Hand zu reichen. Im Nachhinein betrachtet war dieses Handausstrecken eines guten Hirten das, was mich für die Kirche mitgerettet hat."

Und mir wird klar: Wie wichtig, ja lebensnotwendig ist doch jedes liebevolle Zeichen gerade im Umgang mit Menschen, von denen man meint, da sei eh schon alles verloren.

Später verbringt Seewald immer wieder Tage des Ausruhens im Kloster. Auch sie wirken als unsichtbares Band mit dem Himmel. Ab und zu betritt er auch Gotteshäuser, um kurz zu verweilen. Immer öfter stellt er dabei fest, dass es ihm hier eigentlich gefällt. Die Wurzeln, die er während seiner intakten Kindheit im Glauben schlagen durfte, sind doch nicht ganz abgestorben. Tief verschüttet ist da immer noch eine Sehnsucht.

Das Wissen, das er sich in seiner journalistischen Tätigkeit angeeignet hatte, setzte er nicht selten auf Partys ein. Es machte ihm Spaß, seine Gesprächspartner zu verunsichern, indem er, der Atheist, sich zum Advokaten des Glaubens machte, Standpunkte vertrat, die man ihm nicht zugetraut hätte. Aber vielleicht haben ihn damals seine Pro-Kirche-Argumente selbst am meisten überzeugt.

Immer öfter stellt er dann fest, dass er eigentlich mehr wissen möchte – und zwar nicht die „Light-Version" von Glauben, an der niemand anecken soll, sondern das Original. Ein Besuch in Rom, ein paar Tage in Assisi, Begegnungen in Taizé ... verhelfen ihm dazu. Einmal im Zug liest er „in einem Zug" – wie er es humorvoll beschreibt – das Matthäus-Evangelium. Er empfindet ganz tief: Was er da gerade gelesen hat, kann nur Gottes Wort sein. So verändert sich sein Bild von Jesus immer mehr und: „Aus der anfänglichen Ferne ist eine Nähe geworden, die von Strömen der Freude begleitet wurde."

Besonders wichtig für seine Rückkehr in den Schoß der Kirche war aber Folgendes: Eines Tages wurde Seewald klar, dass seine beiden Söhne, Paul und Jakob – sie waren damals ungefähr drei und sieben –, als Heidenkinder groß werden würden. Er würde mit ihnen gar nicht über Religion reden können. Engagiert erklärt er: „Wer nicht getauft ist, nichts über den Glauben weiß, kann nur draußen bleiben. Da haben sich die Eltern schon für die Kinder entschieden. Es ist schwer, zum Glauben zu finden, wenn man in der Kindheit nichts mitbekommen hat. So wie die Eltern dafür sorgen sollen, dass die Kinder rechnen und schreiben lernen, so müssen sie auch dafür sorgen, dass sie etwas über Religion lernen und einen Vorrat haben, aus dem sie schöpfen können." Lächelnd fügt er hinzu: „Meine Kinder hätten ja nicht einmal die Möglichkeit gehabt, wie ihr Vater aus der Kirche auszutreten."

Also lässt er seine Kinder auf diesem Weg in die Kirche vorangehen. Er begleitet sie dorthin, weil er wissen möchte, was sich dort abspielt. Bei den ersten Messen ‚die er wieder besucht, denkt er zunächst: „Mein Gott, diese alten Lieder, Gebete und Texte." Schmunzelnd fügt er hinzu: „Als ich später die Perspektive geändert hatte, dachte ich: Großartig, die haben immer noch die wunderschönen Lieder und tollen Texte."

Der Pfarrer nimmt den Mann, der da in die Kirche hineinschnuppert, „ein bisschen an die Leine." Die Predigten sind zunächst nicht ganz nach Seewalds Geschmack. Er findet jedoch bald heraus, dass das Wichtigste bei der Heiligen Messe das sakramentale Geschehen ist und der Geist, in dem der Gottesdienst gehalten wird. Immer öfter macht er, während alle in der Fußgängerzone an der Kirche vorbeihasten, einen Schritt aus der Masse heraus – das hat ihm ja immer schon gefallen – und einen Schritt in die Kirche hinein. So wird er zum Kirchgänger. Gott führt ihn und er – in all seiner Freiheit – lässt sich führen.

Spätestens in seinen Begegnungen mit Kardinal Ratzinger stellt er fest, dass niemand Christus besser kennt als die Christenheit, die Seine Lehre intensiv getestet und gelebt hat. Wer Christus entdecken – und nicht erfinden – möchte kann dieses Geschehen nicht von der Kirche trennen.

Diese Begegnung mit dem Kirchenmann gibt also den letzten Anstoß dazu, dass aus dem „Probe-Abo, das nicht verlängert wurde" ein fixes Abonnement wird. Kein leichter Schritt in einem journalistischen Umfeld, in dem es als geradezu unmöglich gilt, sich zu Kirche und Papst zu bekennen. Heute wird er auch weitaus öfter gefragt, wie er denn in die Kirche eintreten konnte, als er früher nach den Gründen seines Austritts befragt wurde.

Am 27 Dezember 1996, einem wunderschönen Tag, spricht er in Anwesenheit des Franziskanermönchs, der ihn auf seinem Weg begleitet hat, über einer Bibel das Glaubensbekenntnis und erklärt anschließend seinen Eintritt in die katholische Kirche. Nach der Beitrittserklärung findet sich glücklicherweise ein Enzian-Schnaps, und das Ereignis wird in echt bayrischer Volksfrömmigkeit begossen. Humorvoll seinen Wiedereinstieg betrachtend meint er: „Ich habe großes Glück gehabt. Der liebe Gott hat mich 20 Jahre lang wegschauen lassen. Vielleicht, damit ich ein bisserl frischer bleib, nicht so enttäuscht von Gremien und Ähnlichem wie manch anderer." Und damit hat er sicher nicht unrecht. Jetzt ist er übrigens Mitglied im Pfarrgemeinderat und ist für den Pfarrbrief verantwortlich. „Eine tolle Karriere!", meint er schmunzelnd.

Seine Familie ist mittlerweile längst mit der Kirche vertraut. Über seine Erfahrungen mit Glaube und Kirche, über seine Gedanken und die Zeichen der Zeit schreibt Peter Seewald – er ist jetzt freier Journalist – mit treffsicherem, auch etwas beißendem Humor in seinem Buch *Grüß Gott* zum Beispiel Folgendes: „Christen stehen heute unter Generalverdacht. Während die liberale Gesellschaft ihre Grenzen immer weiter steckt und nicht mehr hinterfragt, was sie tut, wird Gläubigen heute jeder sündige Pfarrer zur Generalabrechnung vorgelegt." Er sieht seine Verantwortung nun darin, die Schätze – so viele Katholiken haben sie verloren – und die Erfahrungen, die er machen durfte, mit all jenen zu teilen, die „heute in der Verwirrung der Zeit und der Medien nach Antwort" und Orientierungshilfe suchen.

In seiner Reihe „Bibliothek der Mönche" (Heyne Verlag) hat er eben die ersten zwei Bücher einer sechsbändigen Reihe herausgebracht: *Das Fasten der Mönche* und *Die Heilkunst der Mönche* (in denen es auch um Heilen durch Beten und Beichten geht). Ein Buch über Jesus soll folgen.

Welches sind nun die großen Schätze, die Peter Seewald im Glauben und in der Kirche gefunden hat? Ganz spontan kommt seine Antwort: „Die Eucharistie ist der größte Schatz. Viel mehr braucht man nicht: Die Heilige Messe, die Evangelien und ein paar Sakramente, wie das wunderbare Angebot der Beichte zwischendurch. Darin kann man so viel Kraft finden und das richtige Gegengewicht zu den Dingen, die man nicht so richtig macht. Es gibt so viele Geheimnisse, so viele Schätze der Kirche aus der jahrtausendealten Tradition. All das Stück für Stück zu entdecken bis hin zum Rosenkranz, den ich in meiner Jugend nie in mein eigenes Leben hätte miteinbeziehen wollen, freut mich ungemein. Es hilft im täglichen Leben, das oft mühevoll und schwierig sein kann."

„Übrigens bin ich nach wie vor ein Revolutionär", sagt er mir lächelnd am Schluss unseres langen Gesprächs. „Meine Ideale haben sich gar nicht so sehr verändert: Es geht auch jetzt um „love and peace", um die Liebe und das Verzeihen."

Und in seiner Autobiographie habe ich den Satz unterstrichen: „Glaube wird nie fertig. Da ist eine Tür. Und du machst die Tür auf, und da ist noch eine Tür, und dann noch eine. Und jeder Raum ist anders und schön und spannend, und es geht immer weiter so, und du hoffst nur, dass es wirklich noch lange so weiter geht." Schön, dass es solche Revolutionäre gibt, die sich auf eine Zukunft im Dienste Christi freuen!

P.S.: Peter Seewald hat unter anderen Büchern 2009 „Jesus Christus. Die Biografie" und 2010 das Interview-Buch mit Papst Benedikt XVI. „Licht der Welt" veröffentlicht.

Patrick Theillier
Ich erlebe täglich Wunder

Seit 150 Jahren Wunderheilungen in Lourdes – wer hat noch nicht davon gehört? Aus diesem Anlass kam unlängst Dr. Patrick Theillier – er leitet seit 10 Jahren das Medizinische Büro von Lourdes – nach Wien. Bei einer Pressekonferenz und einem anschließenden Interview habe ich viel Interessantes und vor allem Bewegendes über das Geschehen in Lourdes erfahren.

Wer weiß z. B. schon, dass jährlich rund sechs Millionen Menschen zur Grotte von Massabielle, wo die Muttergottes vor 150 Jahren Bernadette Sourbirou erschienen ist, pilgern? Oder: „7200 deklarierte Heilungen hat es bisher in Lourdes gegeben. Von diesen hat die Kirche nur 67 als Wunder anerkannt", erzählt der Arzt engagiert.

Wieso diese Differenz? Sind nicht alle Heilungen wunderbar? Was unterscheidet die Heilung vom Wunder? Beim Wunder geht es nicht nur um ein medizinisches Faktum. Sicher, es braucht ein medizinisch nicht vorhersehbares, außergewöhnliches Ereignis – und dieses muss medizinisch sehr genau untersucht werden –, aber für ein Wunder reicht das nicht. Wer keinen Glauben hat, hält solche Heilungen einfach für Ausnahmen von den Naturgesetzen. „Doch bei den Heilungen in Lourdes geschieht schon etwas mehr", erzählt mir Theillier.

„Und dieses Wissen habe ich von den Geheilten selbst. Wer in Lourdes körperlich geheilt wird, ist gleichzeitig als ganzer Mensch angerührt worden: physisch, psychisch und geistig. Der Betreffende erlebt, dass Gott hier persönlich für ihn eingreift. Damit gewinnt die Heilung eine ganz neue Dimension, eine andere Bedeutung … Wunder sind Zeichen: Für den Kranken sind sie Zeichen für das Wirken Gottes in ihm. Außerdem sind sie Zeichen für das machtvolle Wirken Gottes, der heute in Seiner Schöpfung wirkt – über die bekannten Naturgesetze hinaus, ohne diese jedoch aufzuheben.

Wunder sind nämlich keine Zauberei, nicht okkult oder paranormal. Da wird nicht aus einem Kreis ein Quadrat. Und ein Einarmiger wird von Lourdes auch nicht mit zwei Armen heimfahren – wie es der französische Dichter Anatole France gefordert hat, um an ein Wunder glauben zu können. Das würde den Naturgesetzen widersprechen und unsere Freiheit einschränken. Ein Zeichen von Gott lässt uns nämlich immer die Freiheit, es als solches anzunehmen – oder eben nicht … Als Arzt kann man Wunder nicht beweisen."

Besonders wichtig schien dem Arzt Folgendes: „Ich bin überzeugt: Die physischen Heilungen – sie allein sind äußerlich feststellbar – sind Zeichen für die unzählig vielen unsichtbaren inneren Heilungen, die in Lourdes täglich stattfinden. Man könnte sie als geistig-psychische Heilung der Seele bezeichnen: Vergebung, Versöhnung, Heilung von affektiven Verletzungen, Verletzungen also, denen die Medizin machtlos gegenübersteht. Gott gibt in Lourdes Antwort auf die Leiden unserer Tage. Wer kann von sich sagen, er sei nicht heilungsbedürftig, nicht irgendwo behindert? Für mich sind die wunderbaren physischen Heilungen wie Ikonen der Heilung, jener Heilung, derer wir alle bedürfen, und die wir früher oder später erleben werden. Die Wunder von Lourdes dienen also unser aller Heilung." Sie sind wie ein Hinweis auf den Himmel. Das habe ich als sehr hoffnungsvoll empfunden. Nach der interessanten Pressekonferenz bin ich schon gespannt, was mir Dr. Theillier über seinen Werdegang erzählen wird. Wie kam er zu dieser Aufgabe? In einem angrenzenden Raum erzählt mir der sympathische Franzose seinen Lebensweg. Mein Eindruck: Es scheint, als hätte ihn die Muttergottes von klein auf für diese Tätigkeit vorbereitet.

Aber der Reihe nach: 1944 kommt er in Valencienne, im Norden Frankreichs, zur Welt. Seine Mutter erzählt ihm später, wie sie ihn während der amerikanischen Bombardierungen in die Luftschutzkeller gebracht hat. Ihr Haus gehörte zur Pfarre Notre Dame de Saint Cordon. In Valencienne gab es nämlich vor 1.000 Jahren eine Marienerscheinung. Die Gottesmutter soll dort während einer Pestepidemie einem Eremiten ein Band ("cordon") gegeben haben, das er um die Stadt legen sollte, damit sie von der Pest verschont bleibe.

Seither gibt es jedes Jahr am 2. Septembersonntag ein großes Fest in Valencienne: Bürger, Stadtväter und Geistlichkeit umrunden die Stadt in einer Prozession zur Erinnerung an diese Erscheinung und an die Bewahrung vor der Pest. Heuer wird die Statue von Notre Dame de St. Cordon in einer großen Wallfahrt nach Lourdes (!) getragen.

In dieser Pfarre also wird Patrick geboren und getauft. Seine ganze Mittelschulausbildung erhält er im Collège Notre Dame („Unserer Lieben Frau"). "Ich bin also", meint er lächelnd, „von Anfang an von der Gottesmutter geprägt." War er schon von Kind an gläubig? Ja, seine Eltern, vor allem der Vater, waren sehr gläubig und haben ihre Kinder im Glauben erzogen. Von den drei Geschwistern sei er allerdings am meisten vom Glauben berührt worden.

Besonders beeinflusst hätten ihn die Pfadfinder, zu denen ihn die Eltern schicken, meint er im Rückblick. Das Versprechen, das er dort gibt, nimmt er dann sehr ernst und übernimmt im Laufe seiner Karriere dort verschiedene Aufgaben. Auch an der Uni engagiert er sich nicht nur im Studium: Er gründet zusammen mit Jesuiten eine katholische Studentengruppe, für deren Bewegung auf Landesebene er dann in Paris verantwortlich wird. Ferienlager werden organisiert, die auch im Dienst der Glaubensvertiefung stehen.

Seine Frau lernt er in der Kirche kennen, bei einer Hochzeit von gemeinsamen Freunden. Sie studiert damals Jura in Paris, er Medizin in Lille. Bei beiden ist es Liebe auf den ersten Blick. Am Ende der Trauungsmesse fragt er sie, ob sie noch bleiben wolle. Obwohl sie es nicht vorgehabt hatte, bleibt sie ihm zuliebe. Sie tanzen und reden den ganzen Abend miteinander. Nach kurzer Verlobungszeit heiratet das junge Paar im September 1968 – ein für Frankreich bedeutungsvolles Jahr: Der Sturm bricht los. Der Glaube und bisher gültige Werte werden infrage gestellt. An der Uni lässt sich ein Großteil der Studentenseelsorger laisieren.

Das junge Ehepaar versucht standzuhalten, ihr Glaubensleben ist ihnen einfach ein zu großes Anliegen. Aber unter den befreundeten Paaren ist die Situation schwierig. Viele lassen ihre Kinder nicht mehr taufen. „Es war", so erinnert sich Patrick Theillier, „wie eine Flutwelle, die alles hinweggespült hat."

1969 beendet er sein Medizinstudium. Im Rahmen seines Wehrdienstes macht er als Arzt Dienst in Marokko – im Zuge der französisch-marokkanischen Kooperation. Seine Frau und sein ältester Sohn – er wird 1969 geboren – kommen in den verlorenen Winkel im Norden Marokkos mit. Sie sind dort weit und breit die einzigen Franzosen. Der Doktor erzählt: „Für uns war das eine wichtige Erfahrung: Wir haben da ein Volk kennengelernt, das noch den Sinn für das Heilige hatte. Und noch etwas haben wir erlebt: die Entsagung, die Armut der Marokkaner. Die hatten dort einfach nichts. Zu Weihnachten haben wir bei einer Geburt – ich wurde dort ja für alle ärztlichen Tätigkeiten eingesetzt – miterlebt, wie das Kind wirklich durch den Atem von Ochs und Esel gewärmt werden musste. Es war sehr kalt und es gab keinerlei Heizung, nichts. Wir haben in unserem Haus mit Zedernholz geheizt, das zwar gut roch, aber sehr schlecht wärmte."

„Außerdem", so schildert er weiter, „habe ich einen Arzt kennengelernt, der Mitglied der Gemeinschaft ‚Arche' war, gegründet von Lanza del Vasto. Dieser hatte Gandhi kennengelernt und wollte von ihm inspiriert den Weg der Gewaltlosigkeit propagieren. Das hat uns sehr beeindruckt und wir wurden Mitglieder der Gemeinschaft ‚Les amis de L'Arche'. Zurück in unserem Heimatland jedoch hatten wir nun Schwierigkeiten, uns wieder an den Lebensstil dort anzupassen."

Obwohl der Glaube mittlerweile in Frankreich immer mehr in Misskredit geraten war, halten die Theilliers an ihm fest und wollen ihn vertiefen. Sie werden während der nächsten Jahre verschiedene Gemeinschaften näher kennenlernen: Die charismatische Gemeinschaft aus den USA begeistert das Ehepaar. Bis dahin hatten sie noch nichts von Ausgießung des Heiligen Geistes, Sprachengebet und anderen Charismen gehört.

Wir schreiben 1980. Die Theilliers haben mittlerweile zwei Söhne und zwei Töchter. Weil die jüngste am 15. August geboren ist, nennen sie die Kleine Marie. Von Lille, wo Dr. Theillier als praktischer Arzt gearbeitet und sich viel mit Homöopathie – er hatte sie in Marokko kennengelernt – befasst hat, übersiedelt die Familie nun in die Nähe von Lourdes. Dort hat die „Gemeinschaft der Seligpreisungen" eine ihrer Niederlassungen und dieser schließen sie sich an. In ihr gibt es mehrere Ärzte, mit denen Theillier zusammenarbeitet.

Er erinnert sich: „Bald haben wir aber festgestellt, dass das eher monastische Leben dort unserer Familie nicht gelegen ist. So sind wir wieder ausgezogen. Allerdings hatte die Gemeinschaft dort eine Arztpraxis eingerichtet, die von der christlichen Spiritualität geprägt war. Und die wurde mir angeboten."

In ihr ist er die nächsten 15 Jahre, von 1983 bis 1998 tätig. Das Familienleben spielt sich ab nun in einem kleinen Dorf ab. Hier werden auch 1986 und 1992 ihre beiden jüngsten Kinder geboren. Die älteren studieren damals schon. Ja, der älteste Sohn ist schon verheiratet, als seine jüngste Schwester zur Welt kommt. So geschieht es – wie mir die Frau des Arztes bei einem gemütlichen gemeinsamen Mittagessen erzählt –, dass Schwiegertochter und Schwiegermutter zur selben Zeit schwanger sind. Insgesamt haben die Theilliers also sechs Kinder.

Als Patrick Theillier 1998 erfährt, dass der Bischof von Lourdes einen neuen Arzt für das „Bureau des constatations medicales" sucht, bewirbt er sich und wird den 12 anderen Kandidaten vorgezogen. Trotz des Berufswechsels bleibt er in dem kleinen Ort, er ist ja nicht weit von Lourdes entfernt. Das Ehepaar dachte, für die Familie wäre das so besser.

Als mir der Doktor nun sagt, wie sehr ihm die neue Arbeit Freude bereite, glaub ich es ihm aufs Wort: „Ich habe den Eindruck, dass mich der Heilige Geist schon lange auf diesen Dienst vorbereitet hat."

Seine Aufgabe ist es vor allem klarzustellen, ob im konkreten Fall tatsächlich eine Heilung stattgefunden hat und zweitens, dass sie wissenschaftlich nicht erklärbar ist. Jährlich melden zwischen 40 bis 50 Pilger, dass sie in Lourdes geheilt worden seien. Schon sehr früh hat die Kirche genaue Bedingungen und strenge Kriterien festgelegt, die erfüllt sein müssen, damit eine medizinisch unerklärbare Heilung als Wunder anerkannt wird.

Was geschieht denn eigentlich bei einem Wunder? Dr. Teillier erklärt das folgendermaßen: „Man könnte sagen, dass Wunder eine Ordnung, die gestört worden ist, wiederherstellen, aber keine neue Ordnung erfinden. Blitzartig beschleunigt sich die Wiederherstellung, so als würde eine Zeit und Raumgrenze überschritten, die uns übersteigt. Die Naturgesetze werden aber nicht in Frage stellt. Das Wunder soll uns an die lebendige Gegenwart Gottes in der Welt erinnern. Er ist ständig am Werk, kann aber nur dann wirken, wenn wir uns auf Ihn stützen, Ihn in unser Herz einlassen."

Wie sein Arbeitstag aussieht, frage ich ihn. „Meine Aufgaben sind sehr vielfältig", antwortet der Arzt, dessen Beruf augenscheinlich seiner Berufung entspricht: „Ich komme mit den unterschiedlichsten Leuten zusammen: vom einfachen Pilger bis zum Medizinprofessor. Ich habe viele Medienkontakte, antworte auf Bitten und Anfragen, führe viele Gespräche, beantworte viele Briefe, telefoniere viel. Zeugnisse über Heilungen werden in den seltensten Fällen sofort gemeldet. Die Menschen warten meist lange, bevor sie darüber sprechen. Das kann sogar Jahre dauern. Also bekomme ich die meisten Mitteilungen telefonisch oder schriftlich. Seit neuestem auch per E-Mail."

Aber einen Fixpunkt, den er nie versäumt, gibt es an den Arbeitstagen in Lourdes: „Die eucharistische Prozession täglich um fünf Uhr. Die Ärzte gehen da hinter dem Allerheiligsten her. Das tut mir gut: mindestens eine Stunde täglich dem Herrn schenken."

Die meisten Geheilten erzählen aber, setzt er fort, nichts über ihre Erfahrung, sie wollen wohl nicht die Prozedur der Anerkennung als Wunder durchmachen. Außerdem ist es sicher schwierig, mit der Punze „Wunder von Lourdes" weiterzuleben. „Der mediale Druck, dem man dann ausgesetzt wird, kann sehr unangenehm sein", höre ich ihn sagen.

Außerdem veröffentlicht der Doktor ein vierteljährliches Bulletin, das in fünf Sprachen übersetzt und in 75 Länder verschickt wird. Darin geht es um das christliche Menschenbild. „Damit will ich den im Gesundheitsdienst Tätigen nahebringen, dass sich das Wesen des

Menschen nicht auf das Psychische und Leibliche reduzieren lässt. Gerade in unserem Jahrhundert ist es entscheidend, die spirituelle Dimension des Menschen zu sehen. Sie ist ja das Besondere am Menschen." Lachend fügt er hinzu: „Etwas boshaft sage ich den Ärzten immer: ‚Wenn ihr die geistige Dimension des Menschen außer Acht lässt, dann betreibt ihr Veterinärmedizin.'"

Damit ist aber nicht genug: „Ich halte auch Vorträge. Es werden wohl mehr als 100 im Jahr sein: in Lourdes, aber auch in anderen Städten und Ländern." Dabei, so erzählt er, mache er sich niemals Notizen. Er vertraue darauf, dass der Heilige Geist ihm die richtigen Worte eingeben werde – auch wenn ihn jemand nach einer Wunderheilung fragt.

„Und welche Heilung hat der Heilige Geist für die VISION-Leser vorgesehen?", frage ich. Er überlegt kurz und erzählt: „Eines Tages ruft eine Frau, eine Muslimin, an. In einer Auslage hätte sie mein Buch über Wunder in Lourdes gesehen. Jetzt wüsste sie erst, an wen sie sich wenden könne. Wir haben uns dann getroffen und sie hat mir ihre Geschichte erzählt:

„Sie hatte an Morbus Crohn, einer Erkrankung mit chronischer Entzüdung des Darms, Geschwüre, Fisteln, Abszesse können die Folge sein, gelitten. Als sie auf Anraten einer Freundin, die Christin ist, nach Lourdes gekommen war, hatte sie bereits zwölf Operationen hinter sich, ein schwerer Krankheitsverlauf, obwohl sie sich allen denkbaren Behandlungen unterzogen hatte. Täglich bekam sie 30 mg Cortison. Als sie nun in Lourdes ankommt, weiß sie eigentlich nicht, was sie hier soll. Also geht sie zu den Bädern. Und als sie ins Wasser steigt, ist ihr sofort klar: Sie ist geheilt.

Gleichzeitig macht sie aber eine noch beglückendere

Erfahrung: Gott liebt sie. Tief im Herzen wird sie von einer grenzenlosen Liebe getroffen und berührt. Noch am selben Tag setzt sie alle Medikamente ab, was bei Cortison gar nicht ungefährlich sein kann. Ich habe ihr geraten, ihren Arzt aufzusuchen, war aber sicher, dass sie wirklich geheilt war.

Die Geschichte aber geht weiter: Nach dieser Erfahrung wollte die Muslimin Christin werden. Ich riet ihr, den zuständigen Bischof ihrer Diözese aufzusuchen und blieb mit ihr in Kontakt. Zunächst hat sie sich nicht getraut dort anzuläuten. Dann aber hat das Gespräch 2 Stunden gedauert. Der Bischof, so habe ich erfahren, war ganz beglückt. Trotz des Widerstandes der Großfamilie hat er sie dann in der folgenden Osternacht getauft. Ihr Mann, ein Muslim hat allerdings, Gott sei Dank, ihren Schritt akzeptiert. Später hat sie, ganz ohne Komplikationen, ein Kind bekommen, was vorher unmöglich gewesen wäre."

Lächelnd fügt Dr. Theillier hinzu: „Wenn es mir schlecht geht, rufe ich sie gerne an."

Was bedeutet nun Lourdes heute für ihn, frage ich. „Was mich an Lourdes am meisten beeindruckt, sind die Menschen, die geheilt werden: ob es nun tief in ihrem Herzen geschieht, eine seelische Heilung oder körperliche Heilung ist. Wunderbar ist, dass körperliche Heilung in Lourdes eigentlich immer auch allgemeine Heilung des Menschen ist, auch auf geistiger Ebene, tief im Herzen."

Er fährt fort: „Jedes Mal, wenn jemand an meine Tür klopft, um mir seine Geschichte zu erzählen, bewegt mich das sehr. Da ist ganz offenkundig: Gott wirkt heute. Und immer wieder neu. Jede dieser Heilungen wirft mich irgendwie um. Für mich gibt es keinen Widerspruch zwischen meinem Glauben und der Wissenschaft. Es sind einfach zwei Zugänge, wie zwei Beine. Aber man darf sie nicht voneinander trennen. Ich möchte da den Satz von Johannes Paul II. zitieren: Wissenschaft und Glaube sind wie zwei Flügel, die es dem menschlichen Geist ermöglichen, sich bis zur Betrachtung der Wahrheit zu erheben. Ein Wunder ist nämlich eine Wahrheit, nicht nur eine einfache Tatsache."

Sichtlich innerlich bewegt meint er: „Meine Frau könnte Ihnen berichten, wie oft ich heimkomme und ihr von wunderbaren Begebenheiten erzähle, die ich während des Tages erleben durfte. An diese Erfahrungen kann man sich nicht gewöhnen. Wenn mich jemand fragt: Aber welches war das größte Wunder, so antworte ich: Sie sind alle wunderbar." Wichtig erscheint mir noch folgende Feststellung von Dr. Theillier: „Die Menschen, die nicht von ihren Krankheiten in Lourdes erlöst werden, bekommen Kraft und erfahren Trost für ihren schweren Weg – oder sie erleben eine innere Heilung. Die Priester in Lourdes bezeugen ja, dass die größten Wunder in der Versöhnungskapelle geschehen."

Mittlerweile haben die Teilliers 17 Enkelkinder – das letzte wird demnächst auf die Welt kommen. Welch schöne, wunderbare Geschichten kann dieser Großvater seinen Enkeln erzählen. Davon, dass Gott alles möglich ist, dass er aus allem Schwachen, Kranken und Sündhaften Heil schaffen kann. Und noch etwas: Möchte uns Gott nicht durch die Geschehnisse in Lourdes daran erinnern, dass eben der kranke, behinderte und sündige Mensch – gehören wir, wie Dr. Teillier meinte, nicht alle in zumindest eine dieser Kategorien? – für Ihn der ganz besondere ist, im Gegensatz zu unserer

Gesellschaft, wo jeder, der nicht der Norm von „jung, schön und g'sund" entspricht, sehr oft erleben muss, dass er als Mensch zweiter oder dritter Klasse gehandelt wird?

„Nicht die Gesunden brauchen den Arzt, sondern die Kranken." Lukas 5,31

P. Joseph-Marie Verlinde
Philosoph und Menschenfischer

Endlich ist es so weit. Gespannt warten wir, mein Mann und ich, auf das Erscheinen von Père Joseph-Marie Verlinde, mit dem wir in Paris anlässlich der Stadtmission ein Interview vereinbart haben. Aus Videokassetten und aus seinem Buch *Die verbotene Erfahrung* kennen wir seinen Lebensweg, der ihn aus seiner Heimat zum Hinduismus und New Age geführt hat, bis er nach vielen Irrwegen zu Jesus Christus heimgekehrt ist. Heute ist P. Verlinde Ordenspriester.

Er hat sich verspätet. Nun kommt er in Begleitung einiger junger, strahlender Mönche und Schwestern der Gemeinschaft „Die Familie des Hl. Joseph", die er vor Jahren gegründet hat, ins Zimmer. P. Joseph-Marie wirkt müde, lebt jedoch während des Gesprächs richtig auf und erzählt lebhaft aus seinem Leben. Mein erster Eindruck: asketisch, ein sanftes Wesen. Und sein Vortrag, den wir am selben Tag hören, wirkt sehr überzeugend. Keine Frage, der Mann ist redegewandt.

Nun aber zu seinem Lebensweg: 1947 wird Jacques Verlinde in Flandern geboren. Er hat eine schöne Kindheit, die er „ganz in der Nähe Jesu" verbracht hat. Zu seinen liebsten Erinnerungen gehören die Zeiten als Ministrant. Seine Mutter ist eine praktizierende Christin. Sein Vater, ein Steinmetz und geradliniger Mensch, wird erst am Ende seines Lebens zum Glauben finden.

Schon mit fünf Jahren darf der kleine Jacques zusammen mit seiner älteren Schwester – das spart Kosten – die Erstkommunion empfangen. Schmunzelnd erzählt der sympathische Ordensmann: „Nachdem der Pfarrer mit mir gesprochen hatte, erklärte er den Nonnen, die so ein kostenbewusstes Vorgehen missbilligten: ‚Wenn dieser Bub nicht zur Erstkommunion gehen darf, dann darf es keiner.'"

Jacques ist nicht nur bei der Erstkommunion früh dran, sondern auch bei seiner Schullaufbahn. So ist er noch keine 16, als er maturiert, um mit dem Studium der Naturwissenschaften zu beginnen. Noch vor seinem 21. Geburtstag – er steht knapp vor der Dissertation – kommen all die Probleme der verrückten 60er Jahre auf ihn zu. Den damals gepredigten philosophischen Vorstellungen hat er nichts entgegenzusetzen, insbesondere der Infragestellung aller Institutionen, vor allem auch der religiösen. Erfolgreich wird ihm eingeredet, man müsse alle religiösen Krücken abwerfen, um in der Fülle leben zu können.

Nun traut er sich kaum mehr, sich Gott zu nähern. In der Kirche bleibt er hinter den Säulen stehen, verfolgt das Geschehen nur aus der Entfernung. Es ist für ihn ein echtes Losreißen von der Hand des Herrn, als er eines Sonntags seiner Mutter erklärt, er gehe von nun an nicht mehr in die Messe mit. Kaum hat er das gesagt, flüchtet er in sein Zimmer und weint. Aus intellektueller Redlichkeit bleibt er bei seiner Entscheidung.

Jacques Verlinde beendet sein Studium mit Auszeichnung, beginnt mit der Dissertation in analytischer Chemie im Labor für Nuklearchemie und stürzt sich in die Forschung. Er arbeitet fulltime in einem Labor, hat eine interessante Tätigkeit und ist auch bald für Studenten verantwortlich. Doch er merkt, dass ihm die spirituelle Dimension im Leben abgeht. Also zurück zur Kirche? Unmöglich, da das Christentum rundherum schlecht gemacht wird, während östliche Denkungsweisen langsam an Boden gewinnen.

Als er einmal ein Plakat mit einem Inder im weißen Sari sieht, beschließt er, sich das anzuschauen. Von Initiation ist die Rede und der junge Wissenschafter ist neugierig, ob man da tiefe geistige Erfahrungen machen könne. Die Meditationstechnik, die vorgestellt wird – sie soll zu höheren Bewusstseinszuständen führen –, beeindruckt ihn und er lässt sich auf sie ein.

Da er, wie er lächelnd erklärt, immer alles gründlich mache, meditiert er gleich statt der vorgeschlagenen zweimal 20 Minuten dreimal bis zu einer Stunde täglich, auch nachts. So macht er zwar interessante Erfahrungen, ist jedoch bald nicht mehr imstande, seiner

Arbeit nachzukommen – in der Nuklear-Chemie eine gefährliche Sache. Der leitende Professor, zu dem er ein freundschaftliches Verhältnis hat und der von seiner spirituellen Suche weiß, rät ihm zu einem Urlaub.

Diesen verbringt Verlinde bei dem berühmten Guru Maharishi, der sein Hauptquartier damals in Spanien hatte. Er wird freundlich empfangen und Maharishi veranlasst ihn, die transzendentale Meditationstechnik noch weiter zu intensivieren, um tiefsitzende Spannungen zu lockern. Er bildet ihn als Leiter von Initiationskursen (die zur Verleugnung Jesu führen) aus. Am liebsten würde der junge Mann bleiben. Doch der Guru – er umgibt sich gerne mit Wissenschaftern – beauftragt ihn, zunächst seine Dissertation fertigzustellen.

Zurück in Belgien gibt Jacques Kurse in Meditation und führt seine akademischen Arbeiten zu Ende. Seine Dissertation, die er dem Guru widmet, wird 1971 angenommen. Jacques ist 24.

Und dann ab nach Spanien, wo Verlinde bald zum Privatsekretär des Guru avanciert. „Von vornherein war mir klar, dass die Nähe des Meisters für mich den spirituellen Wert darstellte", erinnert sich der Ordensmann an diese Zeit. Von da an begleitet er Maharishi auf dessen Reisen in aller Herren Länder. Er steht vor ihm auf, geht erst nach ihm schlafen, bereitet alles vor. Alles läuft über ihn. Vier Jahre taucht er tief in den Hinduismus ein. Besonders schätzt er die wiederholten Aufenthalte in den Ashrams des Himalaya. Hier wird in bescheidenen Bungalows gehaust. Der Tag besteht aus Meditation und vielfältigen Unterweisungen des Meisters.

Alles ist Teil des göttlichen Wesens, hört Jacques: der Stein, auf dem er sitzt, der Vogel, die Blumen ringsum – und auch der Mensch. Alle äußeren Erscheinungsformen sind Illusion, Illusion auch, dass er ein „Ich" sei. Gott ist kein persönliches Gegenüber, sondern alles sei göttlich, Teil des Göttlichen. Verlinde lernt alles über Theorie und Praxis der Meditation, er beherrscht die Körperhaltungen, Drehungen der Wirbelsäule und die Atemtechnik des Yoga. Letztere kann zu extrem verlangsamter Atmung führen, ja bis zu einem gewollten Atemstillstand. Ziel der Übungen und Techniken ist es, die irdische Energie, mit der der Yogi durch die Wirbelsäulenbasis verbunden ist, zum Aufsteigen zu bewegen – hinauf bis zum Scheitel des Kopfes, wo die irdische auf die kosmische Energie trifft.

Dann löst sich das individuelle Bewusstsein auf. Durch den Weg ins Innere soll der „Kern der Person in einer undifferenzierten Leere" aufgelöst werden. Jeder Denkakt wird abgewürgt. Diese Leere, Samadhi genannt, erlebt Verlinde mehrmals während langer Meditationsphasen, eine Erfahrung, die im wiedererlangten Bewusstsein Spuren hinterlässt – eine faszinierende, aber keine Glückserfahrung, eine unermessliche, letztlich trostlose Leere.

Nicht nur diese Leere löst in ihm Unruhe aus: Auf seinen Reisen mit dem Guru erlebt Verlinde immer, dass Sterbende auf der Straße oder Leprakranke, die dringend der Hilfe bedürften, einfach nicht beachtet werden. „Komm lass ihn, es geht um sein Karma", hört er den Guru sagen. Zuerst ist er wie versteinert, gehorcht aber dann. Man erklärt ihm: Diese Menschen seien auf Grund früherer schlechter Taten in die Misere geraten, sie zahlten nun einen „karmischen" Zoll. Wer ihnen hilft, hindert sie daran, im jetzigen Leben ihr schmerzliches Karma zu durchleben. „Jeder ist letztlich allein auf seinem Weg der Selbstbefreiung", so die Vorstellung.

Von Menschen mit einem schweren Karma müsse man sich fernhalten, wenn man über einen bestimmten Grad seiner Evolution hinaus will.

Zweifel stellen sich ein. Sollte das die Wahrheit sein, dass der Mensch nichts ist „als ein Schatten von Realität, der mit seinem Karma kämpft"? Die Unruhe nimmt zu. Kann man überhaupt lieben, wenn man als eigenständige Person gar nicht existiert? Und dennoch: Zunächst sieht er keinen anderen Weg, als den eingeschlagenen weiterzugehen und seinem Meister zu vertrauen.

Jesus, der wahre Weg, lässt jedoch nicht locker: Die Gesundheit der Leute um den Guru, die sich dem Weg des Meisters verschrieben haben (fast kein Schlaf, wenig Nahrung, Initiationsriten, Meditationen, Yogaübungen), ist nicht besonders gut. Der Guru lässt Ärzte aus dem Ausland anreisen, um der Ursache der schlechten Gesundheit auf den Grund zu gehen.

Es kommt auch ein französischer Naturheiler, ein Christ. Er ist es, der Jacques die Frage stellt, die sein hinduistisches Universum zum Kippen bringt. Nachdem er von der christlichen Vergangenheit Verlindes gehört hatte, fragt er ihn: „Und wer ist Jesus Christus jetzt für Sie?"

Mit großer Dankbarkeit erzählt der Pater, was dann passiert ist: „Ich hörte den Namen Jesus, und er sank bis in den Urgrund meines Bewusstseins. Es war als hätte dieser Name etwas in mir zum Schwingen gebracht. Ich stürze auf die Knie und erkenne die Anwesenheit Jesu, eine Präsenz von unendlicher Zärtlichkeit, Barmherzigkeit und grenzenlosem Mitgefühl, die sich in mein Herz ergießt." Die innere Gewissheit ist da: Es ist Jesus mit der ganzen Dichte des Evangeliums.

Erst jetzt spürt Verlinde all das Elend seines Lebens

und es ist ihm, als würde Jesus ihn, ohne Vorwurf oder Tadel, fragen: „Wie lange noch willst du mich warten lassen?" Jacques weint Tränen der Reue über seinen Verrat, dass er den verstoßen hatte, den er geliebt hatte. Doch dieser war ihm bis ans Ende der Welt gefolgt. Jetzt weiß er, dass er nun klare Verhältnisse schaffen muss. Jesus hat einen Auftrag für ihn.

24 Stunden später ist er mit einem kleinen Koffer, seinen Papieren und einem Leben, dass er neu mit dem Herrn gestalten will, wieder in Europa, in Frankreich. Offen und demütig erzählt er von dem folgenschweren Fehler, den er gleich bei seiner Heimkehr begeht: „Ich bin zwar ab diesem Zeitpunkt täglich in die Messe, zur Anbetung gegangen, habe auch – wohl eher oberflächlich – gebeichtet, habe Rosenkranz gebetet, aber ich hatte nicht die Demut, in den Schoß der Kirche zurückzukehren, indem ich mich einem Priester wirklich anvertraut hätte. Es war mir unangenehm, von mir zu erzählen, einem Forscher, der Jünger eines Gurus wird und dann zurückkehrt. Was würde ein Priester da sagen?!

Ich war mir auch nicht der Tragweite meines Handelns, insbesondere der Initiationsriten bewusst. Dabei hätte ich in der Kirche die so nötige geistige Heilung erfahren können, um aus dem medialen Zustand, in dem ich mich trotz meiner Umkehr immer noch befand, herauszufinden. So wurde ich eine leichte Beute für eine Sekte, die sich zwar auf den Namen Jesu berief, aber auch von Karma, Energie und Reinkarnation sprach. Das interessierte mich. Da befand ich mich auf vertrautem Gebiet."

Ohne es zu wissen, landet Jacques Verlinde in einer esoterischen Gruppe von Rosenkreuzern. Schnell erkennen die Verantwortlichen, dass er durch all die Übungen in Indien für okkulte Kräfte offen ist. Sie erklären ihm: „Hör mal, du hast da Gaben von Gott geschenkt bekommen. Du musst dich in den Dienst deiner Nächsten stellen."

Kopfschüttelnd erzählt der Pater weiter: „Und ich, gänzlich unbedarft, habe mich auf das eingelassen! Sie haben mir ein Pendel in die Hand gedrückt – und es hat prächtig funktioniert, so gut, dass ich es bald nicht mehr gebraucht habe. Ich sah, was den Menschen fehlte, war also eine Art Hellseher. Und wenn ich jemandem die Hand auflegte, fühlte er sich gleich besser. Also war ich auch ein Heiler."

Noch erkennt Verlinde nicht, dass da nicht Gott heilt, sondern Heilung durch okkultes Wissen geschieht. Verlinde fährt fort: „Bald konnte ich die Gedanken der Menschen lesen. Nach kürzester Zeit hatte ich also viele okkulte Fähigkeiten. Was ist da nur los, habe ich mir gedacht. Etwas beunruhigt war ich schon."

Er stellt fest, dass Personen die ihn konsultieren, in ihm plötzlich einen Guru sehen. Missbraucht er da nicht die Freiheit von Menschen? Darf er in die psychische Intimität seiner Brüder eindringen? Die Besorgnis verstärkt sich in einer der therapeutischen Sitzungen: „Ich höre einen Ruf, öffne die Augen und sage: Ja. Aber es ist niemand da. Und dann noch einmal. Ich denke: Na, jetzt bist du offenbar übermüdet, vielleicht schizophren. Der Gruppenleiter jedoch meint: ‚Wir kennen das. Damit du diese Fähigkeiten hast, muss in dir ein heilender Geist am Werke sein. Ruf ihn an. Hör auf das, was er dir sagen wird. Er wird dir helfen.'"

Verlinde reagiert heftig. Mit Geistern will er nichts zu tun haben. Jesus treibt die Dämonen schließlich aus.

Darauf der Leiter: „Es geht ja nicht um solche Geister, bei Dir geht es um heilende Engel." Und so macht sich Verlinde mit „heilenden Engeln" auf den Weg.

Doch eines Tages verrät sich der „heilende Engel": „Ich bin auf der Durchreise nach Paris und suche, wie jeden Tag, eine Messe. Ich nehme an ihr teil. Als aber der Priester den Leib und das Blut Christi emporhebt und spricht: ‚Durch Ihn und mit Ihm und in Ihm', höre ich den „heilenden Engel" Blasphemien sprechen. Ich bin entsetzt!

Nach der Messe bin ich in die Sakristei, erzähle dem Priester, was mir passiert ist. Er darauf: ‚Das wundert mich nicht – ich bin der Exorzist der Diözese.' Dieses Detail ist wichtig, bin ich doch täglich in die Messe gegangen, aber so etwas hatte sich noch nie abgespielt. Es war die Autorität, mit der dieser Priester ausgestattet war, die den Dämon gezwungen hat, sich erkennen zu geben.

Ich habe sofort verstanden und den Herrn um Vergebung gebeten. Exorzismen und Befreiungsgebete waren nötig, um freizukommen. Diese Zeit gehört zu den härtesten meines Lebens. Andrerseits war es auch eine Zeit der Gnade, in der ich innerlich an diesem geistigen Kampf der Finsternis und des Lichts teilhaben durfte." Alle „Gaben" legt er dem Herrn hin und schlagartig verliert er sie – was deren Ursprung deutlich macht.

Aus eigener Erfahrung kennt Père Verlinde, wie gefährlich es ist, den Spiritismus (Magnetismus, Kartenlegen, automatisches Schreiben, Tischerücken, Pendeln ...) – wie heute üblich – zu banalisieren. Die Geister, die sich in das Leben der Medien, aber auch der sie konsultierenden Menschen einschleichen, erzeugen schwerwiegende spirituelle, psychische und körperliche Probleme. „Hier handelt es sich um eine Art von okkultem Vampirismus", warnt er. Die „Heilungen" sind nur Symptomverschiebungen, die oft ärgere Probleme auf anderer Ebene zur Folge haben. Dann helfen nur Befreiungsgebete, um von den Fesseln loszukommen.

Zurück zur Geschichte: Verlinde wendet sich also von allem Okkulten ab und dem Projekt zu, das in seinem Herzen gewachsen war: Mönch und Priester zu werden. Zehn Jahre lebt er nun in verschiedenen Priesterseminaren und dissertiert in Philosophie über Fragen der Beziehung zwischen Wissenschaft und Glauben. Jedes einzelne dieser Jahre ist wichtig für seine innere Heilung. „Es ist eine Sache, befreit zu werden, aber damit das Herz im Innersten heil, damit der Intellekt wieder klar wird, damit das ganze Wesen gesundet, das braucht Zeit. Dass mir diese geschenkt wurde, war wirklich ein Segen." 1983 wird Jacques Verlinde zum Priester geweiht.

„Es waren sehr fruchtbare Jahre der Stille und Anbetung. Der Herr hat mich in dieser Zeit für die Gemeinschaft, der ich jetzt angehöre, vorbereitet. Sie ist entstanden, als ich zum Professor an der Universität von Lyon ernannt worden bin." Dort hält er Vorlesungen für Ingenieure und Kurse, in denen er über die Sinnhaftigkeit des Glaubens vor den Naturwissenschaftern spricht. Diese gehen begeistert mit. Oft muss man sie abends rausschmeißen, weil die Zusammenkünfte zu lange dauern. Die Jungen wollen sich nicht von ihm trennen. (Wenn ich mir seine fesselnde und doch ruhige Art zu erzählen in Erinnerung rufe, kann ich gut verstehen, dass er junge Intellektuelle fasziniert. Er ließ sich übrigens von Leuten, die während des Interviews hereinschauten und ihn unterbrachen, nicht aus der Ruhe bringen und reagierte freundlich.)

Schließlich sieht man sich nach einer anderen Lokalität um, wo man weiterdiskutieren kann, ein seit langem geschlossenes Noviziat bietet sich an. „Wir haben wunderbare Zeiten erlebt. Menschen haben sich taufen und firmen lassen. Ich habe damals allein, ein wenig nach Mönchsart gelebt", erinnert sich der Pater.

Nach einem Jahr sagen einige aus der Gruppe: „Könnten wir nicht mit Dir zusammenleben?" Der junge Priester überlegt: „In einem Monat zu Pfingsten wollten wir zusammenkommen. Ich bat den Herrn, uns dann ein Zeichen zu geben, ob das Seinem Willen entspreche. So etwas darf nicht nur dem Enthusiasmus einiger Jugendlichen entspringen, die sich um einen etwas erfolgreichen Professor scharen."

Am Vorabend von Pfingsten zieht P. Verlinde sich in die Kapelle zurück. Das Allerheiligste ist ausgesetzt. Der Reihe nach kommen alle jungen Leute in die Kapelle. Und in dieser Nacht findet wahrhaft eine Ausgießung des Heiligen Geistes statt. Für die Gruppe ein starkes Zeichen anzufangen. Die Geburtsstunde der Gemeinschaft.

„In unserer Gemeinschaft gibt es Laien und Priester, auch Ehepaare, die in enger Verbindung mit dem Kern der Gemeinschaft, die aus Mönchen und Nonnen besteht, stehen. Letztere leben in getrennten Häusern, kommen aber zum Gebet zusammen. Wir haben jetzt eine Niederlassung in Lyon und eine in Nancy. Außerdem gibt es ein Bauernhaus in Ars, wo junge Menschen mit großen familiären, schulischen oder sozialen Schwierigkeiten einen neuen Sinn im Leben finden können", erzählt mir der Père, der sich seit Gründung der Gemeinschaft „Familie des Hl. Joseph" im Jahr 1990 Joseph-Marie nennt. Ein Video zeigt, wie anziehend dieses Gemeinschaftsleben ist, in dem auch fröhliche, gemeinsame Mahlzeiten im Sonnenschein auf der Wiese bei einer guten Flasche Wein nicht zu fehlen scheinen.

Und die besondere Aufgabe der Gemeinschaft, frage ich: „In der Zeit der inneren Heilung hat mich der Herr für unser jetziges Charisma vorbereitet: Wir bieten Einkehrtage für innere Heilung an, laden ein, die eigene Geschichte im Licht des Wortes Gottes und des Heiligen Geistes durchzugehen, um sich für eine umfassende Heilung zu öffnen und freizuwerden von Verletzungen, die uns daran hindern, so voranzuschreiten, wie wir möchten. Wer die eigene Geschichte dem Heiligen Geist übergibt, kann in der Liebe leben und tun, was Gott für ihn vorgesehen hat. Darum geht es letztlich."

Jeder kann kommen, doch die Warteliste ist lang. Mit seinem sanften Lächeln, den Kopf leicht schief geneigt, betont P. Joseph-Marie abschließend: „Es ist ein wunderbarer Dienst." – Und wir beschließen, mein Mann und ich, bald die Gemeinschaft aufzusuchen.

Jakob Weitlaner
Ich kann wirklich kaum nein sagen

Ein Senkrechtstarter in den Himmel", „ein Engel", „kein Beamter, sondern ein Heiliger". Ich kann mich nicht erinnern, von verschiedensten Menschen so viel uneingeschränkte Hochachtung, Zuneigung und Bewunderung gehört zu haben wie über Regierungsrat Ing. Jakob Weitlaner, den seine Freunde übrigens Jacky rufen.

Es ist sehr schwer, seine ganz besondere, gefühlvolle Art, Menschen Hilfe zu leisten, zu beschreiben. „Wo die Not am größten ist, da ist der Weitlaner Jakob am nächsten" – dieser Ausspruch des ehemaligen Gemeindesekretärs von Gamlitz in der Südsteiermark charakterisiert den Mann, der Jahrzehnte hindurch dort für Erdrutsch-Sanierungen und Entwässerungen zuständig war, wohl recht gut. Herr Gramm aus Gamlitz hatte als Gemeindesekretär beruflich viel mit ihm zu tun gehabt: „Ein ganz feiner Mensch, der seine Arbeit immer 150 Prozent ausgeführt hat. Er war sofort da, wenn etwas passiert ist. Die Zeit hat da keine Rolle für ihn gespielt." Ob Tag oder Nacht, Wochenende oder Feiertag, immer ist Weitlaner bereit, mit ganzem Einsatz schnell Rat und Hilfe zu bringen.

Als ein neuerbautes Haus vom Erdrutsch gefährdet ist, kommt er sogar am Ostersonntag. Ein anderes Mal rutscht um 15 Uhr vor einem Wohnblock der Hang weg – und um 18 Uhr beginnen die Maschinen mit der Sanierung. Es gebe wohl nicht viele Weinbauern in der Südsteiermark, die sich nicht dankbar an ihn erinnern, meint Gramm. „Er hat sich stets persönlich um alles gekümmert, alle notwendigen Daten erhoben und geplant. Er hat saniert und sich persönlich für eine maximale materielle Unterstützung jedes einzelnen Weinbauern durch die öffentliche Hand eingesetzt."

Eine Bäuerin aus der Umgebung von Gamlitz bestätigt: „Ja, der Herr Weitlaner, der hat halt auf alle geschaut. Er hat immer alles in Bewegung gesetzt, um Menschen zu helfen. Wenn nötig, hat er die zuständigen Leute aus Wien hergeholt, damit geholfen wird. Als wir einmal meinten, es ginge nicht mehr weiter, weil uns in der Nacht mit einem Mordskrach der Hang mit allen Obstbäumen abgerutscht ist – nur das Haus hat noch gehalten –, da hat er uns wunderbar geholfen. Er hat uns Mut gemacht, weiterzumachen, hat entwässert und befestigt – und war einfach immer da, bis alles saniert war ..."

Was aber erzählt mir Jakob Weitlaner (vielleicht nicht ganz freiwillig) selbst über sich? „Meine Wurzeln sind in Südtirol. Dort wurde ich in Innichen – so wie drei meiner fünf Geschwister – 1937 geboren." 1940 wird die Familie, die nicht für Italien optiert, nach Österreich ausgesiedelt. Das schöne Haus in Innichen wird ihnen für ein wertloses Stück Papier abgenommen. Der Vater muss damals sofort seinen Dienst in Graz beginnen und 1943 einrücken. Für Jakob beginnt in Graz die Schule, unterbrochen von den Bombenangriffen, bei denen er in Luftschutzkellern unter Todesängsten leidet. Zwei Jahre verbringt die Familie dann auf dem Land. An den Hunger, den er immer hatte, erinnert er sich heute noch genau. Wohl ein Grund, warum er, wie er lächelnd meint, heute nichts stehenlassen kann.

1946 kommt der Vater aus der Kriegsgefangenschaft. „Die Mutter war von unendlicher Güte und Liebe," erinnert er sich liebevoll. „Vor dem Vater hatten wir Angst, aber er hat uns wohl trotzdem geliebt, nur haben wir das damals nicht verstanden." Gegen den Willen des Vaters, der seinen Sohn lieber als Lehrer sehen würde, beginnt Jakob – der ein richtiger Autofreak ist – mit 14 eine Lehre als Automechaniker. Beinahe hätte er keine Lehrstelle bekommen, denn erstens sind die Lehrstellen sehr rar und zweitens ist der heute 1,88 Meter große Mann damals so klein, dass ihn keiner nehmen will.

Die Pfarre ist schon damals seine zweite Heimat. Er ist Ministrant und auch bei der katholischen Arbeiterjugend engagiert. Er ist kaum 18, als er dort die 16-Jährige

Hannelore kennenlernt. Bei beiden ist es die ganz große Liebe. Jakob arbeitet in dieser Zeit als Mechaniker bei einer Fordwerkstätte.

1957 muss er einrücken. „Von der inneren Einstellung her war ich alles, nur kein Soldat", erinnert er sich. Allerdings spürt er vom Soldatenleben zunächst nicht viel, da er gleich zu einer Werkstätte abgestellt wird. Die Arbeit an Panzern und schweren Motoren aber macht ihm Spaß. Seine Vorgesetzten reden ihm zu, sich doch auf neun Jahre zu verpflichten, und der junge Mann unterschreibt in der Annahme, er werde in der Werkstätte bleiben. Kurz darauf aber wird er zur Kompanie zurückversetzt, wo er zwar auch in einer Werkstatt arbeitet, zu seinem Verdruss aber auch an allen Übungen und Manövern mitmachen muss.

1959 heiratet er Hannelore. Um sich beruflich verändern zu können, beschließt er, in Abendkursen die Arbeitermittelschule und einen Abiturientenlehrgang in der Baufachschule zu besuchen. „Die Schulzeit – es waren 5 Jahre – hätte ich nie geschafft, wenn mich meine Frau nicht unterstützt hätte", erinnert er sich dankbar. „Sie hat immer auf mich gewartet, da war es schon gegen elf, dann haben wir noch etwas gegessen, ein bisserl getratscht und manchmal musste ich auch dann noch lernen."

An den Wochenenden arbeitet er auch noch an Tankstellen, denn 1961 wird Sohn Andreas geboren und das Geld wird sehr knapp, weil die junge Mutter von da an zu Hause bleibt. 1964 kommt Gabi zur Welt. Trotz der vielen Arbeit ist er voll Dankbarkeit, wenn er sichtlich bewegt an diese Jahre zurückdenkt: „Es war so eine wunderschöne Zeit, ich erinnere mich so gerne, eine wunderbare Harmonie in der Familie. Wir waren sehr genügsam: Wenn wir spazieren gegangen sind und einmal ein Eis essen konnten, dann hatten wir schon eine große Freude."

Nach Beendigung seiner Studien kann er sich beim Heer pragmatisieren lassen. Und als Beamter darf er nun auch den Job wechseln. Was er auch prompt tut: Er beginnt beim Land Steiermark in der Baudirektion zu arbeiten. Als Bautechniker wird er zum zuständigen Ansprechpartner für Erdrutsch-Sanierungen und für Entwässerungen, vor allem in der Südsteiermark.

Noch heute ist er sehr froh über diese Entscheidung: „Ich habe so einen Segen gehabt, dass ich in diesen Beruf eher zufällig hineingeschlittert bin. Es ist so wunderbar, dass es mir möglich war, so vielen Menschen, die total verzweifelt waren und nicht mehr ein noch aus wussten, helfen zu können. Es ist so gut, dass ich da mein Wissen und mein Können einsetzen konnte und dass ich vor allem auch wusste, wo man finanzielle Hilfe erwarten konnte." Und als Nachsatz: „Es ist doch nichts Besonderes, wenn man seine Arbeit mit ganzem Herzen macht. Ich wurde dort hingestellt, um den Menschen zu helfen". Bei diesen Worten schwingt in seiner Stimme – ich kann es nicht anders beschreiben – eine Mischung von Demut, Dankbarkeit und Selbstverständlichkeit. Lächelnd meint er noch: „Und ich wurde auch noch dafür bezahlt" – wozu also darüber reden oder schreiben?

Die Leute rund um ihn herum sind allerdings anderer Ansicht. Da möchten alle seine besondere Liebe und aufopfernde Hingabe für die Menschen herausstreichen. Offenbar trägt er gern das Kreuz anderer mit, weil er selbst ein schweres Kreuz zu tragen hat!

Denn 1969 erkrankt seine junge Frau schwer. Vier Jahre dauert das schreckliche Krebsleiden. Jacky pflegt sie liebevoll und unermüdlich, gibt ein Vermögen aus für die teuersten Medikamente, immer in der Hoffnung, sie könnten helfen. Trotz allen Einsatzes stirbt seine Frau 1973 zu Hause – und die Kinder sind 9 und 12.

Die große Liebe zu seiner Frau und seine Erschütterung sind nach wie vor spürbar, als er über die Zeit danach erzählt: „Ich hatte gedacht, dass ich so fest im Glauben bin. Aber das mit meiner Frau, das hat mich damals umgehauen. All die Fragen: Warum? Wem nützt das? Was ist mit den Kindern? Sie war doch so eine liebe Frau! Überall beliebt, hat in der Pfarre mitgeholfen … Wozu soll das gut sein? Dann kam auch eine Depression. Und dabei hätte ich der Starke für die Kinder sein sollen. Ich war einfach untröstlich."

Ein Jahr nach dem Tod seiner Frau leidet Jakob Weitlaner mittlerweile an Angina Pectoris, einer schweren Herzerkrankung. Sie sei wohl – meint er – durch die jahrelange ständige Angst um seine Frau, das enorme Schlafdefizit, die viele Arbeit, die großen finanziellen Probleme ausgelöst worden.

In dieser Zeit hat er eines Tages folgendes Erlebnis: „Der Weg zu meinem Amt führte mich der Mur entlang, und wieder hatte ich diesen Druck auf der Brust. Ich bleib' stehen, halt mich am Geländer fest. Daneben Sträucher und Bäume. Plötzlich schau' ich direkt in eine Blume hinein … Und da war es, als würde ich es hören: ‚Schau Jacky, die habe ich für dich blühen lassen, damit du dich freust. Alles hab ich dir nicht geben können, auch wenn du es nicht verstehst. Schau mich an und freu' dich.'"

An seiner Art, das Erlebte zu erzählen, ahne ich, dass er in diesem Moment viel Liebe empfangen haben muss: „Das war die Wende. Ich konnte mich wieder an kleinen Dingen freuen. Von da an ist es bergauf gegangen. Das

Vertrauen in Seine unendliche Güte und Liebe konnte wieder wachsen – so schwer es auch war."

Seine Familie hält ganz fest zusammen. Die Schwiegermutter betreut die Kinder nach der Schule, bis der Vater heimkommt. Und der Vater, so erzählt mir seine Tochter Gabi – mittlerweile Mutter von zwei Teenager-Mädchen –, verbringt so viel Zeit wie nur möglich mit den Kindern. Mit jedem Problem, jeder Sorge, egal was es war, können sie zu ihm kommen. Böse Worte kennt man im Hause Weitlaner nicht.

Um die Kinder selbst betreuen zu können, habe der Vater auf alles verzichtet, erinnert sich Gabi dankbar: „Wir sind mit viel Liebe getragen worden. Obwohl meine Mutter so früh gestorben ist, hatten wir eine wunderschöne Kindheit. Er hat z. B. Geld aufgenommen, um mit uns auf Urlaub zu fahren, nur damit wir einmal eine schöne Erinnerung daran haben könnten. Er hat auf alles geschaut, war immer für uns da. Mein Vater, mein Bruder und ich sind sehr stark miteinander verbunden. Er hat auch dafür gesorgt, dass wir ganz selbstverständlich immer mit der Mutter gesprochen haben. Sie war nicht da, aber für uns war es klar, dass sie uns hören konnte." Und so kann sie heute sagen: „Ich habe zwei Engel: einen im Himmel, das ist meine Mutter und einen auf der Erde, das ist mein Vater."

Leichter zu tragen war das alles, wie sie meint, weil der Vater sie im Glauben erzogen hat. Jesus als Mittelpunkt der Familie: „Dafür bin ich ihm sehr dankbar. Ich versuche den Glauben nun meinen Kindern mitzugeben." Auch dabei helfe der Vater, bei dem die junge Familie wohnt.

Zurück in die Vergangenheit: Jahrzehnte lang bewahrt er bei unzähligen Einsätzen Menschen davor, nach

Unwettern Haus, Grund und Boden zu verlieren. Bald kennt er fast jeden Hang in der Gegend um Gamlitz. Immer wieder – so lerne ich – muss ein Hang durch Anker zum Berg hin befestigt werden. Oft nimmt er die Kinder, solange sie noch klein sind, zum Außendienst mit. Und sie erleben dabei, wie liebevoll der Vater mit den Menschen umgeht.

„Jeder Fall war sein wichtigster", meint Traude Schröttner (Porträt VISION 2/01), die mich auf Jakob Weitlaner aufmerksam gemacht hatte. „Ich weiß, dass er nächtelang nicht geschlafen hat, bis eine Lösung für ein Problem gefunden war. Er ist unglaublich mitfühlend." Sie erinnert sich, dass eine Bäuerin, der er geholfen hatte, ausrief, als sie ihn sah: „Mein Engel, mein Engel ist da." Er sei ein Mensch, der nicht nein sagen kann und für den der Satz „Das geht nicht" nicht existiert, ergänzt Traude. Und sie erzählt: Als in unserem Nachbarland der Krieg beginnt, wird der Gebetskreis der Pfarre Karlau in Graz durch den Brief eines Pfarrers aus Kroatien auf die dortige Not aufmerksam. Traude Schröttner und Jakob Weitlaner – beide gehören dem Gebetskreis an – sind sofort fürs Helfen. Von Traude weiß ich, dass diese Aktion sieben Jahre gedauert hat.

Sie selbst organisiert, telefoniert und erbettelt – und Jakob Weitlaner, der als Autofreak in seiner Jugend alle Führerscheine gemacht hat, betätigt sich als Chauffeur des Lkw, mit dem sie zwischen 1991 und 1998 an 200 Wochenenden in das Flüchtlingslager nach Kroatien fahren. Die 1.400 (!) Tonnen Güter und die Möbel für neue Wohnungseinrichtungen, die dabei transportiert werden, sammelt Jacky zunächst in Graz ein, lagert sie in der Pfarre, ladet sie dann auf den Laster und unten in Kroatien wieder aus.

Diese Wahnsinnsarbeit hätte eigentlich gar nicht möglich sein dürfen wegen der schweren Gesundheitsprobleme meines Gegenübers: „Ich hatte jahrelang mit dem Kreuz zu tun. Oft wahnsinnige Schmerzen. Manchmal musste ich Gabi in der Nacht bitten, mir zu helfen, mich im Bett umzudrehen. Oft konnte ich nicht schlafen, bin stundenlang in der Wohnung spazieren gegangen. Ich war bei vielen Spezialisten, doch ohne Schmerzmittel – manchmal auch mit – habe ich es nicht ausgehalten. Zu Beginn der Kroatienaktion aber war das plötzlich weg, ist auch nicht wiedergekommen – trotz der enormen Schlepperei."

Zufall? An den glaubt er nicht. Und wie war das mit den Herzproblemen? Sehr berührend erzählt er: „Von meinem Herzleiden bin ich auf wahrhaft wunderbare Weise vor ungefähr elf, zwölf Jahren, also auch vor der Kroatienaktion, befreit worden. Wir hatten damals einen Priester aus Ruanda, der sehr undeutlich Deutsch sprach. Eines Tages während der Messe bekomme ich wieder so einen Druck auf dem Herzen – ein Herzanfall. Vor der Kommunion wollte ich aber den Spray nicht nehmen, damit ich Jesus nicht in dieser Wolke von Nitroglycerin empfange."

Er geht also zur Kommunion und stellt fest, dass er den Spray nicht mehr braucht. Der Schmerz ist weg. „Nach der Kommunion hat der Priester etwas gesagt, aber ich konnte es nicht verstehen. Traude fragt dann nach der Messe ganz aufgeregt: ‚Also wen hat das betroffen?' Die anderen Männer und Frauen – wir waren nur wenige – und ich wussten nicht, wovon sie redet. ‚Was betroffen?', frage ich. Da sagt sie, der Pater habe nach der Kommunion auf sein Herz deutend erklärt, es sei hier ein Mann mit Schmerzen in der Brust und Jesus heile ihn jetzt." Es ist kein Zufall, dass Jakob Weitlaner nie wieder Schmerzen bekommen hat.

Im Rückblick auf die Kroatienaktion – ohne Schmerzen – meint er: „Ich bin so dankbar, dass ich das alles tun konnte. Die Freude hat immer die Arbeit überwogen. Etwa als wir versprochen hatten, dass wir am Karfreitag nach Maria Bistrica kommen würden. Da sehr viel Verkehr war, sind wir erst spät abends im Flüchtlingslager angekommen. Und da hatten doch wirklich 40 bis 50 Kinder auf uns gewartet, um uns ein Ständchen zu bringen! Welche Freude. Die Müdigkeit war verflogen" – eine Freude, die ich dem gefühlvollen Mann heute noch ansehe.

Heute noch wird wöchentlich eine Lieferung Brot für die Pfarre in Kroatien zusammengestellt. Das macht Jakob Weitlaner mit einem ehemaligen Angestellten der Bäckerei, die ihnen das übriggebliebene Brot zur Verfügung stellt, jedes Mal 800 bis 1000 Kilo Brot und Gebäck: Fast jeden Tag schlichtet er da stundenlang in der heißen Bäckerei das Gebäck, verpackt jedes Stück einzeln zum Einfrieren, damit es zur wöchentlichen Abholung durch die Kroaten konserviert wird.

Derzeit sammelt der Gebetskreis für den Kamillianerpater Gots, der die Menschen an der ungarisch-ukrainischen Grenze, wo sein Kloster steht, vor dem Verhungern retten möchte. Geht es darum, erbettelte und gespendete Medikamente oder Lebensmittel abzuholen, so ist Jacky schon unterwegs und bringt alles zu einer Sammelstelle ins Burgenland.

Außerdem ist der unermüdliche Helfer auch noch Obmann der Vinzenz-Konferenz, einer Gemeinschaft, die sich für die Armen einsetzt. Ihre Mitglieder versuchen Menschen in Notsituationen zu Hilfe zu kommen:

Etwa einer alten, psychisch kranken Frau. Sie lebte in Schutt und Dreck, nachdem ihre Söhne ihre Wohnung zunächst sanieren wollten, kurz darauf aber alles liegen und stehen gelassen hatten. Gemeinsam mit seinem Bruder hat Jacky die Wohnung wiederhergestellt, Decken und Wände eingezogen, wo es nötig war.

Ähnliches bei einem 40-Jährigen mit offenen Beinen, der unter unvorstellbar unhygienischen Zuständen hauste: Nur ein schmaler Weg führte durch den halbmeterhohen Dreck durch die Wohnung, erzählte mir Traude. Auch da beseitigen die beiden den Unrat und bekämpfen die Feuchtigkeit von Wänden und Decken. Jahrelang, bis zu seinem frühen Tod, begleitet Jacky den Mann, ist auch nachts telefonisch für ihn erreichbar, führt ihn ins Krankenhaus und nimmt den psychisch kranken, stets ungewaschenen Künstler in die Sonntagsmesse mit.

Seit drei Jahren ist er nun in Pension. Wer immer in der Pfarre um Hilfe bittet, rennt bei ihm offene Türen ein: Kabel die verlegt werden müssen, ein kaputter Eiskasten, eine verstopfe Wasserleitung oder wenn jemand übersiedeln muss – Jacky ist schon unterwegs! Werden irgendwo Kohlen verschenkt, holt er sie, um sie Notleidenden zu bringen. „Ich kann wirklich kaum nein sagen", bekennt der gute Samariter, „weil ich die Not kenne. Und wenn mich jemand um etwas bittet, ist es Jesu, der mich bittet. Ich weiß, wo man Hilfe kriegt, Geld auftreibt und kann auch selbst anpacken. Das ist mein Charisma: dass ich arbeiten kann. Das ist die Rolle, die mir auf den Leib geschrieben ist. Sie hat sich einfach immer wunderbar mit meiner Arbeit ergänzt." Ist es da ein Wunder wenn ihn so mancher Sandler in Graz, der seine Großherzigkeit kennt, ihn mit „Grüß Gott, Herr Pfarrer" anspricht?

Woher er seine Kraft tankt? Aus der Nähe zu Christus. Jeden Tag steht er um halb fünf Uhr auf. Lächelnd erklärt er: „Ich gönne meinem Körper das Faulenzen nicht. Ich schaue nach Osten, genau in die Josefskirche, hebe meine Hände und sage danke dafür, dass noch alles geht, noch alles da ist, für die Harmonie in der Familie. Ich bin so beschenkt" Dann geht er zur Frühmesse. Traude meint: „Wer ihn beten gesehen hat, weiß, was Gebet sein kann. Ich kenne keinen gläubigeren Menschen als ihn." Tagsüber begegnet er dann Christus in seinen Nächsten. Abends ist er in der Pfarre beim Rosenkranzgebet. „Durch ihn verändert man sich", erklärt mir eine Frau aus der Pfarre überzeugt. "In seiner Nähe kann keiner unbarmherzig sein." Er verwirklicht das, was Pfarrer Urs Keusch schreibt: „Ein Mensch, der aus der Liebe Gottes lebt, ist wie ein milder Frühling, der überall und fast unbemerkt Blumen und Käfer aus der erstarrten Erde hervorlockt."

P.S.: Nach unserem Gespräch schaut mich Jakob Weitlaner ganz verwundert an und fragt: „Und was wollen Sie da jetzt schreiben?"

Veronica Williams
Lass einfach los!

Alle Sorgen, alle Ängste und Befürchtungen, vor allem die um Kinder und Enkel, loszulassen und Gott zu übergeben: Ein Gedanke, der sich mir in letzter Zeit immer wieder aufgedrängt hat. Da bekomme ich den Tipp, Veronica Williams zu interviewen. Ich hatte noch nie von ihr gehört, obwohl ihre Bewegung „Mütter beten" bereits in 90 Ländern verbreitet ist und weltweit mehrere tausend Gruppen existieren.

Ein kurzes Interview in der Wiener Pfarre St. Rochus vor ihrem Vortrag überzeugt mich völlig, dass sie mein nächstes Porträt werden soll. Wir verstehen uns auf Anhieb gut: Ich finde sie ungemein sympathisch und überzeugend. Als mein Aufnahmegerät eine Stunde später dann verschwunden ist, ist sie sehr betroffen, hilft mir beim Suchen, bis wir gemeinsam die leere Hülle des Gerätes am Gang finden. Ob sich der Dieb bekehren wird, wenn er das Band abhört, fragt sie sich – da dort ja mehrere Interviews von Porträts gespeichert sind?

Beim nächsten Interview ein paar Tage später – das erste war ja verschwunden – sind wir schon recht vertraut, entdecken einige Gemeinsamkeiten. Bei ihrem anschließenden Vortrag – wieder sehr engagiert, obwohl sie schon mehrere Wochen unterwegs ist –, treffen manche ihrer Worte genau meine Probleme, sprechen mich direkt an. Zufall? Was ist so besonders an ihr?

Veronica Williams ist 1940 als drittes von sechs Kindern in Kent geboren, wo sie auch aufwächst. Die Mutter war mit 19 vom anglikanischen zum katholischen Glauben übergetreten und hat dann einen Katholiken geheiratet. Innerhalb von 9 Jahren bekommt das Ehepaar 6 Kinder. Nach der Geburt des sechsten verlässt der Vater die Familie. Von da an sehen die Kinder den Vater nur einmal jährlich.

Der Krieg ist gerade zu Ende und es gibt nicht viel Hilfe. Trotzdem hat Veronica ihre Kindheit in schöner Erinnerung, fühlt sie sich doch von der Mutter geliebt und behütet. Mit leiser Stimme erzählt sie: „Wir waren die einzigen Kinder in der Schule, die keinen Vater hatten. Damals war das bei uns noch ganz unüblich, dass Väter die Familie verlassen. Aber spirituell waren wir sehr reich." Veronica ist ihrer Mutter, die den Kindern ihren Glauben vermittelt hat, sehr dankbar.

Obwohl die Mutter mit ihren 6 Kindern nicht arbeiten gehen kann – die Großmutter hilft, so gut sie kann

–, macht sie sich keine allzu große Sorgen um Materielles. „Ich denke, heute ist es umgekehrt. Damals aber hat unsere Mutter die geistigen Sorgen über die materiellen gestellt. Jeden Abend haben wir Rosenkranz gebetet und sehr oft die Hl. Messe besucht. Dreimal in der Woche gingen wir zum Segen, nicht nur weil die Mutter es so wollte, sondern weil sie ein wunderbares Beispiel für uns war. Ihr verdanke ich es, dass ich gläubig bin."

Ihr Leben lang bleibt die Mutter das große Beispiel. Vor allem in den letzten Jahren, als sie, ans Bett gefesselt, für ihre Kinder ein Beispiel totaler Hingabe wird. „Alle, die bei ihr waren in dieser Zeit und mit ihr gebetet haben, sind spirituell sehr gewachsen. Sie haben viele Gnaden erhalten."

Veronica erzählt weiter aus ihrer Kindheit: „Ich war in einer Klosterschule. Da habe ich viel Liebe erfahren, eine gute Erziehung bekommen, keine negativen Erfahrungen gemacht. Im Religionsunterricht haben wir viel über den Glauben, die Bibel mitbekommen. Materiell hat sich heute vieles verbessert. Man hat genug zu essen. Aber das Brot des Lebens, den Glauben, bekommen die Kinder nicht mehr so vermittelt. Materiell war das Leben hart, aber das war ein gutes Trainingsfeld fürs Leben."

Lachend fügt sie hinzu: „Ich habe in meiner Jugend nur einmal ein neues Kleid bekommen. Alles andere war getragene Kleidung von anderen Leuten: etwa die Schuhe meiner Großmutter, die mir viel zu groß waren. Aber das war nicht wichtig."

Sie wäre gern Lehrerin geworden, doch die Mutter kann sich die Ausbildung nicht leisten. So muss Veronica mit 16 die Schule verlassen, in einer Bank arbeiten, um für die Familie mitzuverdienen. Mit 21 heiratet sie und bekommt in rascher Folge ihre drei Kinder: einen Buben und zwei Mädchen. Auch sie bleibt bei ihren Kindern zuhause.

Dann macht Veronica in der Erzählung einen großen Sprung: Sie ist Ende 40, eine erfolgreiche Geschäftsfrau, die Kinder sind aus dem Haus, privat erlebt sie eine sehr schmerzliche Periode ihres Lebens. Möchte aber wieder glücklich werden. Versucht allen gerecht zu werden, allen zu gefallen. Bald jedoch hat sie den Eindruck, zu viele Masken zu tragen, zu viele Kompromisse eingehen zu müssen.

„Ich verstand, dass ich durch verschiedene, schwierige Lebensumstände, Schicksalsschläge mich stark verändert hatte. Ich hatte das Bild eines Schiffsrumpfes vor mir, über und über mit Muscheln bedeckt, der die ursprüngliche Form verloren hatte. Genau so fühlte ich mich: Wie mit einem Panzer umgeben, nicht mehr der Mensch, als der ich geschaffen worden war. Ich erinnere mich, dass ich mir eines Tages dachte: Ich weiß eigentlich gar nicht mehr, wer ich bin. Aber wenn auch ich es nicht weiß – Er, Gott, weiß es. Und so sagte ich: ‚Herr, egal, was es kosten mag, ich möchte so sein, wie du mich erschaffen und gewollt hast und nicht das, was ich geworden bin. So gab ich Gott die 100-prozentige Erlaubnis, mich umzuwandeln – egal, ob ich arm oder reich, krank oder gesund sein würde."

Von nun an sollte Gottes Wille Vorrang haben, und sie beginnt mit 50 einen neuen Weg, der anfangs manch Schmerzhaftes bringt. Bei Exerzitien, an denen sie teilnimmt, schenkt ihr der Herr eine besondere Wegweisung: „Ich wachte mit folgenden Worten auf: ‚just be, just rest, just allow' (Sei, wer du bist, ruhe einfach, lass einfach zu). Ich war damals nämlich sehr geschäftig und plötzlich hieß es: bleib ruhig! Verschlafen wie ich war, fragte ich:

Ruhig bleiben und nichts tun? Und was ist mit dem Liebesgebot? Da hatte ich den Eindruck, dass Gott sagte: Du selbst kannst nicht lieben. Aber du kannst mir erlauben, dass ich die Menschen durch dich liebe. Die Worte ‚just be, just rest, just allow' haben alles verändert."

„Gott wollte, dass ich in Seiner Liebe ruhe, Ihm dadurch erlaube, mich zu dem Menschen zu machen, zu dem Er mich erschaffen hatte, Er wollte mich führen – in schwierigen und in guten Zeiten. Ich meine, das ist wirklich das Geheimnis des Glücklichseins: Gott totale Handlungsfreiheit in allen Bereichen meines Lebens zu gewähren, mich zu führen, mir den Weg vorwärts zu zeigen." Um den guten Weg müssten wir nicht kämpfen oder Theologie studieren, um mehr zu verstehen, erläutert sie, außer Gott will es ausdrücklich.

In den Jahren seither hat sie viel über diesen Appell zur Ganzhingabe nachgedacht. Einfühlsam meint sie dazu: „Es bedeutet: Gott in allen Bereichen des Lebens 100prozentig zuzulassen, Ihn in unserem Leben wirklich Gott sein zu lassen. Er weiß am besten, was uns guttut. Woran wir am meisten festhalten, das kann das größte Hindernis für Ihn sein, uns Seinen vollen Segen zu geben. Aller Wahrscheinlichkeit nach möchte Er sogar, dass wir dort bleiben, wo wir sind, um dort Zeugen Seiner Liebe für unsere Freunde, Nachbarn, Kollegen zu sein."

Was Gott dann bewirkt? Dass man langsam seine Gewohnheiten, ja sich selbst verändert, dass manches, was früher wichtig war, an Bedeutung verliert und anderes an Bedeutung gewinnt. Und vor allem: Gott weiß, was Er uns zumuten kann. Behutsam führt Er uns an unseren wahren Platz."

Lächelnd fügt sie hinzu: „Das Wichtigste ist, die Sicherheit zu haben, dass Gott uns liebt. Dann wird die

Freude beim Rendez-vous mit Ihm sein. Erkennen wir diese Liebe aber nicht, sollten wir den Hl. Geist bitten, sie uns zu zeigen: im täglichen Leben, im Lesen der Schrift, während des Gebetes …"

Mit dem „Erlauben" und „Loslassen" macht Veronica sehr schnell die besten Erfahrungen. Sie weiß noch nicht, dass Gott Großes mit ihr vorhat. Zunächst zeigt Er ihr durch ein inneres Bild – sie bekommt immer wieder Bilder oder Worte, die direkt zu ihrem Herzen sprechen – eine erste Aufgabe: Sie soll ein Festival des Lobpreises für alle christlichen Gemeinden der Stadt veranstalten. Unmöglich, denkt sie. Doch der Herr fügt alles, sobald sie sich auf Seinen Auftrag einlässt: Die ursprünglich schon vermietete Halle wird frei, die anfangs zurückhaltenden Vertreter anderer christlichen Gemeinden machen mit. Das Treffen wird ein Erfolg und trägt viele Früchte. Für sie heißt das: Es ist Sein Werk, Er ist da.

Nach diesem „Probelauf" führt Gott sie 1995 zu Seinem großen Anliegen: Veronica stößt auf ein Buch, das die schlimme Lage der Kinder in England beschreibt. Da liest sie etwa, dass sich täglich 10.000 Kinder bei der Kindernotrufnummer melden. Und was ist mit denen, die nicht telefonieren können oder zu viel Angst haben, fragt sie sich, und: „In welcher Gesellschaft werden da meine Enkel groß?"

Ihre Schwägerin wiederum, Mutter von 8 Kindern, wird zweimal nachts durch die Worte „Betet für eure Kinder" geweckt. Die beiden Mütter beschließen, miteinander für die Kinder zu beten. Sie sind sicher, der Herr will es so: „Wenn Gott uns bittet, etwas zu tun, ist es besser, sich nicht selbst den Kopf zu zerbrechen, was zu tun sei, sondern Ihn zu fragen."

Einen Monat lang beten sie um Wegweisung. Sie sind

die Sekretärinnen, der Herr ist der Chef. So entstehen die Grundregeln von „Mothers Prayers", an denen weltweit bis heute festgehalten wird. Als sich ihnen drei weitere Frauen anschließen, entsteht 1995 die erste Gebetsgruppe von Mothers Prayers (Mütter beten, MP).

Was ist die Grundidee dieser Gebetstreffen? Die Überzeugung, dass Gott die Kinder weitaus mehr liebt, als deren Mütter es jemals könnten. Er allein weiß, was für sie gut ist. Sie, die Mütter, sollen für ihre Kinder nur beten und sie ganz dem Herrn anvertrauen. Loslassen! – So das Stichwort. Wie schwer ist das! Dieses Vertrauen muss man erst erlernen, wie ich aus eigener Erfahrung weiß. Genau das erleichtern aber die Richtlinien der Gebetsgruppen.

Und die Verbreitung dieses Anliegens wird Gott nun selbst in die Hand nehmen. Veronica erzählt: „Von Anfang an spürte ich: Wenn wir Gott wirken lassen, wird Er uns leiten, alle Türen öffnen und die Menschen zu uns bringen." Und so geschieht es auch. Obwohl die fünf Frauen selbst nie Werbung für MP gemacht haben, hat sich diese Bewegung mittlerweile auf alle Kontinente ausgebreitet. „Der Herr ist der beste PR-Agent", erklärt mir Veronica trocken. Und: „Wenn wir Ihm nicht hektisch in die Quere kommen und alles auf unsere Art zu regeln versuchen, können wir Seine Macht kennenlernen."

Wie sich das abgespielt hat? Eines Tages bringt sie einen Bekannten zu einer Pro-life-Veranstaltung und bleibt gleich dort. Der Mann stellt sie dem Reporter einer katholischen Zeitung vor, damit Veronica von den Anfängen von MP erzählt. Sie erinnert sich: „Im November hatten wir angefangen, und zu Weihnachten hat der Journalist einen Artikel, den eine anglikanische Zeitung prompt übernommen hat, über uns geschrieben. Darauf ruft mich der Pastor einer Baptistengemeinde an und lädt mich ein, in ‚Radio Kent' über MP zu sprechen." In kürzester Zeit beginnt die Lawine zu rollen – nur weil sie bereit war, jemanden im Auto mitzunehmen?! (Übrigens erkennt man daran auch, dass der Herr MP dazu verwendet, die Einheit der Christen zu fördern.)

Ein anderes Mal kehrt sie aus London heim. Im Zug kommt sie mit einem Ehepaar ins Gespräch, das den vorherigen Zug versäumt hatte. Veronica erzählt von der Gründung von MP. Die Frau ist begeistert und erklärt, dass sie diese Idee nach Kuweit und Mexiko bringen werde. Dort habe sie viele Kontakte. Wenige Tage später ruft eine andere Frau an, die von MP gehört hat und es nach China bringen will. Auch die „Union katholischer Mütter" meldet sich – ohne ihr Zutun. Sie braucht nur Gottes Anregungen aufzugreifen. So schafft der Herr in knapp einer Woche Mexiko, Kuweit, China und die Union katholischer Mütter. Allein hätte sie das nie geschafft, gibt sie gerne zu.

„Ist das nicht wunderbar?", freut sich Veronica. „Darum spreche ich so gern über die Hingabe. Sie ist die Spiritualität, die hinter MP steht, und das Geheimnis der Freude in meinem Leben." Dass das keine leere Phrase ist, merkt man deutlich an ihrem Gesichtsausdruck: Froh und gelöst wirkt sie auf mich. Sie ruht eben – in Ihm.

Dazu passt das innere Bild, von dem sie erzählt: Vor ihr ein schlammiger Fluss mit vielen Booten. Das eine Flussufer stellt die Erde dar, das andere den Himmel. Der Fluss ist das Leben. Da sieht sie jemanden am Ufer Erde stehen. Sie selbst? Sie springt ins Wasser und beginnt gegen alle Hindernisse anzukämpfen, strampelt und schlägt um sich. Der Atem geht ihr aus, sie ist total erschöpft, als sie endlich am anderen Ufer ankommt. „Dann sah ich ein zweites Bild. Dieselbe Person ließ sich langsam nach hinten ins Wasser gleiten. Da kam eine große Welle, auf der sie sich ausstreckte. Alle Hindernisse überwindend setzte die Welle sie dann sachte am anderen Ufer ab."

Eindringlich erklärt sie: „Das ist für mich Ganzhingabe. Wir können unser Ziel erreichen, indem wir uns selbst durchschlagen und nur ab und zu Gott um Hilfe bitten, oder indem wir uns Gott überlassen, damit Er wie die große Welle uns über alle Schwierigkeiten des Lebens hinwegträgt." Wohlgemerkt: Die Schwierigkeiten sind da. Aber Gott trägt uns, hilft uns über sie hinweg.

Ein weiteres Bild hat mir gut gefallen: Ein Zug muss in einem Tunnel anhalten. Es ist finster. Voll Zorn ereifern sich in einem Waggon zwei Männer, laufen auf und ab, sind gereizt. In einem anderen lehnt sich ein Mann gemütlich zurück, wartet ab und bekommt vom Schaffner einen Tee serviert. In der Dunkelheit, erklärt mir Veronica, kann man verschieden reagieren: auf andere oder auf Gott zornig werden oder ruhig bleiben, Gott walten lassen, damit Er sich, wie der Schaffner, um uns kümmern kann, bis man wieder ins Licht kommt.

Wegen der Ermutigung zu dieser Haltung verbreitete sich die Bewegung in wenigen Jahren von Kontinent zu Kontinent. Für Veronica wird es immer schwieriger, selbst überallhin zu reisen, um die Koordinatoren zu sprechen und vor den Müttern zu reden. Daher haben sich vor 5 Jahren mehrere betende Mütter zu einer Gemeinschaft zusammengeschlossen – der Solace Community (trostspendende Gemeinschaft) – und gemeinsam ein Haus bezogen. Nun können die Koordinatoren aus den einzelnen Ländern dorthin eingeladen werden, um diese Spiritualität der Einfachheit, der Ganzhingabe, des freudigen

Gehorsams zu vertiefen. Dezidiert fügt Veronica hinzu: „Es ist meine Verantwortung vor Gott, die Vision genau so weiterzugeben, wie Gott sie mir gezeigt hat."

Niemand braucht da eigene Ideen zu entwickeln. Sonst gäbe es wohl nicht so viel Wunder, die in den Gebetsrunden geschehen: Kinder, die von Drogen, Alkohol oder Spielsucht loskommen, nach langer Abwesenheit wieder heimkehren oder endlich wieder mit den Eltern sprechen; Kinder, die von scheinbar unheilbaren Erkrankungen geheilt werden, die trotz vorhergesagter Behinderungen – die Mütter hatten sich geweigert abzutreiben – gesund auf die Welt kommen.

Werden etwa alle Bitten so erhört, wie die Mütter es wollen? Nein. Doch auch wessen Bitten nicht oder noch nicht erhört wurden, der bekommt besondere Gnaden, wird von Hoffnung und Frieden erfüllt. Denn kein Gebet ist umsonst.

Veronicas Schwiegersohn beispielsweise war Atheist aus Überzeugung. Seiner Frau hatte er angedroht: „Wenn Du so wie Deine Mutter wirst, lasse ich mich scheiden." Veronica übergab diese Sorge dem Herrn, betete lange für ihn … Nach einem Bekehrungserlebnis ist er nun ein eifriger Mitarbeiter, zuständig für alle Computerfragen.

Für Veronica ist das zweifellos ein Wunder. Mit ihrer sanften Stimme meint sie: „Ich glaube, dass Gott uns auf diesem Weg führt, weil Er unser Herz kennt. Er erlaubt diese Wunder, um zu bestätigen, dass Er uns ruft, Menschen des Glaubens zu werden. Viele Mütter, die eine laue Beziehung zu Ihm hatten, finden so zu einer neuen Gottesbeziehung."

Noch etwas Hoffnungsvolles fügt sie hinzu: „Wer meint, keine perfekte Mutter zu sein, viele Fehler gemacht zu haben, dem sei gesagt: Es gibt weder perfekte

Mütter, noch perfekte Väter. Aber es gibt Einen, der aus all unseren Schwächen Gutes wirken kann." In einem Bild hat sie gesehen, wie Gott mit Zement und Spachteln hinter ihr hergeht und verspricht, alles zu reparieren, was sie selbst falsch macht – wenn sie es Ihm nur übergibt. Das ist es! Wir müssen also nicht nur unsere Kinder, sondern auch all unsere Schwächen Gott übergeben.

Über all das spricht Veronica in vielen Ländern der Erde. Mich beeindruckt, dass sie stets ohne Notizen spricht. Auch das ist eine Anweisung „von oben": Statt sich Notizen zu machen, soll sie mit dem Herzen sprechen. Beängstigend, unrealistisch? Nein, denn Veronica hat das nötige Vertrauen in den Heiligen Geist. Für sie ist diese Vorgangsweise befreiend.

So muss sie einmal vor 700 Priestern und Ordensschwestern in Moskau das Wort ergreifen, ein anderes Mal vor 40 Millionen Fernsehzuschauern in Brasilien sprechen. Lachend: „Ich wäre vor Angst erstarrt, hätte die Nacht davor wohl nicht geschlafen, wenn ich meine Wortmeldungen hätte selbst vorbereiten müssen. So aber wusste ich: Du musst nur beten und vertrauen, damit deine Worte gesegnet sind." Das ist zweifellos ein besonderes Charisma. Aber auf den Hl. Geist zu vertrauen, sollte wohl jeder, der zu anderen spricht – auch wenn nicht jeder gleich die Notizen zu Hause lassen sollte.

Weil sie sich ganz dem Geist Gottes – Er kennt ja die Nöte der Zuhörer – überlässt, erlebt Veronica immer wieder, dass sie das sagt, was für die Anwesenden nötig ist – etwa bei einem Vortrag vor einer total zerstrittenen Gruppe, von deren Zerwürfnis sie nichts wusste. Ihre Worte berührten die Zuhörer so, dass sie sich versöhnen konnten.

Noch ein Beispiel für ihr Vertrauen. Bei ihrem ersten

Besuch in Moskau gesteht der einladende Priester, noch keine Übersetzerin zu haben. „Machen Sie sich keine Sorgen," meint Veronica. Als sie in der Kapelle der Kirche sitzt und ihr Problem dem Herrn übergibt, öffnet sich die Tür und eine Frau kommt herein. Sie ist Jüdin, Englischprofessorin und auf der Suche nach jemandem, der ihr die Bibel erläutern kann. Alle anderen Kirchentüren sind verschlossen, und so landet sie in der Kapelle. Sie haben es natürlich erraten: Sie hat später die Vorträge übersetzt.

Warum tut es so gut, der neunfachen Groß- und dreifachen Urgroßmutter Veronica Williams zuzuhören? Wohl weil sie vor allem eine sehr überzeugende Botschafterin des Herrn ist – nicht nur Seine Sekretärin – und sehr viel Hoffnung und Liebe auf die Zuhörer überspringen lässt.

„Ich habe so viele Beweise für die Macht des Loslassens, ich erlebe immer wieder, mit welcher unglaublichen Sorgfalt Gott sich um alles kümmert, dass ich keinerlei Zweifel habe, dass die Hingabe das Weiseste war, was ich jemals in meinem Leben gemacht habe." Und fügt abschließend hinzu: „Man gewinnt dadurch auch die Freiheit, sich nicht vor der Zukunft zu fürchten, vor Veränderungen, vor Entscheidungen, die zu treffen sind, oder gar vor der Meinung der anderen."

Näheres siehe: www.mothersprayers.org